cadano in dimenticanza; sceltene pertanto alcune, ordinate e scritte, fa sì che non profondino nel leteo gorgo.

II. Tali pensieri nella mia mente ravvolgendo io Anna, figlia degli imperanti Alessio ed Irene, nata e cresciuta nel Porpora (1), non ignara di lettere, e pervenuta con intenso studio ad impossessarmi della greca favella, nè affatto manchevole de' rettorici ammaestramenti; versata di più nelle Aristoteliche arti-in uno co' dialoghi Platonici, e non priva di alcuna delle quattro discipline onde sogliono elegantemente ornarsi le menti degli addottrinati (con buona venia siami accordato di così parlare, forse con soverchia arroganza, di me stessa e di facultadi, che derivatemi comunque o dal talento, o dallo studio, o dal favore del Nume, o da propizia ventura, pure non indarno in me riunironsi perchè potessi compilare e trasmettere alla posterità questa narrazione), ho deliberato di rendere pubbliche le geste del mio genitore, nè solo quelle che, di già in trono, sotto de' proprj auspicj avvennero, ma le operate ben anche da lui prima di porsi il diadema, e solo annuendo

_____

(1) (Πορφύρα). Appartamento nell' imperiale palazzo destinato ai parti delle imperatrici. V. Constantino Manasse nel Cronico.

agli altri Principi, entrambe per verità immeritevoli di essere condannate al silenzio, e trasportate
dalla corrente del tempo nel pelago dell'obblio.
Scevera poi da ogni brama o speranza di ostentare dottrina, solo fummi di eccitamento a cosiffatta impresa la brama di trasmettere alle genti
future avvenimenti che in cotanto numero e di
così varia natura concorsero ad ordire la vita
di mio padre, nell'una e nell'altra fortuna spet-
tatissimo personaggio; le cui opere e vicende ap-
palesaronlo esperto non meno del comandare che
dell'obbedire, fin dove sia lecito e necessario, ai
comandanti. Che se queste cose e le altrettali comunque non sieno ricordate dalle testimonianze
degli scrittori vanno senza più smarrite infra le
tenebre del silenzio.

III. Per altro negli stessi esordj d'una così
ardua impresa ed esposta alle spiacevolezze di contrarie accuse, destasi in me la tema che nel narrare le imprese di mio padre al produrne di commendevoli non siavi chi reputi quanto dico ma-
dornali menzogne, oltraggio alla verità, amore
della domestica e propria gloria; ed e converso
se l'argomento mi porterà talora a rammentarne
un che men degno di approvazione, abbianvi spiriti inchinevoli alla maldicenza, i quali mi rinfac-

cino l'esempio di Cam, figlio di Noè, propagatore
della paterna sconvenevolezza (1). Se non che a riparo di cosiffatte insidie tesemi da ambe le parti pro-
cederò con animo predisposto, e compatendo alle
cieche menti l'impotenza di scernere infra il retto
ed il turpe, e quel discorrer loro, tratte da invidia o brama di biasimare, coll'eguale precipitanza
ogni argomento, ed aggravare di colpa, come dice
Omero (2), gl'innocenti petti, mi terrò, a fe mia,
entro i limiti della storica professione, da cui
viene interdetto sdegno o favore a chi procaccia
di tramandare alla posterità colle lettere la memoria delle cose operate, e comandato di essere
giusto dispensatore di biasimi ed encomj anche
grandissimi verso de' meritevoli, e nullamente ar-
rendevole all'amicizia ed alla consanguineità, alle
nimicizie ed agli odj.

IV. Laonde esorto i nemici a sperare ed i
cittadini e gli amici a temere, promettendo trattare ognuno di essi a norma di quanto egli operò
o rettamente, o in contrario modo. Esorto poi entrambi, così quelli che dovrò offendere, perchè
meritevoli di riprensione, come gli altri, i quali

---

(1) V. Genesi, c. 9, v. 9.
(2) Iliade, a' v. 653.

meco si concilieranno allettati forse dalle commendazioni, di non trarre motivo di letizia o di lamentele anzi dal mio giudizio che dalla verità e fedeltà dell'esposto. Nè addosso di me chiosatrice d'una pubblica rimembranza, sotto la censura di testimoni oculari, parte de' quali esistono tuttavia, e parte furono de' viventi o genitori o institutori od avi, e fornita di valide pruove in conferma di quanto asserisco, opinino doversi versare la colpa di questa o quella piega che prenderà la mia narrazione, rispondente appuntino alla verità delle narrate geste.

V. Ora m'è uopo manifestare per quale congiuntura sienmi pervenute le più esatte notizie delle paterne imprese. Io ebbi a marito legittimo Niceforo Cesare, la cui schiatta retrocede infino ai Brienj, uomo ben superiore ad ogni altro de' suoi tempi e per venustà di forme, e per somma prudenza, e per affinamento di dottrina, apparendo un vero prodigio a tutti coloro cui era dato il vederlo ed ascoltarlo. Ma per non soverchiamente digredire torniamo a bomba.

VI. Questi, sopra ogni altro chiarissimo, prestando i suoi militari servigi a Giovanni Augusto, mio fratello, in più guerre contro ai barbari, come pure in quella contro l'antiocheno presidio, e

mal comportando infra le guerresche fatiche stesse di abbandonare le lettere, alla farragine di
sue cure aggiugneva, come e quando venivagli da
loro accordato, quella di far commenti; e di questo modo condusse a termine molte opere meritevoli d'encomj e di pubblicazione; ma principalmente, animato dall'Augusta, si diede a scrivere
le gesta di mio padre Alessio imperatore de'Romani. Allorchè dunque le militari faccende ac-
cordavangli un qualche agio e riposo e'dedica-
valo con fermo proposito a comporre diligentemente i libri che doveano serbare la memoria
delle cose operate da Alessio, ed in ispecie di
quelle eseguite da lui già in trono. Egli pertanto
esordisce la sua narrazione dall'età di Diogene imperatore de' Romani, giusta la domanda e il consiglio avuto dalla nostra Augusta e, tenendo dietro al correre degli anni, si porta col suo dire a
colui, che in ispezieltà erasi proposto di celebrare.

VII. E di vero imperante Diogene cominciò
a svilupparsi l'ottima indole del mio genitore, a
que' dì appena entrato nell'adolescenza, prima
della quale età, se non vogliamo abusare del riposo e dello stilo commentando inezie e fanciul-
laggini, va privo l'uomo di quanto può innalzarlo

di maniera che sia grandemente celebrato. Tanto egli si propose ad argomento e tema del suo scrivere; ma di tali speranze diedero in secco, non avendo potuto condurre a termine tutto il divisato lavoro; conciossiachè giunto colla sua narrazione ai tempi dell'imperatore Niceforo Botaniato mancò ai vivi con grave danno della istoria e de' lettori, prive rimanendosi quelle geste della luce grandissima che acquistar potevano dall'ingegno di lui, e venendo meno il diletto che dallo svolgere l'eruditissima opera le addottrinate menti prendean giustamente fiducia di conseguire. Poichè tutti coloro cui fu dato l'assaporarne il pregio, leggendo brani di qualunque suo opuscolo, di buon grado non gli rifiuteranno meco eleganza nella tessitura del discorso, e soavità di elocuzione e stile.

VIII. Ita di questo modo in dileguo sì grande speranza, ad impedire che alle paterne imprese mancasse il suffragio d'un autore comunque, o che gli scritti del mio consorte, in paese straniero, tumultuariamente ed infra lo strepito delle armi di fretta estesi, nè per ancora compiuti, venissero così imperfetti avvolti in perpetue tenebre, io stessa mi vidi inanimata, e meglio direi costretta, a far succedere in questo lavoro l'opera

mia a quella del perduto consorte. Il quale unitamente alle prefate scede portò seco dal campo,
misera me! un irreparabile morbo, derivatogli
forse dal crudo tenor di vita e dai molti disagj,
inseparabili compagni della rigida sua professione;
forse dai travagli e dalle assidue fatiche delle battaglie e cotidiane zuffe; e forse, aggiungerò, dal-
l'incredibile affetto e premura verso la mia persona, venendo incessantemente molestato dalla
brama di avermi accanto. Se pure non darei meglio
in brocco dicendo che tutte queste cose in uno,
la sua onninamente connaturale sollecitudine, le
malagevolezze senza tregua, la varietà del clima
e delle stagioni, i difficili eventi; così numerosi
motivi congiurati alla rovina di tanta virtù abbian-
gli porto, ah dolorosa rimembranza! il mortifero
nappo.

IX. Checchè ne sia, rimasosi con forte animo
compagno e partecipe della spedizione contro i
Sirii ed i Cilici, quantunque ne lo distogliesse il
peggioramento della sua malsania, costretto nondimeno a cedere all'aggravantesi languore, ed a
riparare da ultimo in patria, venne primamente
tradotto così infermo e con enfiagione intestinale
derivatagli dall'assidua tolleranza di tanto im-
proba fatica, dalla Siria nella Cilicia, quindi nella

Pamfilia, nella Lidia e nella Bitinia. In tale stato bramoso tuttavia di narrare gli eventi di quelle sue geste, in parte non potè, impedito dal morbo, eseguirlo, ed in parte fugli da noi vietato, con ragione tementi non, per lo sforzo del favellare, la piaga, esacerbandosi, gli accelerasse l'estremo fato. Ora a me, che torno qui a rammentare que' funestissimi tempi, l'animo riempiesi di tenebre, e torrenti di lagrime sgorgano dalle affievolite luci.

X. Deh qual ottimo consigliere perdè la romana repubblica in Cesare Brienio! Chi giunse mai dall' uso e dal maneggio degli affari a procacciarsi maggiore esperienza? A simile, chi fu meglio di lui versato nelle scientifiche meditazioni, nella lettura e varia erudizione, vuoi quella fuori stato, voi quella presso di noi? Oltre di che quanta venustà risplendea in tutta la sua persona, diffusa per l'intera compage delle sue membra! avvenenza e forme degne non solo, come dir sogliamo, d'impero, ma tal quale divina maestà spiranti!

XI. Nè sono io certamente inesperta de' mali, fatta bersaglio in tutta la mia puerizia di altre molte e gravi calamità; poichè, messo da banda lo splendore di nascere da augusti genitori, ed il

ANNA COMNENA. 2

Porpora in cui m'avvenne di andar carpone, se
taluno rivolge il pensiero alle altre cose nostre
di leggieri verrà in chiaro che la propizia fortuna
di colpo dalle regali culle e fasce, quasi dopo
breve e perfido solleticamento, oscurato il suo
volto non iscagliò in appresso nel resto del viver
mio che nembi e procelle. Da quali e quanti flutti,
in mia fe, non venni agitata, e da quanto intensi
e crudeli urti e ripercotimenti non fui travolta!
È fama che Orfeo col suono della sua lira desse
moto alle rupi ed alle selve, come pure alla rimanente natura priva di senso; a simile, che il
flautista Timoteo (1) coll'eseguire alla presenza di
Alessandro l'*Ortis* (2), così tanto infin dagli imi pre-
cordj lo commovesse da farlo correre precipitosamente alle armi ed alla spada. Ora io se proce-
dessi colla narrazione delle mie sciagure spererei
d'indurre l'uditore non al moto o al corso, nè
alle armi o alla pugna, sì bene al pianto. Ma
che dico l'uditore? gli stessi animali comunque,
le cose stesse manchevoli di anima e di senti-

---

(1) Il tebano, essendovi stato un altro flautista dello stesso
nome. (Luciano).

(2) Specie di sonata acutissima. (Plut.).

mento sono d'avviso desterebbonsi con tale racconto a pietà de' casi miei.

XII. Quantunque poi le sofferenze in mia vita
sieno state molte e varie, pure la inopinatissima
perdita del mio Cesare cotanto le soprasta, e per
lei tale una ferita m'è penetrata così profondamente nell'animo, che tutte le antecedenti sciagure postevi a confronto soglio considerare non
più che una goccia o stilla d'acqua rimpetto al
mare Atlantico ed agli Adriatici flutti. Quelli pro-
dromi e rudimenti di sinistri preconizzavano calamità assai più grande: erano essi il fumo di
questo fuoco, ed in que' miei patimenti mi trava-
gliava il solo precursore e tollerabile vapore d'un
immenso e lontano incendio, la cui fiamma ora
mi consuma. Oh fuoco ardente senza materia!
fuoco ascoso con segreta facella sotto i più reconditi penetrali dell'animo, e bruciante, in mia
fe, ma non struggente! Fuoco incendiatore del
cuore senza offesa della persona, lasciandola
in vita e gagliardia, massime quando la veemenza della sua fiamma ebbe raggiunto ed ossa e
midolle, e perfino l'ammezzamento dell'anima.
Sentomi già da passioni di famiglia trasportata a
lamentele opposte al divisato scopo, ed a ciò m'ad-
dusse il mio Cesare fattosi per fortuita rimem-

branza presente al pensiero, mai sempre coll'a-
nimo travagliato, composto a duolo eterno, e ad
ogni maniera di conforto inaccessibile.

XIII. Asciugherò impertanto le lagrime, e di-
stolta come potrò la mente dal lutto e dai gemiti,
la rivolgerò ad divisato lavoro, e sebbene l'ese-
guimento e la meditazione di esso addivenganmi
cagione d'una seconda vena di pianto, mi procac-
cerò tuttavia (giusta il tragico detto (1)) doppie
lagrime, dovendo quasi per alleviare il penoso sentimento d'una morte passar colla mente ad altra,
vo' dire a quella del padre mio, Nè v'ha dubbio
che la sposizione stessa della vita di così grande
imperatore e fregiato di tante virtù sia per ripro-
durre tratto tratto il diletto di quelle ammirabili
imprese, la cui vista ed utilità rendevano, lui vivente, beati i mortali; ed ora, con grave dolore
perdutolo, mi struggono ed obbligano a versare
continue lagrime, delle quali, m'è uopo credere,
meco piglierà parte l'orbe intero; poichè sebbene il descrivere e sottoporre agli altrui sguardi
l'imagine dell'imperio d'Alessio, rimembrando un
domestico infortunio, debba riuscire a me spe-

---

(1) Euripide, Ecuba, v. 518.

cialmente un deplorabile argomento, lo sarà pure, considerato il pubblico danno, funesto e lagri-
mevole agli altri. Ma diasi una volta principio
alla istoria delle geste paterne, e di là muova
il discorso d'onde ottener possa evidenza storica
maggiore.

# ANNA COMNENA PORFIROGENITA

## CESÀREA ALESSIADE

## LIBRO PRIMO

#### GESTE DI ALESSIO PRIMA DI ASCENDERE IL TRONO, E SUOI MOTIVI PER GUERREGGIARE ROBERTO DUCA DELLA CALABRIA.

#### SOMMARIO.

*ALESSIO intraprende la militare carriera sotto Romano Diogene Augusto; lo accompagna nella spedizione contro i Persiani, e tra via è da lui rimandato alla madre afflitta dal recente annunzio della morte di Manuele Comneno. – Urselio, terribile nel comando sotto Duca Michele e da umili natali col suo valore fattosi quindi potente, vince molti condottieri. – Alessio militante sotto la disciplina del fratello, dato*

saggio di sua valentia e addivenuto condottiero d'un
esercito, mette alle strette Urselio. – Questi procura di stringer lega col barbaro Tutac, il quale,
prevenuto, vendelo ad Alessio con guarentigia del
pattuito danaro. – Alessio scarso di pecunia chie-
dene prestanza agli Amaseni, che, incitati per ciò
a sommossa, dalla prudenza di lui sono ricondotti
all'ordine. – Si finge l'accecamento d'Urselio. –
Gli Amaseni sborsano il danaro. – Alessio ricon-
quista le città occupate armata mano da Urselio. –
Stupore di Doceano al mirare Urselio veggente. –
Niceforo Brienio, messo piede nell'imperio, ne occupa tutta la occidentale frontiera; sua figura, indole,
vigoria. – Miserabilissima condizione delle romane
truppe. – Alessio marciando contro Niceforo con
pochi militi supplisce col senno il difetto loro. – Parallelo infra Alessio e Brienio. – Schieramento d'entrambi gli eserciti. Battaglia. – I Brieniani cadono
negli aguati. Fortezza di Giovanni Brienio. Viene
rotta la falange di Alessio, ed il costui precipitoso
consiglio è corretto da Teodoto. – Gli Sciti vincitori
dannosi al bottino. – Cagione della strage de' Brieniani. – Alessio impadronitosi del regalmente bar-
dato cavallo di Brienio persuade i suoi della morte
del duce, il che moltissimo contribuisce al conseguimento della vittoria. – Una eccessiva sicurezza nuoce

*ai Brieniani. - I Franchi passano all'esercito di Brienio, il quale assalito dai Turchi ne riporta grave danno, tenendosi male in guardia dopo gli ottenuti vantaggi. - Saggio della forza di Brienio, e sua prigionia in causa d'una sconfitta. - La clemenza addiviene pericolosa ad Alessio; nè si deve incolparlo dell'accecamento di Brienio. - Basilacio, sue notizie e potenza; padrone del tutto da Dirrachio a Tessalonica; sue doti fisiche e morali. - Accampamento con maestria posto da Alessio al fiume Bardaro. - Notturno assalimento del campo d'Alessio per opera di Basilacio. - Alessio perchè detto Bleso; questi per materno comando ebbe a compagno infino all'epoca del suo matrimonio un venerandissimo cenobita. - Felice pugna notturna di Alessio contro Basilacio; il primo con mente a maraviglia tranquilla nel massimo fervore della battaglia. - Manuele fratello di Basilacio fatto prigioniero da Curtricio. - I Basilaciani riparano col duce loro a Tessalonica, la quale dopo breve tempo apre le porte ad Alessio. - Basilacio ripara nella rocca, dove per tradimento de' suoi vien fatto prigione e consegnato ad Alessio; questi lo abbandona ai ministri di Botaniata, i quali privanlo della vista. - Alessio acclamato Sebasto dal senato. - Malaccorto consiglio di Michele Duca impalmando la pulzella di Roberto normanno al pro-*

prio figlio. *Patria, beni, indole, morali e fisiche doti di Roberto, il quale da masnadiere addiviene genero di Mascabele, duce molto potente in Italia; quindi impossessatosene lo martoria, lo acceca ed occupane la signoria, dilatandone i confini. – Ambisce l'imperio valendosi della coperta del monaco Pseudo michele da lui sedotto. – Gli eventi europei vantaggiosi a Roberto. – Il romano pontefice e l'imperatore di Germania, nemici infra loro, bramano l'amicizia di Roberto, il quale si confedera col pontefice e ne inganna le preghiere, intento solo alle proprie faccende. – Baimundo figlio di Roberto somigliantissimo al padre. Occupa Aulone, e mette a guasto largamente ogni cosa. – Animo virile di Gaita moglie di Roberto. Costui andata a Brindisi. – Raül, da Roberto spedito ambasciatore a Constantinopoli, di ritorno, sconsigliando la guerra, ne volge contro di sè lo sdegno, che evita colla fuga. – Impotenza del pseudo-monaco Rettore. – Astuta finzione di Roberto, e numero de' suoi militi e delle sue navi. – Perchè scelto Brindisi pel tragitto. – Corifò città occupata da Roberto. – Monomacato dalla fazione di Borilo e Germano spedito a Dirrachio. Nega il danaro ad Alessio. Pone speranza in Roberto di arrendergli Dirrachio. Si concilia i dalmati esarchi.*

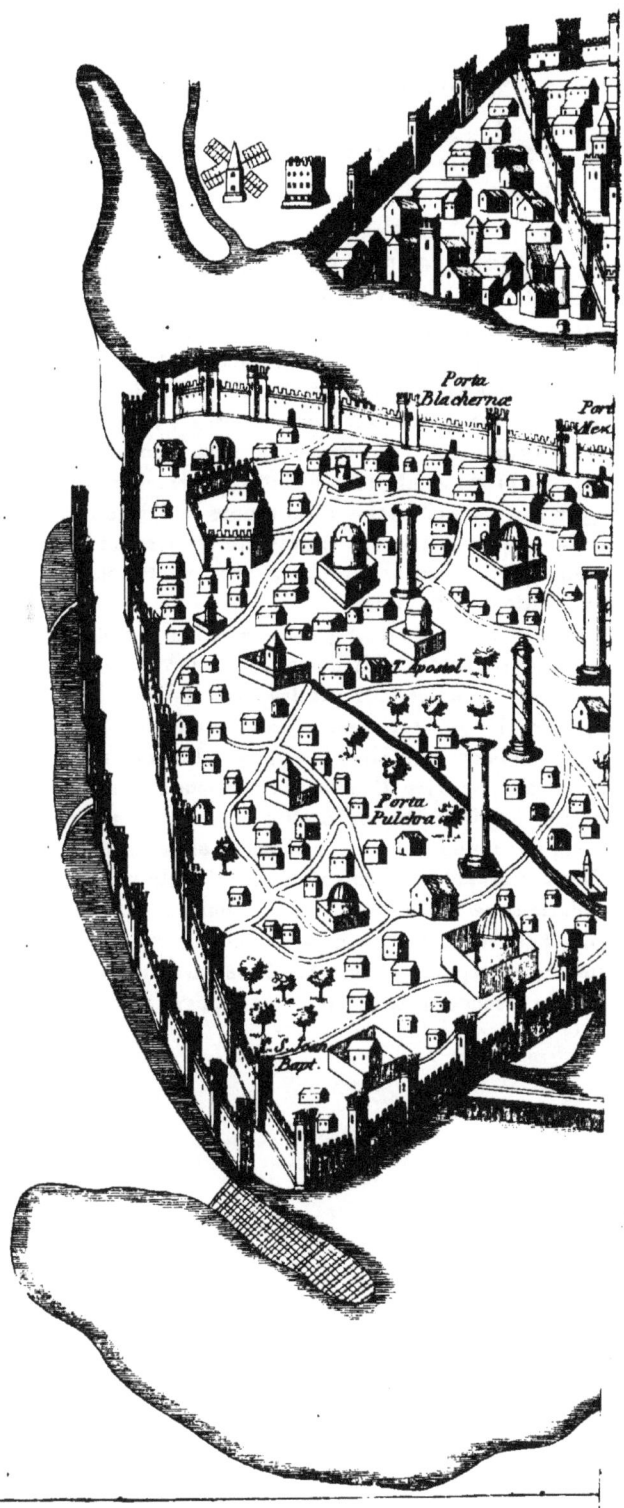

Porta
Blachernæ

Port
Mex

T. Apostol.

Porta
Pulchra

S. Joan
Bapt.

# ALESSIADE PRIMA

I. L'IMPERATORE ALESSIO, mio genitore, anche prima di avere lo scettro del principato fu grande ornamento e sostegno del romano impero. Egli, compiuto appena il decimoquarto anno, si dedicò alla militare carriera sotto Romano Diogene, al quale nella faticosissima non meno che malagevole spedizione contro i Persiani si fe' di pienissimo voler suo compagno ne' pericoli, appalesandosi a prima giunta infin d'allora di maravigliosa indole per le cose guerresche, assai pronto nell'incontrare ardui cimenti, e tale che al presentarsi l'occasione di battagliare coi barbari ne avrebbe valorosamente colla sua spada fatto grande strage.

II. Se non che inoltratosi già nel cammino la pietà ed il sovrano comando gl'imposero di tornare indietro. La madre addoloravasi pel trapasso del primogenito, Manuele, giovane assai valente, come testè lo hanno con pubblico voto chiarito cose di altissimo rilievo da lui operate. Ora l'imperatore ponendo mente alla materna doglia vietava ad Alessio il procedere più oltre seco, onde non ne venisse aumento al cordoglio dell'afflitta matrona, la quale vedrebbesi al tutto priva di consolazione se mentre delibera ove tumular debba l'uno dei figli vegga l'altro guidato agli incerti esiti delle guerre, ed esposto parimente ad incontrar morte laddove, tale essendo il caso delle remote pugne, nep-

pure la notizia del luogo sarebbele pervenuta. Tanto
bastò perchè Alessio retrocedesse, abbandonando tuttavia a malincorpo e con ripugnanza la consortería de'
commilitoni; ma il tempo avvenire aprì ben vasto campo
alle sue belliche imprese.

III. E che tal sia; asceso il trono Michele Duca in virtù della rinunzia di Diogene, Alessio fe'pubblica mostra
di sua valentìa negli imprendimenti fidatigli contro Urselio. Questi, di gallica schiatta, da prima inscritto nella
romana milizia, e fornito in grande misura, da propizia
fortuna, di ricchezze e di arroganza, diedesi a guerreggiare per sè stesso con propria e non dispregevole soldatesca tratta fuori in parte dall' originario suolo, in
parte da altri luoghi comunque, e mirando niente meno
che all' usurpazione del supremo seggio. Ed era acconcio il tempo allo stabilimento d' una tirannide, poichè
le romane faccende con declinamento non dubbio vol-
gevano a rovina, sospintevi dal fato colla recente vittoria de' feroci Turchi, e non altrimenti che il pugillatore
cui sdruccioli il piede nell' arena e sia da braccio e da
gagliardo urto sospinto, riuscivano appena ad evitare la
cadnta. In tanto sconvolgimento di cose la sua connaturale ambizione, allettata dal solletico dell' opportunità, proruppe in manifesta audacia di occupare il regno.

IV. Il perchè lo vedevi andare qua e là predando con
pronta soldatesca, minacciante ognora, e con ostili scorribande corseggiare, quasi direi, le orientali regioni, da
per tutto all'intorno recando violenza e terrore. I condottieri celebri per belliche geste mandatigli contro non fecero colle riportate stragi che aumentarne l'audacia, poi-

chè altri di essi, piombato lor sopra con impreveduta celerità, a foggia d'igneo turbine, erano stati da lui sconfitti, ed altri, rafforzatosi cogli aiuti turchi, vennero con perfetto schieramento assaliti e sbaragliati, rimanendone alcuni prigionieri; imperciocchè le romane legioni non aveano forza bastevole per resistere all'invincibile falange da Urselio stesso comandata. In questo tempo Alessio militava sotto gli ordini del fratello, subordinati essendo gli eserciti delle frontiere, orientale ed occidentale, alla prefettura di mio zio.

V. L'imperatore Michele visto la repubblica precipitosamente rovinare, mettendo il barbaro a soqquadro ogni cosa con fulminea prestezza e devastazione, affidò al padre mio con assoluta autorità il comando dell'esercito, inculcandogli d'opporsi del suo meglio a così desolante sciagura. Alessio, ricevuti i comandamenti e le truppe, si diede con tutta l'energia ed industria d'un animo solerte e d'un coraggioso petto a condurre bene la faccenda, e già rendeva in que' primi saggj d'un giovane guerriero, le cui gote apparivano coperte appena di recentissima lanuggine, non dubbia simiglianza di que' tanto famosi nomi romani Emilio e Scipione, e del cartaginese Annibale, studiandosi imitarne la grandissima tolleranza delle fatiche, e la più sollecita antiveggenza così felicemente che fu il solo capace, entro il periodo di pochi giorni, di arrestare quell'Urselio precipitoso fin qui nel rapido corso delle sue vittorie, e dante colla sua spinta il crollo al romano impero, trovandosi in lui maravigliosa perspicacia onde conoscere

di colpo ciò che fosse mestieri operare, e somma prontezza nell' eseguirlo.

VI. In qual modo poi Urselio sia addivenuto prigioniero di Alessio molto diffusamente lo espone Cesare nel
secondo libro della sua istoria; non di meno pur noi lo
riferiremo fin dove la nostra narrazione possa trarne
giovamento. Il barbaro Tutac erasi condotto dalle più
lontane parti dell'oriente, con forte esercito e bramoso
di bottino, ad assalire i romani confini allorquando Alessio, e colla propria industria e col valore delle genti poste
a'suoi ordini, pigliato a combattere Urselio, quantunque
fornito copiosamente di animose e ben armate schiere,
andavalo a poco a poco riducendo a mal fine, ed occu-
patine l'un dopo l'altro i luoghi muniti non lasciavagli
quasi più mezzo di farsi indietro. L'usurpatore, posta
mente alla triste sua condizione e privo affatto di consiglio, s'appresenta alla per fine a Tutac, ed inescatolo
ad amicarsi seco procura indurlo ad una comunanza di
bellici piani e di truppe onde proseguire in società la
guerra. A tale notizia il duce romano tosto risolvè d'impedire ad ogni guisa il compimento dell'udita confederazione, al quale uopo cerca subito di preoccupare l'a-
nimo di Tutac non risparmiando parole, doni, altri mezzi
ed artifizj comunque idonei a cattivarselo. Nè v'ha chi
porgli a confronto per rispetto alla sorprendente sua
bravura nell'escogitare e connettere simiglianti artifizj;
nè tampoco aveanvi cose della più grande malagevolezza
che quella mente cotanto sagace e di provvedimenti fe-
conda non conducessele a buon fine. Pruova di questo

suo elevato ingegno l'abbiamo nelle seguenti parole da lui adoperate ad allettare e blandire 'il barbaro Tutac.

VII. « Il tuo sultano ed il mio imperatore hanno vin-
» coli d'amicizia infra loro; questo barbaro Urselio poi
» agisce violentemente e guerreggia contro l'uno e l'altro,
» da solo in pari guisa ad entrambi nemico. Non volere
» adunque, credimi, attribuire a favore o riguardi verso
» di voi il mirare che mentre ora gettasi armata mano
» sopra di noi, spogliandoci a poco a poco e concul-
» cando il romano suolo, non molesti ad uno la Per-
» sia; egli sì opera conoscendosi insufficiente colle at-
» tuali sue forze a combattervi, ne va pertanto col tem-
» poreggiare e cogli inganni raccogliendo; ma lascia
» che siesi rafforzato, potendo, col debellarmi, ed in
» allora, franco da ogni timore de' Romani, lo avrai
» tosto nemico audacissimo contro. Nè io pretendo che
» tu concorra meco a togliere di mezzo un comune
» danno mediante l'unica mercede riposta nella pub-
» blica utilità. Domanda pure danaro quanto ne vuoi,
» e questo sarà un altro tuo guiderdone se imprigionato
» Urselio a noi lo consegnerai. Ora ben vedi se tu debba
» stare in forse nell'aderire a tale consiglio, dal quale
» saranno per derivarti tre beni superiori ad ogni altro
» che tu bramar possa. Conciossiachè ne avrai in pri-
» mo luogo danaro quanto non giunse mai a guada-
» gnarne alcun di voi; ti procaccerai in grado eminen-
» tissimo l'imperiale benevolenza, coll'aiuto della quale
» ti si appianerà in seguito la via ad una prosperità
» somma; farai da ultimo grandissimo piacere allo stesso
» sultano, col rimirarsi, la tua mercè, libero da Urse-

» lio, uomo di ambigua fede, già di sospetta potenza,
» e testè nemico, il quale da lungo tempo e non senza
» vicendevole pericolo tiene in iscompiglio e Turchi
» e Romani. »

VIII. Persuaso Tutac unitamente ai barbari seguaci
di lui si compiè questa faccenda, per via di messaggi, dal padre mio duce del romano esercito col dare
ostaggi scelti fra le più illustri famiglie a guarentigia del
convenuto danaro e relativo pagamento. Dopo di che
Urselio viene subitamente arrestato e condotto ad Alessio in Amasea, a norma del fatto accordo; ma da poi lo
sborso della somma promessa patì indugio, mancando
il duce di mezzi per adempierlo, e l'imperatore non
curandosene punto; il danaro adunque non solo procedeva con tardo piede (come dice la tragedia), ma del
tutto non veniva innanzi. Laonde Tutac co'suoi pigliò
ad instare perchè o si numerasse l'oro convenuto, o
fosse restituito il prigioniero, audatane la compera
a vuoto, rimandandolo nel luogo di sua partenza.
Alessio, il quale neppure spogliatosi di tutto avrebbe
potuto soddisfare del proprio il convenuto prezzo della
cattiva merce, passata l'intera notte in affannosi pensieri, deliberò alla fine di chiedere in prestanza agli
Amaseni e con pronta colletta l'occorrente danaro.
Il dì che scomparse le tenebre, egli, sebbene comprendesse la molta difficoltà di quanto era per trattare,
chiamò a consiglio tutti que' cittadini, ed in ispecie i
più ragguardevoli per opulenza ed autorità, e volgendo
particolarmente ad essi la parola cominciò a dire:

IX. « Affè di Dio che a voi sono manifesti i procedi-

» menti d'Urselio contro tutte le città degli armeni con-
» fini ; rammentatevi or dunque il numero di quelle da
» lui guastate, dei cittadini multati ingiustamente, dei
» liberi corpi fatti bersaglio d' intollerabili pene, del-
» l'oro da voi strappato. Ecco non di meno appresen-
» tarsi l' occasione di liberarvi in un sol giorno, se
» volete, da tutti i prefati mali gravissimi, e da quanti
» ve ne sovrastano per opera di così molesto nemico ;
» ed è se procaccerete oggi d' impedire che noi siamo
» costretti a rimandare libero questo barbaro, che mercè
» l' aiuto certamente divino ed il vostro favore qui cu-
» stodiamo prigioniero. Tutac, dal quale venne arre-
» stato ed a noi venduto, ci chiede il pattuito prezzo
» della sua industrià e preda ; ma noi lontani dal pro-
» prio paese, ed avendo col diuturno guerreggiare con-
» tro de' barbari consumato quanto al partirci dai no-
» stri possedevamo, da senno che ora non siamo in
» istato di seco lui sdebitarci. E piacesse al Cielo che
» questi volesse almeno accordare un idoneo respiro,
» poichè mi recherei di colta presso all' imperatore, e
» mi farei indietro, avutone il tempo, coll'urgente som-
» ma. Ora da tale esposizione dovete a bastanza chia-
» ramente comprendere che, nulla di ciò essendo in
» mia facoltà, l'unico mezzo di trarmi d'impaccio con-
» siste nel voler essere voi condiscendenti a metter fuori
» il danaro, certi di riaverlo tra poco e con molti rin-
» graziamenti dall' imperatore. »

X. Tale proposta non solo fu accolta con gravissime
offese e villanie, ma provocò eziandio a veemente trambusta gli Amaseni, disposti in vero ad una ribellione.

ANNA COMNENA. 4

Nè infra la plebe mancavano seduttori , scaltri artefici
di scombugli , e pronti a vie più irritare gli animi già
commossi ed infuriati sopponendo faci più del bisogno
alla fervente sedizione. Divolgavansi intorno le costoro
voci : doversi salvare e togliere dalle carceri Urselio ,
sgraziatamente sorpreso dalla forza ; così alcuni ; altri
senza palesare una deliberata opinione agitavansi pur
tuttavia e , come la minuta plebe suole in simiglianti
casi, con istrepito e jattanza ivano a romore. Alessio
vedendo il popolo di questa guisa furente e le cose sue
a mal partito non si perdè in niun modo affatto d'animo, e pieno di coraggio, rizzatosi , colla mano impose
silenzio; ottenutolo, avvegnachè tardi ed imperfetto, rivoltosi alla plebe disse :

XI. « Stupisco, o Amaseni, che non comprendiate
» ancora i macchinamenti di cotesti pravi incitatori. Vi
» darete sempre coll'opera vostra ed a vostra rovina
» ad uomini pieni d'inganni, e solo intenti a redimere
» la propria salvezza col vostro sangue? Ascenda pure
» quest'Urselio il trono, come andate con grida e mac-
» chinamenti dichiarando ; quale vantaggio ne trarrete
» voi se non che stragi, accecamenti e mutilazioni? I
» promotori di cotanto vostro sdegno provvederanno
» da prima alla salvezza ed alle cose loro cattivandosi
» il favore del barbaro, ove poi veggenne dubbia la sorte,
» fattisi prontamente al possesso dell'animo imperiale,
» verseranno, a fe mia, sopra voi l'odio e le pene della
» ribellione, e sopra sè stessi la riconoscenza d'una co-
» stante fedeltà, e grandissimi guiderdoni, quasi che ai
» loro meriti unicamente sia dovuta la salvezza della

» città Amasena, e la non avvenuta irreparabile sua per-
» dita. Eccovi con quale baldanza alcuni malvagi citta-
» dini prendono a giuoco le vostre vite e sostanze, e
» voi intanto, semplicioni come siete, ne secondate la
» frode e la malignità coll' aderire ai loro sediziosi im-
» pulsi ; nè comprendete che poscia eglino stessi con
» perfide accuse accenderanno l' ira imperiale contro
» di voi per quelle colpe che a loro persuasione avete
» commesse. Laonde se mi credete meritevole di qual-
» che fede accommiatateli, e ritiratevi, ognuno, nelle
» proprie case, ove, ponderate diligentemente le mie
» osservazioni, di leggieri potrete giudicare se gli autori
» del ribellamento od il romano duce siavi largo di più
» salutari consigli. »

XII. Porto orecchio a queste parole gli Amaseni abbandonarono nel foro, non altrimenti che un fragile va-
sello caduto in terra, il divisamento condotto seco dalle
proprie case, e ciascheduno riparò sotto il suo tetto
lasciando Alessio libero pel momento da timore, ma
sempre in agitazione sull' avvenire. Conciossiachè egli
ravvolgea nell' animo suo quanto la volubile plebe sia
facile a cangiar d'opinione, presto abbandonando i concepiti progetti, e riprendendoli coll'eguale celerità quando in ispecie abbiane incitamento da seduttori. Cominciò dunque a paventare non i tumultuanti al soprag-
giugnere delle tenebre tornati ad impazzire gli si fac es-
sero novamente contro per torre ad Urselio i ceppi e
rimetterlo in libertà; ad impedire poi il grave attentato
ben sapevasi in difetto di truppe a bastanza coraggiose.
Chiamato a sè pertanto, in aiuto dell'impotenza sua,

un molto scaltrito Palamedese pensa di fingere l'accecamento del prigione, dandone l'incarico al pubblico
giustiziere, onde vengane con evidenza maggiore pro-
palata la fama; al qual uopo armatolo del ferro da cavare gli occhi, fa gittare di forza a terra, porre supino
ed incavalcare, quasi a sofferenza del supplizio, Urselio
digrignante e gemente non meno d'imprigionato leone,
operandosi in simulata guisa il tutto. Laonde quanti
udironne le acute ed incontinenti grida persuasero sè
stessi e gli altri che quelle si fossero le dogliose voci
di lui, addivenuto fiero al truce e minaccioso aspetto
del carnefice, per l'orrore dell'imminente supplizio. Il
barbaro poi, quantunque dalla sola tema sopraffatto,
agitavasi con forza ed orgasmo tali da provare che la
simulazione del gastigo avea oltrepassato i limiti dello
spavento e delle minacce. Sparsasi dunque per la città la nuova del reale accecamento d'Urselio, e dilegua-
tasi con essa ogni speranza in lui, tutti e cittadini e fo-
restieri dissimularono ossequio, recando ognuno, a foggia delle api, quel tanto danaro che gli si conveniva.
Di questo modo riuscì ad ottimo fine il sagace consiglio
del padre mio, togliendo con tali maestrie, simili a
sceniche rappresentazioni, le concepite perverse speranze ai vogliosi di novità, i quali, ponendo illimitata
fiducia nell'ardire e nella potenza del barbaro, se avessero
trovato mezzo, essendo ancor fresca la cosa, di trarlo
sano e con vantaggio al partito loro sarebbonsi dati a
sperimentare anzi la forza che a sovvenire l'addiman-
dato presto; quetamente in cambio e di leggieri aderi-
rebbero a cosiffatta prestanza, ove si persuadessero che

al destinato da essi a duce o capo della rivolta fossersi cavati gli occhi.

XIII. Ora il portentoso condottiero della guerra-tenne Urselio in carcere come leone in gabbia, cogli occhi coperti da certo congegno onde la fama dell' acceca-mento di lui si mantenesse in vigore. Nè fu pago dell' operato, nè addormentossi dopo gli ottenuti prosperi eventi quasi per godere dell'abbondevole riportata gloria, ma, fermo nel pensiero che si dovessero con tutto l'impeto incalzare le abbattute fazioni, recossi contro le molte città e fortezze tuttavia in poter loro, nè depose le armi che dopo avere riconquistato all' impero il tol-togli infin dai primi assalimenti del nemico. Riuscite a buon fine tutte queste cose venne condotto nella città regale, ove, mentre concedeva, fra la domestica quiete, alquanto ristoro a sè stesso ed all' esercito dopo le fatiche della malagevole spedizione, gli occorse di fare un miracolo simigliante quello attribuito ad Ercole, il quale d'improviso restituì al re Admeto viva e fiorente la consorte, allorchè egli lagrimavala morta (1). Era Do-

_____

(1) Era Admeto re di Tessaglia e prole di Fereo. I poeti fingono ch'egli fosse dalla morte immune, sempre che avessevi alcuno disposto a morire in sua vece. Ora giunto per malattia agli estremi, Alceste sua consorte e figliuola di Pelia offrì in cambio di lui la propria vita. Se non che pervenuto Ercole in Tessaglia nel giorno medesimo in cui ella venne sagrificata, Admeto lo ricevette ed alloggiò cortesissimamente, ed il suo ospite per gratitudine intraprese di combattere colla morte. Disceso a tal uopo nell' inferno ricondussene Alceste. a malincorpo di Plutone, e la restituì piena di vita al re. (*Euripide*, *Nat. Com.*).

ceano , per parte di sorella, nipote d'Isaacio Comneno
testè imperatore , cugino di Alessio , ed uomo che per
ischiatta e dignità poteano ben pochi agguagliare. Questi , veduto Urselio imbavagliato coi menzogneri segni
della sua sciagura e da mano altrui condotto, mandava
profondi sospiri , e lamentando l'indegna sorte di quel
valoroso non si ristette dal condannare la barbara crudeltà di Alessio, il quale così miseramente avea diffor-
mato, anzichè guardare sano, il generosissimo eroe.
Ed Alessio a lui : in altra occasione , o amatissimo , ti
appaleserò i motivi di tale accecamento. Del resto ac-
compagnatolo da lì a poco in una casipola e quivi tolte
dagli occhi d'Urselio le bende e le invoglie, comparvero
essi fulgenti di vivida luce e pieni di vigore. Al che
Doceano, instancabile nel farne le maraviglie , andava
toccando i proprj quasi per isperimentare se quanto
vedea fosse una realtà o piuttosto un sogno, ovvero una
illusione prodottagli da magici prestigj, o da nuova frode;
ma quando finalmente ebbe riconosciuto ad evidenza la
umanità di Alessio ne commendò l'artifizio, e, convertita
in gaudio l'ammirazione, passò ad abbracciare e baciare
più e più volte il cugino; divulgatasene quindi la fama,
tutta la comitiva di Michele ed anche lo stesso Augusto
n'ebbero pieno contento.

XIV. Alessio di qua viene spedito altra fiata nell'occidente dall'imperatore Niceforo, già in possesso del romano scettro, contro Niceforo Brienio turbatore di tutte
quelle provincie, e millantantesi, cinto la fronte del diadema, l'Augusto de' Romani. Conciossiachè non appena
Michele Duca ebbe a discendere dal trono e vestire, in

luogo della fascia e della coroua, la talare ed arcivescovile epomide (1), Botaniate lo ascende, e congiun-
tosi in matrimonio coll' imperatrice Maria, il che verrà
esposto più diffusamente altrove, comincia a prendere
le redini dell'impero. Se non che Niceforo Brienio, infin
dai tempi dell'imperatore Michele, afforzatosi col ducato di Dirrachio (2), prima ancora del regno di Niceforo
appalesavasi manifestamente candidato dell' impero e,
per dir meglio, non attesane la vacanza erasi dato a
sediziosi macchinamenti; nè qui m'è uopo indicare
con accuratezza maggiore la causa ed i motivi di queste
mene, avendovi in proposito il diligente commentario
del nostro Cesare; impertanto sembrami necessariis-
simo di esporre brevemente in qual modo e con quale
fortuna Brienio inoltratosi da Dirrachio, come dalla sede
della guerra, sia riuscito a percorrere ed unire a' suoi
dominj l'intera occidentale regione, ed al postutto venisse a cadere nelle nostre mani; dissi brevemente, poichè rimandiamo a Cesare chiunque ne bramasse più
minuta ed ampla notizia.

_____

(1) Pallio. Sacro arnese, surrogante il soprumerale del
sommo sacerdote dell'antica legge (*Durando, Razionale, lib. III,
cap.* 17), dal pontefice accordato ai patriarchi, ai metropolitani
ed agli arcivescovi. È intessuto di candida lana d'agnello con
alcune Croci ora nere, in altri tempi rosse. Indica poi la
pienezza dell' ordine sacerdotale, e misticamente dinota la
pecorella smarrita che il buon pastore, trovatala, pone sopra
le sue spalle (*Isidoro, Pelus., lib. I, ep.* 136).

(2) Ora Durazzo, città in Albania.

XV. Era questo Niceforo Brienio, di cui favelliamo, il primo nell'arte guerresca, di nobilissimo leguaggio, commendevole per l'elevata sua taglia ed avvenenza del volto, superiore di più ad ogni altro dell'età sua e per ingegno e per vigoria. Principe assolutamente degno dell'impero, la cui sola presenza, eziandio prima di trattarlo o di udirne la favella, si conciliava l'universale affetto, per guisa che tutti e militari e cittadini lo riconoscevano e dichiaravano meritevolissimo non meno dell'occidentale che dell'orientale corona. Il perchè presentatosi alle città veniva accolto a braccia aperte, e con plauso e pompa da ognuna di esse condotto a quelle vicine, pronte egualmente a riceverlo con giubilo. Di tali faccende attristavano tanto più Botaniata in quanto che sapevalo alla testa di grosso e valoroso esercito, e tenevano tutto l'impero in bilico, incerto a chi dei due padroni alla fin fine obbedirebbe. Da ultimo piacque mandargli contro Alessio Comneno, mio genitore, ornato di fresco della dignità di gran Domestico delle Scuole (1), fidandogli all'uopo tutta la soldatesca pronta, quantunque ben poca, trovandosi il romano impero a que' dì manchevolissimo di apprestamenti bellici, costretto a tenere gli orientali eserciti qua e là sparsi, e necessariamente alle stanze presso delle frontiere contro i Turchi usurpatori di vastissimo terreno, ed in possesso de' luoghi muniti in tutte le regioni di mezzo all'Eussino ed Ellesponto, rinserrate

---

(1) Così appellavasi il prefetto de' militi pretoriani.

dall' una parte dall' Egeo e dall' altra dal siriaco mare,
in ispecie poi da que'seni, i quali, trascorsa la Pamfilia
e la Cilicia, congiungonsi coll' egizio mare. Quindi ne
avvenne che mentre gli orientali eserciti si occupavano
a tenere in freno i Turchi, e gli occidentali eransi uniti
a Brienio, il rimanente della romana milizia sommasse
ben piccolo numero. Gli altri poi erano tal maniera
d'immortali, che ieri o ier l' altro aveano cominciato a
maneggiare le aste e le spade. Vi si annoveravano pure
di quelli detti Comateni, radi anch'essi, ed alcune com-
pagnie celtiche parimente scarsissime di numero.

XVI. Tali furono le truppe che gli amministratori di
Botaniate consegnarono al mio genitore, promettendogli
inoltre turcheschi aiuti ch' e' aveano mandato a prez-
zolare; e ad un tempo gl' imponevano di subito muover
guerra a Brienio, poggiando lor fidanza meno alla forza
dell' esercito che non al senno ed alla valentìa del condottiero. Questi, non attesi tampoco gli ausiliarj Turchi, alla nuova che il nemico facevasi innanzi abbandonò
insiem coll' esercito, ordinato come potè il meglio, la
regale città e, presa la via della Tracia, andò a piantare il campo, senza fossa e vallo, presso del fiume Salso.
E siccome avea per udita essere l' esercito di Brienio
attendato ne' campi di Cedotto procurò con idoneo intervallo di rimanerne lunge, per tema non, ponendo-
gli di contro le proprie truppe, il duce venisse in cognizione della pochezza ed imperizia loro, e che le sue
numerosissime ed esercitatissime combatterebbero con
altre non molte e sore. Egli di più, non giudicando quello
il tempo d'imprendere e di venire scopertamente alle

ANNA COMNENA. 5

XVIII. Il mio genitore poi, Alessio Comneno, osservate
da prima alcune valli ed approfittatosi della opportunità
loro, fe' comando che parte delle sue truppe ivi si ac-
covacciassero, ed il resto attelò rimpetto al nemico. Disposti così, a seconda del tempo e luogo, gli uni e gli
altri, e privatamente esortatili con faconda loquela a
comportarsi da prodi, ordinò a quelli posti negli aguati
che non appena il nemico esercito inoltrato si fosse là
dove eglino potessero batterlo dagli omeri, andassero
con gagliardissimo strepito ed impeto ad assalirne il
corno destro. Volle inoltre tenere presso di sè ed al suo
comando i nomati immortali e pochi Celti, fidando i
Comateni ed i Turchi al duce Catacalone coll' ordine
di non perdere di vista gli Sciti, e di ritenere sua particolare incumbenza l' opporsi alle scorribande loro.
Messe di tal modo in assetto le cose non appena l' e-
sercito di Brienio ebbe posto il piede laddove erano gli
aguati, ecco ad un subitano cenno d' Alessio balzarne
fuori i nostri, e parte con mai più immaginata guisa di
nocumenti, parte con urto violentissimo e colla morte
di quanti appresentavansi loro pervennero da prima a
sconvolgerne lo schieramento e quindi a fugarlo. Ora
Giovanni Brienio, fratello del condottiero, mettendo opportunamente a pruova tutto il suo grandissimo coraggio, voltato il destriero, gittò a terra ferito uno degli
immortali che gli era sopra da tergo, ed arrestata la
fuga de' suoi infuse nuovo spirito nella falange, e messa
altra fiata in punto la fe' marciare contro il vincitore,
di modo respingendolo che gli immortali a vicenda in-
calzati dagli omeri da' Brieniani diedersi bruttamente

a gambe. Il mio genitore intanto, lanciatosi infin da principio nel mezzo de' barbari, colle sue valorose azioni e coll' abbattere animosamente chiunque gli si parava innanzi, sconvolto avea la parte dell' ordinanza da lui assalita; nè si ristette dall' ardito intraprendimento, confidando mai sempre nella cooperazione del proprio seguito, che quando ebbe a sapere da ultimo la sua falange rotta, sperperata e messa in fuga. A tale annunzio scelti i più intrepidi infra guerrieri ivi presenti, e furono sei di numero, risolve di condurli, impugnate le spade, contro Brienio, e, trovatolo, di assalirlo valorosamente, fermo d'incontrare vittoria, o morte. Se non che da un soldato, di nome Teodoto ed antico suo domestico, fu distolto da cotanto intempestiva arditezza, e porto orecchio al consiglio di questo fido, sano di mente e dalla stessa puerizia sua molto provato individuo, abbandonò il pensiero d' un mal accorto cimento, e ritirossi un poco dall' esercito di Brienio, per raccogliere ed a sè chiamare i dispersi e più valenti suoi militi; quindi si pone di nuovo all' impresa. Ma prima ch' e' desistesse nell' antedetta guisa dal fatto proposto gli Sciti avventatisi contro de' Comateni sommessi a Catacalone, ed agevolmente spaventatili con molto strepito e con barbariche grida li aveano posti in fuga. Nè paghi di ciò eransi volti al saccheggio, e quando furono ben carichi di preda si fecero indietro negli accampamenti, donde erano venuti, per metterla in luogo sicuro. È desso vizio solenne degli scitici guerrieri, i quali non appena veggono il nemico in fuga, mal ferma tuttavia essendo la vittoria, dannosi a

rapirne le spoglie, pervertendo l'avidità loro, come si
fu in allora, il buon esito della pugna. Imperciocchè i
vivandieri, i bagaglioni e tutto l'altro servidorame del-
l'esercito per non patire molestie dagli scitici predatori
si unirono alla estremità dell'ordinanza de' Brieniani
combattenti, e fu tale e tanto il concorso di quelli introdottisi nella falange per evitare i barbari, che dal
mescolamento degli ordini, dalla susseguente confusione
de' bellici segni e dall'addensamento, oltre il dovere,
delle file, addossatisi gli uni agli altri, ne derivò grave
scombuglio.

XIX. Mio padre, come fu da noi esposto, era già
penetrato nello schieramento nemico, e v'andava di
tutta possa combattendo allorchè vide, trovandosi per
ventura sul fatto, altro de' palafrenieri di Brienio condurre a mano un destriero coperto di porpora e splendidamente ornato di bardatura e freno d'oro, nè da
lunge seguirlo gli armati di quelli spadoni soliti rimanersi ai fianchi dell'imperatore (quale vantavasi Brienio).
Ora non appena aocchiatili, copertosi il volto colla vi-
siera dell'elmo, procede con impeto ed in compagnia
degli antedetti sei militi ad incontrarli, ed atterrato di
leggieri il palafreniere s'impadronisce non pur del reale
cavallo, ma ben anche delle spade, e colla preda furtivamente s'arretra. Pervenuto quindi in salvo invia a
mostrare da per tutto il cavallo bardamentato d'oro e
le spade che rimaneansi di continuo presso l'imperiale
persona, comandando in pari tempo ad un sonorissimo
banditore di annunziare qua e là per l'esercito la morte
di Brienio. Tale stratagemma riuscì oltre ogni cre-

dere vantaggioso al gran Domestico mio genitore, conciossiachè a quella voce riunironglisi di colta i vaganti disertori, e gl'immobili nello schieramento vennero incorati a tenzonare con perseveranza.

XX. In questa i combattenti cavalieri d'Alessio presentarono un nuovo spettacolo, i quali attoniti per l'annunzio volgendo lor teste, mentre le cervici equine eran di fronte al nemico, rimiravano indietro, tenendosi lungamente e pieni di stupore in tale posizione. Di verità fu cosa inaspettata per essi il vedere quelli Sciti, che testè aveanli soprastanti da tergo, arretrati di molto, ed anzi solleciti della patria, delle famiglie e di tutt'altro che della guerra, starsene lunge da ambo gli eserciti ed intorno al raccolto bottino. Nè recava sorpresa minore il ripercotimento nelle orecchie loro del bando promulgante ucciso e tolto di mezzo Brienio, al quale annunzio dava fede la presenza del destriero condotto in giro colle imperiali insegne, non bastando le sole spade a testimoniare che quegli per la cui guardia eransi apprestate fosse caduto unitamente ad esse in nemiche mani, e da queste morto. Il riferito avvenimento valse altresì alcun poco a propagare il felice successo delle imprese.

XXI. Capitò di poi opportunamente laddove era mio padre una coorte di Turchi ausiliarii, i quali dopo avere da lui udito l'esito dell'antedetta pugna, addimandaronlo ove si stessero i nemici, ed egli menatili su d'un poggio loro accennavali quasi da vedetta. E cotal vista chiaro indicava non 'andasservi troppo bene le cose, poichè li miravi alla rinfusa e fuor di proposito mescolati insieme (non ricomposta peranche l'or-

dinanza), ed in perfetta quiete, come se vittoriosi nella
prima tenzone`, dispregiatori del nemico e pieni di sè
non avessero più che temere. Il quale aspetto rincorò i
socj grandemente costernati e per gli altri infortunj sofferti, ed in ispecie pel disertamento de' Franchi. Imperocchè queglino di essi appunto, i quali volle mio
padre compagni nella battaglia, dopo la prima fuga de'
nostri passati erano per più riprese a Brienio, e portisi
a vicenda le destre (in conformità della patria costumanza), e scambievolmente obbligatisi fede, pochi da prima, quindi altri, ed altri eranvi concorsi per attendervi
la futura sorte delle armi. Tale sciagura, dalla fama pro-
pagata sollecitamente nell'esercito, ridotto avea le cose
a peggiori termini, essendo che, sua mercede, insinua-
tasi la disperazione, veniva meno il coraggio agli Alessiani e la costanza ai più valorosi guerrieri.

XXII. Del resto osservatosi nell' antedetto modo lo
stato de'nemici tanto dai Turchi di fresco venuti, quanto da coloro i quali erano di già con Alessio, questi,
preso dal tempo consiglio, divide i suoi militi in tre
schiere, e fattene colà rimanere due, manda la terza ad
assalire il nemico. I Turchi dunque non tutti ordinatamente in un corpo, nè obbligati alle file procedevano,
ma alla spicciolata per torme inoltrando, a qualche distanza le più folte di esse l'una dall'altra, di maniera
che per singole sorprendevano il nemico spignendogli
contro i cavalieri, e con densissimo saettamento al-
leviando il peso de'loro turcassi. Da tergo seguiva chi
mediante solo un consiglio erasi cattivato tutti questi
militi, Alessio mio padre, in mezzo ai fuggitivi suoi di

arma comunque, i quali a vanvera incontrati potuto
avea lusinghevolmente a sè trarre. Intanto uno degli
immortali di compagnia con Alessio, uomo di grande
coraggio e fidante nelle sue forze insino alla temera-
rietà, spronato fuori dell'ordinanza il cavallo, diritto
sen corre a briglia sciolta ad affrontare Brienio stesso,
e di tutto impeto piagagli di lancia il petto. Ma l'offeso prima che il ferro, trafitto il torace, vie più af-
fondasse, spezzò di subito l'asta, e gittò a terra,
stroncato per intero dalla sommità dell'omero, il braccio dell'offenditore, quantunque munito di ferreo
bracciale. I Turchi intanto gli uni dopo gli altri aom-
bravano i Brieniani con assidui nembi di strali. Questi a rincontro, sebbene alcun poco intimoriti dal
repentino assalimento, riunitisi tuttavia e procedendo
ordinatamente schermivansi coll'estremo di lor possa,
e sostenevano il grave peso della mischia esortandosi
per vicenda a far pruova di bravura.

XXIII. Di poi così i Turchi come il mio genitore, data una breve carica, ritiraronsi, fingendo appostatamente
la fuga, e traendo a sè il nemico finchè lo ebbero condotto negli aguati. Giunti di questo modo i fuggitivi al
luogo dove si rimaneva la prima schiera, rivolta di subito
la faccia, prendono a combattere gli inseguenti, e ad
un determinato segno queglino delle insidie, a foggia
di calabroni, chi qua, chi là spronan lor contro, con
altissime grida e continuo trar d'arco, togliendo gli orecchi col non interrotto fracasso, e con nembi di strali
coprendo i corpi de' Brieniani. Questi allora dovettero
necessariamente, incapaci di più resistere, farsi indie-

ANNA COMNENA.                                          6

tro, costretti e cavalieri e cavalli per le gravissime ferite a cercare altrove maggior sicurezza; fatto dunque
precedere il segno tutti volgono le spalle al nemico.

XXIV. Ma Brienio, avvegnachè molto faticato dalla
mal riuscita pugna, e ridotto da forze di gran lunga maggiori a cedere, mostrò quanto mai sempre fosse valoroso
ed a sè stesso presente, riguardando a otta a otta indietro, ferendo chi veniagli da presso, e non perdendo
in conto alcuno di vista, in conformità dell'arte guerresca, una decorosa e nobile ritirata, assistito in essa
dal fratello e dal figlio, amendue prodi coadiutori, le
cui geste di quel dì, senza esagerazione affatto eroiche,
sembrarono vero miracolo perfino ai nemici. Poichè
mancate le forze al destriero di Brienio per le molte e
lunghe corse, ora fuggitivo ed ora persecutore, in ogni
direzione, e ritenutolo agli estremi di sua vita, il duce
smontato a piede e colle redini in mano di moto proprio sfidò i due più fieri de' vicini Turchi, l'uno de'
quali avventògli un colpo d'asta; ma prima di portar-
gliene altro più grave fu da lui ripercosso in modo che
ebbene a un tratto balzata la mano coll'impugnato
dardo per terra. Il secondo intanto di essi Turchi saltato
con mirabil destrezza dal proprio cavallo sopra quello
di Brienio occupavane prontamente l'arcione, e il duce,
possessore tuttavia delle redini, cercava indarno con
gagliardissimo sforzo di montarne, piegandosi a mo' di
serpe, il groppone, e precipitarlo a basso; ma fallita-
gli l'impresa cangia consiglio, e tenta ferirlo di spada,
avvegnachè pur ora inutilmente, di continuo rincontran-
do vigorosa resistenza. A furia di vibrar colpi in fine

stancataglisi la destra, ed uscito di speranza d'uccidere
il suo antagonista, si gittò in mezzo alla turba de' circostanti nemici, i quali fattolo prigioniero e rettamente
credendosi apportatori di rilevantissimo oggetto, lo
condussero a mio padre non lunge di là, ed occupato
nell'infervorare la imperiale falange ed i Turchi a dar
pruova di coraggio nella pugna. Mandato pertanto da
prima l'annunzio della riportata vittoria, quindi eglino
stessi gli presentarono l'illustre prigioniero, il quale
eziandio vinto appariva, del pari che testè nella lotta,
agli altrui sguardi tremendo.

XXV. Alessio di poi spedì Brienio senza guastarne
gli occhi all'imperatore Botaniate, ed a torto grandissimo diremmo il contrario, essendo mio padre di tempera
tale da non poter salire in furore, dopo la battaglia, contro il nemico, e da estimare le calamità dei prigionieri
al di sopra d'ogni vendetta; che anzi largheggiava grandemente secoloro d'ogni maniera di cortesie, d'inviti,
di regali e di altre affettuose dimostrazioni. E di questa piacevolezza in allora soprattutto diede pruova,
con suo pericolo, a Brienio, poichè avendolo accompagnato per non breve tratto di via insino al luogo
nomato . . . . . . , col proposito di mitigarne il dolore,
ed inspirargli fiducia d'un men triste avvenire, dissegli: perchè, scavalcati, non adageremmo un poco
i nostri corpi sull'erba ed alla sottoposta ombra, onde godervi qualche riposo? Così egli; ed il prigioniero, avvegnachè in quel tempo nulla potesse accogliere
con lieto animo, attendendosi ad ogni momento la
morte, e quindi fosse implacabile, simile ad un furibon-

do, nè per ancora suscettivo d'un pensiero di buona
ventura, avendo la vita stessa in odio, piegatosi
non di meno alla costumanza de' servi, ed in ispecie
di quelli fatti in guerra, i quali non sanno dire di no
ai loro padroni, consentì all'udita proposta. Smontati
dunque a piede ambo i duci, mio padre s'addormentò
sopra un verde letto di folta gramigna, ma a Brienio,
quantunque avesse appoggiato il capo alla radice d'un
alta quercia agitante sua chioma, pure non comparve
il dolce sonno (come direbbe il soavissimo poeta) a tentarne le luci. Ora tenendosi egli supino, al vedere, al-
zati gli occhi, una spada penzoloni dai rami e libero
il luogo all'intorno da testimonj, sentissi animato dal
pensiero, avendone tutta l'opportunità, di uccidere
Alessio. Nè sarebbe ristato dal farlo se non saprei qual
divina forza (e mi ricordo averlo udito soventi volte da
lui) non vi si fosse opposta, la quale, in buon punto
ammansandone il fiero cuore, lo persuase a rimirare
mio padre con occhio benigno ed asperso di tenera
compassione. Potrà quindi ognuno di leggieri comprendere che il Nume con particolare sollecitudine vegliava
la salvezza di Comneno, di quel prezioso capo vo'dire,
cui fin d'allora con manifesta deliberazione promet-
teva l'impero ed il romano scettro. Che se col tratto
successivo Brienio ebbe a patire aspro ed inumano trattamento è uopo incolparne l'atroce consiglio di cortigiani potentissimi a que' dì presso dell'imperatore, non
avendovi preso menomamente parte mio padre.

XXVI. Di questo modo giunse a buon termine la
Brieniana spedizione sotto gli ordini del gran Domesti-

co mio genitore, destinato dal nascer suo a non avere
tranquillità ed a passare da uno ad altro cimento. E
che tal sia; il barbaro Borilo, in intima amistade con
Botaniate, si fe'ad incontrarlo fuori della città, e cupi-
damente ricevuto dalle mani di lui Brienio (poichè a-
vea già bramosia di eseguire, come effettuò in appresso, l'accecamento di così illustre personaggio), gli
consegnò l'imperiale mandato di guerreggiare Basilacio,
pur questi cintosi il capo del diadema, e mettendo in
iscompiglio l'occidente con mezzi non inferiori di forza
e pericoli a quelli de'Brieniani. Era costui per valore,
presenza di spirito, ardire e forza al di sopra d'ogni
altro dell'età sua. Fornito inoltre dalla natura di così
grande ambizione da pretendere l'impero, tratto a-
vea al suo partito i più illustri magistrati, procuran-
done i suffragj ora col discorso e cogli artifizj, ora
usando autorità e forza, poichè, fattosi quasi erede e
successore di Brienio, avea in sè concentrato tutto il
credito di quella causa, e la stima, il favore, gli affetti
e la propensione degli amatori di novitadi. Pigliate
dunque le mosse da Epidanno (1), capitale dell'Illirico,
marciò infino alla città de'Tessali soggiogando ogni
cosa. Di per sè poscia creatosi ed acclamatosi imperatore, e conducendo all'intorno, ovunque attagliavagli,
un randagio esercito, era con plausi e voci festive accolto
da quella rozza e militare adunanza, la quale, non

_____

(1) Così detta dal re Epidanno, che la fabbricò; ora è
città dell'Albania, e nomasi Durazzo.

comprendendo forma di vera lode, e coll'acume del suo
ingegno non oltrepassando il senso e l'apparenza,
veniva attratta dalle inorpellate virtù e speciose qualità
di lui, dichiarandole abbondevolmente degne della porpora e del diadema; uomo per verità da non isgomen-
tarsi di qualsivoglia impresa, e d'una gagliardia, agilità
ed elevatezza della persona veramente singolari. Arrogi
al detto una mente imperturbabile e parata ad ogni
evento, aspetto e sguardo spiranti un che di regale,
voce altitonante e formidabile, acconcia a riempire le
orecchie di tutto l'esercito, potendo con solo un grido
animarlo alla pugna, o cessarne l'impeto, o intimargli
la fuga.

XXVII. Ricco di queste doti, dono della natura e
della fortuna, ed avente seco elettissime legioni, Basilacio occupò la città de' Tessali, come narrava. Laonde venñegli spedito contro mio padre, Alessio Comneno,
il quale, non altrimenti che fosse per combattere il gran
Tifone (1), o il centimano gigante (2), mise a prova ogni
sua bellica perizia ed arte, apprestandosi da forte e ma-
gnanimo non meno che se dovesse affrontare un cimento

-----

(1) Quarto figliuolo di Titano e della Terra, famoso gigante, il quale ebbe l'ardimento di scacciare lo stesso Giove
dal Cielo; ma questi sdegnatosi con un fulmine il percosse,
e per abbassarne la superbia misegli sopra il corpo il Mon-
gibello di Sicilia, come narra Ovidio, o l'isola d'Ischia,
come Virgilio scrivea.

(2) Briareo. Pur egli gigante, il quale avea, secondo la
favola, cento braccia e cinquanta busti.

ed un nemico degni di sè. Non levatasi pertanto da
dosso neppur la polvere dell'antecedente lotta, nè ancora terse dal nemico sangue la spada e le mani, gettasi con impeto, qual fiero leone, sopra questo Basilacio digrignante i suoi denti. E' dà principio alla guerra
coll'occupare il fiume nomato da' paesani Bardaro, che
scorrendo dai vicini monti della Misia, dopo aver circondato molti luoghi, ed infra essi quelli di mezzo a
Berrea e Tessalonica, dividendoli in due parti, occidentale vo' dire ed orientale, va a metter foce nel nostro
mare di ponente. Imperciocchè sogliono i maggiori fiumi dopo aver colmato gli antichi alvei, adducendovi
colle frequentissime alluvioni tanta quantità di melma
da rimanerne eglino stessi alla per fine esclusi, inon-
dare nuove sedi e col declivo lor corso formarsi altre
vie, lasciando tra' due alvei qualche distanza. Mio padre, osservato ciò relativamente al Bardaro, colla sua
militare scaltrezza sceglie appunto il luogo, munito di
naturali fosse, infra l'uno e l'altro fiume, per mettervi
il campo, essendogli Basilacio distante non più di due
o tre stadj. Sembra in vero che ambo i duci venissero
nell'eguale determinazione onde a vicenda schivare e
tramare le notturne frodi. In amendue i campi a simile
i militi prendevano durante il giorno riposo ed i qua-
drupedi cibo, e nelle ore notturne ognuno si tenea desto ed in accurata guardia. Tale sistema ebbe principio
da Basilacio, suggeritogli o dalla propria furberia, o da
qualche straordinaria inspirazione, e lo seguì anche
Alessio la mercè di sua prudenza, acquistata col lungo e-
sercizio nel guerreggiare, e di sua naturale avvedutezza.

Di più avendo congetturato dall'indole del suo avversario e dalla vicinanza dei campi la probabilità che Basilacio tramassegli una sorpresa notturna, al calar delle tenebre fa comando a tutti i suoi, cavalieri e fanti, di uscir seco armati e disposti come per dare battaglia. Ingiunge parimente che si lascino da per tutto nella notte accesi i fuochi nel campo, onde meglio conseguire il divisato scopo. Da ultimo pone alla custodia della vittuaglia e delle vestimenta abbandonate nel proprio padiglione un suo famigliare, il vecchio monaco Gioannicio, e va insiem coll'esercito a collocarsi in luogo assai lontano e remotissimo dalla vista del campo, attendendovi l'ora di compiere il suo proponimento. Conciossiachè sospettando egli, come fu il caso, che durante la notte Basilacio irebbe ad assalirgli il campo, ed in ispecie la tenda, ove le accese lampane darebbero indizio che vi dormisse in piena sicurezza il supremo duce, e quindi potrebbesi a tutto bell'agio imprigionare, dimorava negli aguati in espettativa di quanto prevedea; nè andò errato.

XXVIII. A notte ferma pronto Basilacio con diecimila combattenti, pedoni e cavalieri, lanciossi nel campo, ed ovunque vedendo fuochi accesi, ed il padiglione del condottiero, più alto e largo d'ogni altro, risplendentissimo, vi si diresse di tutto impeto e con provocatrici e turbolente grida. Ma non comparendo giammai Alessio, nè centurione o tribuno, come pareva il caso, dai luoghi prossimani al padiglione, non rimastovi tampoco un guerriero, e non appressandoglisi che pochi sordidi ed abbietti individui del basso servigio, vie più gridava

a tutta gola chiedendo ove stesse quel balbuziente, nomato così da lui per ischerno il gran Domestico. E di verità,
sebbene mio padre avesse un favellare sciolto ed anche
fornito di qualche naturale facondia, la sua lingua tuttavia lievemente s'impigliava nel proferire l'R, e scorrendo agevole per tutte le altre lettere, all'incontrare
questo decimo settimo elemento (1) v'impuntava soffer-
mandosi un poco. Basilacio dunque, pigliato da questa
imperfezione motivo di oltraggiarlo, iva gridando: il balbuziente, ed in pari tempo ricercando, rimestando e
sconvolgendo ogni cosa, forzieri, mense, vasi, ed infino
lo stesso letto di lui per tema non vi si tenesse ascoso
al disotto. Non di meno tratto tratto volgeva i suoi sguardi
a Gioannicio (tale il nome del cenobita custode del padiglione di Alessio, la cui madre erasi data premura
grandissima che ogni qual volta egli si partiva coll'e-
sercito avesse di continuo al lato, in qualità di famigliare,
alcuno de' più venerandi monaci, ed il pio figlio se-
condò la materna volontà non solamente ne' primi tempi
di sua giovinezza, ma eziandio negli anni contigui alla
virilitade, vo'dire all'epoca del suo matrimonio). Basilacio
dunque assiduo nell'importunare Gioannicio colle sue
interrogazioni, mentre ponea sossopra il padiglione del
supremo duce scompigliando, arrovesciando ed investi-
gandone tutte le suppellettili, niente meno che se
avesse nell'animo d'indagare chi nascondeasi nell'Erebo
(il che Aristofane espresse con una semplice parola (2)),

---

(1) Ῥῶ (R). Lettera decima settima dell'alfabeto greco.

(2) Ἐριβωδιφῶν.

ANNA COMNENA.                                    7

così proseguì nelle sue indagini e diligenti ricerche infinoattantochè, sempre fermo Giovannicio nel dichiarare
essere il gran Domestico un'ora prima uscito del campo
con tutto l'esercito, si persuase di aver preso un solen-
nissimo granchio, e cambiata all'istante favella : *Siamo
errati*, esclamava, *o commilitoni*, *la guerra ed il cimento
sovrastanci al di fuori*. Nè avea ancora terminato
queste parole che, al ritirarsi dal campo unitamente alle
truppe, gli si fe' incontro e addosso mio padre Comneno Alessio, precedendo pieno di coraggio la falange,
con pochi de' suoi. Qui sol uno de' nemici, memore
della militare disciplina, mostrossi a comporre gli ordini ed a richiamare gli sbandati. Dico sol uno, poichè
gli altri tutti distolti dalla brama di predare mandavano
ad effetto la speranza di mio padre, il quale a bello
studio abbandonato avea il bottino del campo all'avidità de' barbari, acciocchè, occupati nel raccoglierlo,
addivenisse più agevole, all'entrarvi egli di furia co'
suoi, l'ucciderli e sbaragliare. Alessio intanto pigliando
sospetto, così per l'altura della persona, come per la
forbitezza delle armi, che ai riverberanti raggi degli astri
ottimamente tramandavano blando splendore, non quel
uno sforzantesi di ricondurre all'ordine tutte le proprie
genti fosse Basilacio medesimo, gli si accostò da presso,
e con forte colpo fecegli cadere in terra la destra mano
ed il ferro da lei impugnato; que' pochi in allora, i quali
indotti dall'autorità e dalle esortazioni di lui aveano
cominciato ad attelarsi, sopraffatti da gravissimo terrore,
novamente si dispersero: del restante quegli non era il
vero Basilacio, ma altri chiarissimo de' suoi famigliari,

nè per coraggio ad esso inferiore. Comneno dà poscia addosso con ogni sorta di violenza ai trepidanti, percotendoli da lontano coll'arco, lanciottandoli da vicino, e spaventandoli a furia di grida; col favor delle tenebre li rabbuffa, e si vale del luogo, del tempo e di mezzo comunque ad istrumento della vittoria, ponendo acconciamente in opera tutti gli oggetti giusta le proprietà dalla natura loro accordate. Oltre di che quanto più riempiva di confusione e terrore i nemici, tanto maggiormente lo rimiravi tranquillo, col suo senno e coll' acume della sua intrepida mente tener l'occhio a che che sia, distinguere quanto appresentavaglisi, essere di tutto memore, e di tutto curarsi, anche de' singoli individui, con soprabbondante premura; incalzare i fuggitivi se nemici, racquistarli se imperiali, senza cader mai in fallo, tra quel grandissimo perturbamento, sbagliando assisa, volto, o voce; nè fia discaro che a mostrare la prontezza del suo intelletto nell' osservare e dirigere le menome faccende stesse ne riferiamo qui alcuni esempj.

XXIX. Aveavi un Gula cappadoce, fido servo di mio padre, pronto ad alzar le mani, e di un ardire al di là nei pericoli della guerra. Questi aocchiato avendo Basilacio, e ben lo conoscea, gli avventa un forte colpo sopra l'elmo; se non che a lui eziandio sorvenne il caso di Menelao, alle prese con Paride, andandogli la spada in tre o quattro pezzi, non rimasane che l' elsa nella sua mano. Alessio vedutolo in tale stato, lo sgridò acerbamente, incolpandolo d' infingardaggine, siccome colui che si fosse lasciato portar via il ferro; ma egli si giustificò e riconciliossi col suo padrone, mostrandogli l'impugnatura tuttavia dalla mano pendente. Un altro macedone a simile, di nome Pietro e di soprannome Tornicio, avvenutosi nel mezzo de' nemici, n' andava occidendo molti, poichè la costoro falange si trovava all'oscuro, durando peranche la notte, di quanto accadeva. Comneno osservata quella moltitudine ferma nel combattere vi si lanciò con furia contro, occidendone chi gli si opponeva, quindi tornato a' suoi procacciava che tutti dessero opera a quanto era per imprendere, quelli da presso chiamando colla propria voce e mano, e spedendo messaggieri agli arretrati e lontani onde avvertirli che mentre egli dava dentro alla nemica falange lo seguissero di colta. In tale frangente, per dire tutto con brevità, uno dei Galli sotto le imperiali bandiere, uomo pieno di coraggio e spirante guerra, vedendolo per l'antedetto divisamento ritirarsi dal mezzo de' nemici, impugna la spada, bagnata e fumante di fresco sangue, credendolo probabilmente uno de' barbari, gli corre contro di tutta possa, e lo ferisce vicino al petto, e per poco non lo scavalca. Ma egli tenendosi ben fermo in arcione, e chiamando per nome il milite lo minaccia che gli farebbe saltar via la testa; se non che l' offenditore coll' addurre a sua discolpa e ad impetrar perdono di sua reità la notte e quell' orribile parapiglia, scontò la pena dell' imminente morte.

XXX. Nella mattina del seguente giorno, pervenuto il sole sopra l'orizzonte, i tribuni ed i duci di Basilacio si travagliavano pieni di sollecitudine a richiamare le truppe loro dalla preda, bramosi di riordinarle e di ricomporre la falange. Il gran Domestico in cambio,

attelati di già i suoi, dirigevasi ad un nuovo assalto,
quando taluni degli Alessiani, da lunge rimirato avendo altri de' militi nemici, erano proceduti con violenza
grandissima a combatterli, e riusciti a disperderli e
porre in fuga menavanne al duce loro alquanti prigionieri. In cotal mezzo Manuele, fratello di Basilacio,
asceso un colle a piena gola incoraggiava i suoi gridando: *Questo giorno è giorno e vittoria di Basilacio.* Al
che un Basilio di nome e di cognome Curtricio, famigliare e compagno del Brienio Niceforo testè rammentato, uomo ardito ed intrepido ne' cimenti, partitosi
dallo schieramento di Comneno salì quel colle. Manuele,
vedutolo, muove ad incontrarlo a briglia sciolta, con
tremendo cipiglio e colla spada in pugno; ma Curtricio,
anzi di bastone, penzoloni dalla sella, che di spada, col-
pitolo fortemente in su la testa di botto lo scavalca, e
fattolo prigioniero lo presenta come una spoglia a mio
padre. Quindi tutte le rimanenti truppe di Basilacio
dopo breve resistenza voltarono le spalle, primo il duce
stesso a fuggire, e giunte a Tessalonica, perseguitate
ognora dal nemico, i cittadini le accolgono, chiudendo
le porte agli imperiali. Un tal procedere non isgomentò
punto mio padre, il quale, senza svestirsi l'usbergo, senza
deporre l'elmo, lo scudo e la spada, tosto preparossi
a batterne le mura, e minacciò del saccheggio i cittadini. Ma poichè bramava di prendere vivo e servare Basilacio, stabilì di venire agli accordi seco mediante il
cenobita Gioannicio, uomo di specchiata virtù, colla
promessa che arrendendosi non patirebbe molestia alcuna. Sordo Basilacio alla proposta, i Tessalonicesi, ze-

lanti delle cose loro e temendone il saccheggio, aprirono
le porte a Comneno, e Basilacio, uditone, passò dalla
città nella rocca. Mandategli novamente dal gran Domestico le medesime condizioni, che non andrebbe, ripeto, soggetto, cedendo, a gastigo comunque, egli non
volle sentir di pace; macchinava in cambio sortite e
certami, niente del tutto potendo le angustie del luogo
e di quanto lo attorniava temperare lo stato dell'ardita
sua mente, e la fermezza del suo valoroso petto. Se
non che alla fine, cospirandogli contro tutti gli abitatori e tutte le guardie della rocca, fu levato a forza
di là, e consegnato, resistendo in vano, a mio padre; il
quale inviò di subito un messo ad annunziare il prospero
evento all'imperatore, dovendo egli rimanere ancor
qualche tempo in Tessalonica per ordinarvi le pubbliche faccende, e quindi tornare in patria ricco d'una
splendida vittoria. Laonde quelli che per sovrano comandamento erangli camminati incontro lo raggiunsero
intra Filippi ed Anfipoli, e presentatigli in iscritto i vo-
leri di lui, si andò, obbedienti ad essi, a cavare gli
occhi a Basilacio presso ad un luogo detto Clempina e
ad una fonte, che dall' avventatovi nomossi e tuttavia
nomasi fonte di Basilacio. Questa fu la terza fatica
superata, alla foggia d' Ercole, dal grande Alessio prima di ascendere il trono; nè andrebbe certamente
errato chi raffrontasse Basilacio al cinghiale d'Eriman-
to (1), e mio padre al valorosissimo figliuolo di Giove

---

(1) Ora Dimizana, monte, fiume e castello in Arcadia,
ove da Ercole, prole di Giove ed Alcmena, fu domato il
cinghiale, e portato su gli omeri vivo ad Adrasto.

e di Alcmena. Tali furono le gloriose ed illùstri sue imprese avanti di giugnere al supremo potere, ed ebbene in premio dal sovrano l'onoranza di Sebasto (1), acclamandolo siffattamente nel mezzo del senato.

XXXI. Siccome ne' corpi mal fermi in salute le malattie non derivano sempre dalle stesse cagioni, ma talora dai succhi interni non bene assimilati, o da una disordinata abbondanza di umori, ed altre volte hanno esse origine dal concorso di cause circostanti, o dallo smodato uso di cibi insalubri, così di que' tempi la romana repubblica ora si procacciò da sè stessa nel suo interno letali morbi, dir voglio i prefati Urselj, i Basilacj e quanti altri hannovene da essere annoverati nella moltitudine de' tiranni fervente in allora; oltre poi cosiffatti sconcerti interni, ella soggiaceva parimente ad esterne sciagure, costretta a piegare il capo sotto fieri, molesti e barbari tiranni d'altronde venuti. Morbo insanabile di tale specie e d'irreparabile rovina dirò quel famoso campione di tirannica demenza, l'altero ed assai potente Roberto, il quale, in mia fe, ebbe a madre la Normandia, ed a levatrice e nutrice furberia e

_____

(1) Titolo di sommo pregio nella constantinopolitana reggia, il quale soleasi conferire ai più stretti di sangue coll'imperatore, e significa venerando principe, o reverenda potestà. L'insignito di esso non di meno era un grado inferiore al Despota, altro titolo di cui venivano decorati i figli stessi dell'imperatore. Quindi era, secondo il Butingero, la terza dignità dell'impero constantinopolitano: Imperatore, Despota, Sebasto (Σεβαστος, _veneratione dignus_, _augustus_).

malizia d'ogni fatta. Ma l'impero stesso armò e provocò a suo danno questo nemico mediante un improvido e mal accorto parentado, unendo insieme individui per natura incompatibili, Greci con barbari, nostrali con istranieri, ond'ebbe a prole dal non lecito ed infelice matrimonio una sanguinosa e mortifera guerra. Di così grave male poi è mestieri accagionare l'imprudenza dell'imperante a que' giorni, Michele della famiglia dei Duca, propagatore della schiatta donde trasse, dal materno lato, origine la mia. Del resto qui addimando la permissione, o piuttosto a diritto l'assumo, di riprendere, occorrendo, eziandio coloro, i quali hanno meco vincoli di consanguineità, o di parentela, e certamente infinoattantochè mi occuperò nel pubblicare senza frode la verità, fattami legge di questo intendimento e dovere, opino di pormi a riparo da ogni richiamo in proposito di qualsivoglia persona. Or bene il prefato imperatore Michele Duca unì in matrimonio al proprio figlio Constantino la figliuola di questo barbaro, nozze sorgenti d' affannose sciagure e di pretesti ai nemici per rompere la pace, e provocarci ad una orribile guerra. Ma intorno a Constantino, prole di Michele, a' suoi patti nuziali ed a quanto ha relazione con la contratta barbarica parentela, come pure ai delineamenti ed alla statura del giovane mi riservo a parlare in più acconcio tempo, allorchè, intendomi, lamenterò le mie sciagure (o vero sia terminato che abbia di esporre le cose riferentisi a tale congiunzione), tutti i mali che ne ridondarono, e le ultime stragi del barbaro esercito coll'estrema rovina della normannica tirannia, la

cui forza e potentissima audacia Michele Duca volse
sconsigliatamente contro il romano impero coll'aderire
alle antedette nozze. Se non che, facendomi più indietro col discorso, innanzi tutto indicherò i principj di
Roberto, donde egli abbia tratto origine, quanto il suo
patrimonio si fosse, ed a qual alto grado di potenza una
serie, o, per meglio dire, un fortuito accozzamento di variati eventi lo abbiano condotto, e, per esprimermi più
religiosamente, infino a qual punto la divina provvidenza abbiagli permesso di giugnere, accordando con
saggia dissimulazione alle costui maliziose geste ed arti
un prospero successo.

XXXII. Roberto fu di patria normanna, di bassi
natali, d'indole tirannica, d'animo astutissimo, forte
di braccio, rimirante con avido sguardo le ricchezze e
le felicità degli ottimati, d'insuperabile violenza, e d'invincibile fermezza nel tener dietro a' suoi concepimenti, allorchè ostinavasi di mandarli a buon fine.
Era poi di così elevata statura da non avervi, neppure
a fronte degli altissimi, chi lo agguagliasse; la sua pelle
tendeva al rosso, la chioma al biondo; larghi avea gli
omeri, e luci tanto vive che di vero sembravano scintillanti. Nella rimanente conformazione delle sue membra
inoltre, laddove si conveniva prolungamento maggiore
lo vedevi, senza trascorrere i giusti limiti, disteso; e
dove l'uso e la proporzione delle forme addomandavano
ristringimento l'avresti detto lavorato al tornio dalla natura con certo qual artifizio da renderlo maravigliosa-
mente disposto; tale infine dalla pianta dei piedi alla
sommità del capo, siccome ricordomi avere udito da

ANNA COMNENA. 8

molti conoscenti suoi per veduta, che indarno sarebbesi attentato di scoprire in lui il più piccolo neo, e do-
verlosi quindi ritenere quasi un ideale concetto. In quanto alla voce, Omero per verità rammenta di Achille che
parlando si pareva agli astanti udir voce di tumultuante
volgo; ma le costui grida, come udimmo, avrebbero
atterrito e messo in fuga miriadi intiere di persone. Do-
tato di cotanti pregi dalla natura, dalla fortuna e dal-
l'indole dell'animo, era ad uno zelantissimo della propria libertà, ed affatto alieno dal soggettarsi a chiunque,
o dal prestare servile omaggio, carattere, dicono, delle
grandi menti, avveguachè umiliate dall'abietta lor condizione. Recatosi dunque a noia di vivere altrui sommesso abbandona il luogo natale, la Normandia, con
cinque cavalieri e trenta pedoni al tutto, e va con essi
ad occupare le foreste e le spelonche intorno ai disviati
monti lombardi, ove, posti a ruba i viandanti, provvide sè stesso ed i suoi di cavalli, pecunia ed armi.

XXXIII. Tali furono i principj e rudimenti del viver suo contaminato di stragi e di umano sangue. Quivi
lungamente soggiornando vennelo a sapere Guglielmo (1)
Mascabele, signore in allora di gran parte delle regioni
adiacenti alla Lombardia, il quale raccogliendovi copiosi
annuali tributi valevasene ad alimentare molte truppe, e
ad acquistarsi con ciò larga rinomanza d'illustre potente.
Questi avendo inteso levarsi a cielo le prefate doti, così
dell'animo come del corpo, di Roberto, risolve imprudentemente, e ne fe' pruova l'esito, di amicarselo per

---

(1) Testo: Γελίαμος Geglielmo.

via di parentado. Impromettegli dunque una delle sue
figlie, e compiutesi dopo breve tempo le nozze vivea
beato per gli stretti legami con un genero di cotanta
forza ed esperienza nelle cose di guerra. Che poi l'animo suo ne fosse oltremodo contento lo mostrò ad evidenza cogli splendidissimi doni fattigli, ceduto avendo
a titolo di dote insiememente con più altre generosissime largizioni una delle sue città, ben lunge dal riportarne tuttavia gli sperati e ben meritevoli frutti. Conciossiachè Roberto presto addivenuto invidioso del suocero cominciò a macchinargli contro; represse non di meno il suo mal animo insinattantochè non videsi a bastanza
forte. Ma non appena ebbe triplicato il numero de' suoi
cavalieri e duplicato quello de' fanti, sentendosi già fornito di abbondanti armi, si leva la maschera e con a-
perta e libera sfacciataggine dà principio agli assalimenti,
piede innanzi piede procedendo in essi, e seminando e
facendo sorgere gli uni dagli altri i pretesti delle sue
nimicizie; vero mascagno artefice di gittar semi da cui
mietere contese e guerre. Ma dappoichè tanto per l'e-
sperienza, quanto pel numero de' suoi militi, rimpetto
alle schiere dell' avversario, e' riconobbesi di leggieri
inferiore onde venire seco lui ad aperte gare, sapendolo uomo fornito di molte ricchezze e di copiosissime truppe, voltosi agli inganni, tornagli amico fingendo pentimento del testè operato; nè cessa intrattanto dal tramargli insidie per giugnere colla buona riuscita loro e colla frode a spogliarlo d'ogni podestà e di
tutti i suoi beni e diritti. Fattosi pertanto a chiedere
pace e riconciliazione domanda sia stabilito di comune

accordo un giorno ed un luogo per acconciarsi di presenza sopra ogni controverso punto. Mascabele, amantissimo della propria figlia, con giubilo accolta la speranza di ricuperare il genero, condiscende come che sia, giusta il piacere di lui, al colloquio, e Roberto passa alla scelta.

XXXIV. Aveanvi due colli estollentisi pressochè alla medesima altezza, e l'uno di contro all'altro, il cui suolo nel mezzo essendo palustre e folto di arbuscelli e fruttici si reputò da lui idoneo agli aguati. Laonde quivi colloca quattro fortissimi e ben armati guerrieri, coll'ordine di tener l'occhio dappertutto all'intorno, e non appena lo avessero veduto alle prese con Mascabele di correre subito in suo aiuto, sicuri di quanto passava in quel tratto di paese. Disposte colà non altrimenti le cose, il frodolentissimo Roberto non pose truppa comunque sul colle fissato per venire ad un abboccamento, destinò invece, per l'altro, a sua difesa, quindici cavalieri e cinquantasei fanti, comandando loro di ascenderlo e prenderne possesso, comunicato soltanto a pochi dei principali tra essi ed in compendio il suo divisamento, e prescritto in particolare ad ognuno di portar seco le proprie armi, lo scudo, l'elmo e la scimitarra, onde senza indugio valersene all'uopo, ed unitamente ai quattro acquattati a basso prestargli assistenza al primo segno di zuffa con Guglielmo. Questi per nulla sapevole delle ordite trame recasi nell'appuntato giorno al sito indicatogli, e miratolo da lontano procedere alla sua volta, va ad incontrarlo affettuosamente, e lo reputa degno di saluto e di cordiali amplessi. E'

poscia giungono alla stazione destinata pel congresso,
laddove l'apice del colle comincia a declinare, e con-
sumatovi qualche tempo in istudiati discorsi, Roberto
si fa a dire: Perchè, scavalcati, non ci adagiamo a con-
fabulare sedendo sull'erba! Mascabele, tutto bonarietà,
v'assente, ed imitando Roberto, disceso il primo, si as-
side per terra, sostenendosi col cubito il capo e proseguendo il discorso, intanto che l'altro, raddoppiate le
sue menzognere ed officiose parole, promettegli eterna fede, e chiamalo più e più volte signor suo. I seguaci di Mascabele poi, dal modo in cui vedevanli
così famigliarmente ed amichevolmente adagiati, argo-
mentando che andrebbe alle lunghe il colloquio, salta-
rono giù pur essi d'arcione, e sentendosi alcun poco
molestati dalla fame, dalla sete e dal caldo, giunto il dì
al meriggio, pigliarono dal vertice del colle, battuto dai
raggi solari, ov'eransi fermati, a discendere nell'om-
brosa valle, e quivi taluni di loro, raccomandate le briglie de' cavalli ai rami degli alberi, si giacevano sul terreno a godere di quella frescura, ed altri si diressero
alle proprie case. Tale operarono costoro; ma Roberto,
pieno la mente del concepito misfatto, allorchè lo giu-
dicò a maturanza, cangiatosi tosto di voce e di volto, e
ad un placido e sommesso sguardo fattone succedere
altro tutto fuoco e sangue, osa eziandio porre le mani
addosso al suocero, il quale ripone medesimamente ogni
sua difesa nel braccio; nasce quindi una riotta, in cui
sospingendosi con variati sforzi l'un l'altro per la china
del colle, voltolaronsi entrambi precipitosamente all'e-
stremità di essa. I quattro guerrieri negli aguati non ap-

pena osservato quel certame, trattisi fuori della palude,
frettolosi accorrono contro a Guglielmo, ed agevolmente
trascinanlo presso i cavalieri di Roberto, in attesa,
come dicemmo, sopra l'altro colle, i quali a simile
rimirata da lunge la zuffa, di già avacciavansi per la
declività del monte di raggiungerli. Ora i compagni di
Guglielmo, tardi accortisi della frode, avanzano pur e-
glino quasi vendicatori dell'offeso padron loro, se non
che Roberto salito in arcione, copertosi colla celata,
brandendo ferocemente l'asta, e protetto dallo scudo
piglia a combattere uno di essi e, feritolo, morto
lo atterra, cessando così la foga dei compagni di lui, e
distogliendoli dalla speranza di salvare il proprio signore.
Eglino dunque all'istante, e vie meglio spaventati dalla
vista de' cavalieri di Roberto che inoltravano colle minaccevoli aste lor contro, diedonsi a gambe. Il perchè
Mascabele, qual misero prigione in ritorte, vien condotto via impunemente, e rinchiuso nella stessa città
da lui ceduta, in dote della figlia, all'egregio suo genero;
questa città così accoglieva in allora, sotto la vigilanza
della guernigione, il signor suo, donde fu meritamente
*Frurion* appellata, come dire presidio o rocca.

XXXV. Ora nulla vieta il compiere la narrazione
di quanto rimane da esporsi intorno alla crudeltà di
Roberto. Fattosi costui padrone del suocero gli svelle
ad uno ad uno tutti i denti profferendo all'estirpazione
d'ognuno di essi certa dismisurata somma di danaro, e
costringendolo ad indicargli ove questa rinvenire si po-
teva Da ultimo, insiem coi denti esausto il danaro, se
la prende cogli occhi cavandoglieli barbaramente. Ar-

ricchitosi con tale spoglio accrebbe di giorno in giorno, mercè nuovi ingrandimenti, la sua potenza, aggiugnendo cittadi a cittadi, danaro a danaro, sicchè in breve tempo ebbe mezzo di ascendere alla ducale onoranza, intitolandosi duca di tutta la Lombardia. Per la qual cosa vie più suscitossi la generale invidia, che non di meno egli coll'innata e consueta sua prudenza potè a bell'agio placare, ora con. adulazioni e menzogneri omaggi adescando i più potenti degli avversarj; ora disarmando con doni e liberalitadi in ispecie i plebei insortigli contro; tal volta poi, ove non arrivava l'arte, adoperando la forza ed assalendo colle armi; finalmente quando con queste, e quando coll'acume del suo ingegno s'appianò il sentiero per divenire stabile padrone della Lombardia, e di tutta la contigua regione. Di più, sempre intento col pensiero a cose maggiori, ed estimando la presente sua elevazione siccome grado per ascendere ad altra bramata, osò ben anche aspirare all'impero de' Romani, valendosi della riferita opportunità per cimentarsi ad un tale passo; vo' dire la parentela che l'imperatore Michele, nè saprei con quale divisamento, seco lui contrasse, accordando in matrimonio Constantino suo figlio alla pulzella, nomata Elena, del tiranno.

XXXVI. Al rammentare poi questo giovincello torna l'animo mio a forte commoversi e la ragione a conturbarsi. Non uscirò tuttavia del proposito, nè qui inopportunamente frammescolerò quanto lo riguarda, riservandomi a farlo, come diceva, in altro più adatto luogo; ma pure non so temperarmi ora in passarne con si-

lenzio, sebbene conosca intempestivo l'esporre come il
giovinetto modellato si fosse a campione di bellezza dalla
natura, adoperandovi costei tutto il poter suo nell'eseguirlo; anzi vie meglio dichiarerollo delle mani del Nume
eccellentissimo lavoro, dal quale potessi argomentare
l'industria dell'artefice, obbligato ognuno, al primo
gittarvi gli occhi sopra rimaso attonito, ad asserirlo ve-
rissima propagine dell'aurea generazione favoleggiata
dai Greci, tanto in lui rifulgeva l'attraente forza d'un'as-
solutissima bellezza. Nè lo scorrimento dei molti e molti
anni da che più nol mirai giunse infin qui ad affievo-
lire o cancellare nel mio animo così grande avvenenza,
di guisa che neppur qui émmi dato il rammentarlo senza
effusione di abbondanti lagrime. Raffreno tuttavia del
mio meglio il pianto, serbandolo per gli acconci luoghi
de' miei tempi, onde non isconvolgere l'ordine della
storia mescendo insieme colla narrazione delle pubbliche faccende le private lamentele delle proprie sciagure.
Questo giovinetto, alcun poco di me più avanti negli
anni, scevro da contaminazione comunque, prima che
a' miei sguardi s'appresentasse il sole venne fidanzato
ad Elena di Roberto. Eransi convenuti parimente infra
di loro i conjugali patti, che, non oltrepassando i limiti
d'una promessa, andarono in nulla tanto per la immatu-
ra morte di lui; quanto pel cambiamento della repubblica, posti in obblio al salire in trono di Niceforo Botaniate; ma, pur troppo accorgendomi di aver rotto il
filo della mia narrazione, torno a rannodarlo.

XXXVII. Roberto, da umili natali pervenuto al sublime
apice della fortuna, pensando nulla esservi al di là delle

sue speranze cui non potesse aggiugnere colle ricchezze
e colla forza onde vedevasi circondato, stabilì d'indagare se fossevi mezzo che lo conducesse a farsi eleggere imperatore de' Romani, e la parentela, di che tenuto abbiamo discorso, lo fornì di speciosi pretesti per
cominciare la guerra e le offese; come poi ne andasse la
faccenda in doppio modo a noi venne dalla fama. Il
primo e maggiormente avvaloratosi giunse, il confesso,
alle mie orecchie come prendo a riferire: Un cotal monaco di nome Rettore infintosi l'imperator Michele riparò a Roberto siccome ad affine e suocero di suo figlio, e lamentatosi delle sofferte calamità gli addo-
mandava soccorso, poichè questo Michele asceso il
romano trono, spento Diogene, non avea potuto lungamente durarvi, balzato giù da Botaniate, ribellatoglisi
contro, e costrettolo da principio a farsi monaco ve-
stendone l'abito, cambiatolo poscia coll'arcivescovile
talare e colla mitra. Che anzi divisato avea l'usurpatore
di conferirgli perfino il pallio, a suggerimento di Cesare Giovanni suo zio, il quale osservata la vanezza di
quel nuovo potente dottava non, addivenutogli sospetto,
lo dichiarasse meritevole di sofferenze maggiori. Il monaco adunque appellato Rettore, vero comico nel fingere altrui ed esperto negli inganni più di quanti mai
ve n'ebbero, mentì la persona di Michele, e sotto
questa maschera presentatosi a Roberto nella qualità di
suo consuocero lo fa partecipe dell'ingiuria cui dovette
sgraziatamente soggiacere, vedendosi scacciato dal regio trono e ridotto a vivere con quell'abito ed in quella
condizione; supplicavalo adunque, ricco essendo e po-

ANNA COMNENA.                                        9

tente, di fare le sue vendette contro Botaniate; il quale commettendo la fellonia di ribellione avea offeso
non solamente la persona di lui, Michele, ma ben anche Roberto, di forza tratto avendogli il genero Costantino a parteggiare seco unitamente alla imperatrice Maria, e reso con tale scelleraggine allo stato di
vedovanza Elena sua prole. Il divolgamento in fine di
questa nuova trasse agevolmente Roberto a moversi a
sdegno, e a disporre tutto il bisognevole per guerreggiare i Romani. Tali voci, come appunto sono da me
riferite, ho inteso andare da per tutto intorno, nè forte
stupisco che abbianvi cotanto vili creature, le quali cuo-
pransi della maschera, vantandosene impudentissima-
mente, di personaggi per nascita ed onoranze illustri.

XXXVIII. Altra voce poi, ed a vero dire più meritevole di fede, mi percuote d'ogn'intorno le orecchie,
ed è che non avessevi monaco veruno contraffattore di
persone, il quale, di sua posta usurpato il nome del
già imperatore Michele, ricorresse a Roberto; frottole
ed illusioni sono queste, nè ad altri vuolsi attribuire
cotanta scelleranza che al tiranno medesimo fecondissimo artefice di studiate frodi. Egli stesso, a non dubitarne, concepita da gran tempo la brama di procacciarsi colle
armi il romano impero, allorchè vide a termine gli apprestamenti per sì grand'opera incapace di contenersi, nic-
chiava, macchinando intanto con tutte le forze di venirne furbescamente a capo. Conciossiachè ad un precipitoso muover ingiusta guerra contro i cristiani oppone-
vansi e molti de' principi suoi favoreggiatori, e la consorte stessa Gaita, i quali ogni volta che in lui scorgeva-

no il pizzicore d' insultare al nome romano davansi incessantemente a dissuadernelo. Ora egli curante di trarli al parer suo mette in opera il seguente mezzo. Spedisce parecchi individui sapevoli de' suoi arcani a Crotone (1), soffiando loro negli orecchi che se rinvenisservi qualche monaco disposto a passare dalla Grecia al limitare degli apostoli, e d'aspetto e conversazione adatto, giusta l'avviso loro, a suoi macchinamenti, cercassero con mille officiosità di amicarselo, e ad ogni modo glielo conducessero. Presentossi loro di fatto in buon punto il prefato monaco Rettore, uomo scaltro, e sommo nell' arte di fingere e dissimulare checchè gli attalentava. Eglino pertanto, giudicatolo acconcissimo ai divisamenti di Roberto, mandano a costui lettera in Salerno (2), estesa giusta i suoi ordini, avvisandolo che il consuocero di lui Michele, scacciato dall' impero e profugo in Italia riparava in Crotone, bramoso di presentarglisi per averne assistenza. Roberto ricevuto il foglio e tenendolo in mano, come al momento aperto, leggelo innanzi tutto alla moglie; quindi raccolti a consiglio i più illustri personaggi e d' alto affare della sua corte loro partecipa il contenuto in esso, e tutti prestandovi bonariamente fede convengono di non doversi trascurare le sciagure d' un parente del signor loro. Questi allora, senza indugio, mandò chiamando

---

(1) Città in Calabria, di ottima aria, ond' è venuto il proverbio: *Crotone salubrius* per significare una cosa molto salutevole (R. di Napoli).

(2) Città nel principato di Citra (R. di Napoli).

Rettore, il quale comparso con vesti e codazzo dicevoli alla persona da lui rappresentata; e non essendo in fe di Dio nè cattivo attore, nè obblioso, plausibilmente eseguisce in quel consistorio col gesto, colle parole, col volto e portamento dell'abito la sua tragica parte, adducendo che per opera del tiranno Botaniate vedesi privo del trono, della moglie e del figlio; di più spogliato con ingiustizia somma della regia benda e del diadema posto aveangli in dosso la tonaca monacale. Il perchè, vittima di cotante offese, era costretto recarsi loro innanzi nella forma di supplicante; nè cosiffatta esposizione del monaco Rettore, dettata da Roberto autore del dramma, era priva di eleganza; nè inferiore ad esso per verità mostravasi Roberto nel portare la sua parte, dichiarando apertamente che sembravagli degna azione il concorrere così egli come i suoi a riporre quest'uomo tanto benemerito della sua persona sull'avito trono. Ornatolo dunque dello scenico apparato convenevole a tale pompa, e' fingeva mai sempre di reputarlo meritevole dell'usurpatagli dominazione, del più elevato seggio e dell'onoranza sopra tutte grandissima; quindi nel discorso attribuivagli con istudio particolare i titoli proprj dell'antecedente sognata condizione. Quegli in contraccambio ora consolavalo del torto sofferto nella persona della figlia, ora esponeva che temperavasi dal rammentare tutte le sue sciagure pel rispetto dovuto al consuocero, e per tema d'attristarne la pietà cotanto proclive a condolersi delle altrui disgrazie; ora finalmente in varie guise eccitava i conti e gli illustri duchi spettatori della farsa a guerreggiare senza una minima esitazione i Romani, dal che ognuno di essi riporterebbe cumuli di ricchezze, o per meglio dire monti d'oro.

XXXIX. Con tale commedia indotta la persuasione negli animi de' presenti, e ricchi e poveri, ciascheduno a norma de' proprj desiderj, incoratisi a imprendere novitadi, Roberto si parte dalla Longobardia, o piuttosto seco traendo tutta la Longobardia, e giunge a Salerno. È questa la metropoli de' Melfii (1), ove celebrò le nozze delle due figlie tuttavia nubili (poichè la terza, come abbiamo esposto, vivea nella mestizia in Constantinopoli, addivenuta vedova infin dalle stesse prime sponsalizie, l'impubere suo fidanzato abborrendo e lei ed ogni menzione di cosiffatto parentado come da' fanciulli sogliono detestarsi gli spettri e le mostruose larve); celebrò ivi, ripeto, le nozze delle due figlie, l'una con Raimondo, prole del conte di Barcellona (2), e l'altra con Eubulo pur egli nobilissimo conte. Procacciatosi non altrimenti le affinità di potentissimi personaggi, vantaggiose alla presente bisogna del guerresco apparato, da ogni selva raccolse prudentemente dardi, inducendo a prendere parte nella divisata milizia i Galli mercè la comunanza della stirpe, gli Spagnuoli e gli Italiani pel legame delle varie affinità, i sudditi suoi mediante la forza ed il comando, e gli altri con incredibili e mai più imaginati artificj. Non è poi da passare con silenzio il perchè in allora i principi d'occidente lasciassero cotanto crescere

--------

(1) Regno di Napoli, Melfi ora capitale della Basilicata.

(2) Città in Ispagna, edificata da Amilcare cartaginese per cognome Barca.

la pellegrina e dal nulla surta potenza di Roberto, nè permettessero allo sdegno ed all'invidia, che infallantemente portavangli, di far pruova del poter loro onde sconvolgere ed abbattere questa nuova dominazione, fragile ancora ne' teneri suoi cominciamenti; nel che apparve ad evidenza un documento non comune della buona ventura di Roberto, uomo che la fortuna sopra tutti predilesse, e ad inalzarlo e dargli lustro impiegò sempre a larga mano il favor suo. Una grande controversia dunque levatasi infra il papa (1) della città di Roma (è questo un principato non inerme, cinto ovunque da truppe molte e valenti) ed Enrico re di Alemagna distolse i principi d'ambi gli stati dall'opporsi agli ingraudimenti di Roberto per la brama concepita da ognuno di essi di vederlo parteggiar seco; in ispecie il papa, essendogli più da vicino, con maggiore speranza e broglio studiavasi di guadagnare il Normanno alla sua causa.

XL. Qui prendo a narrare i motivi della prefata controversia. Il romano pontefice accusava Enrico di conferire non gratuitamente, come si volea, le chiese, ma di venderle per via di largizioni, e di promovere immeritevoli personaggi al sacerdozio ed ai vescovati. Il re alemanno di rimbecco incolpava il pontefice di avere illegittimamente usurpato la posseduta dignità, essendosi intruso nell'apostolico trono senza il suo consentimento. Nell'imputargli poi questo demerito il re, mosso da collera e posto in non cale ogni rispetto verso il capo della chiesa,

***

(1) Gregorio settimo inalzato al pontificato l'anno 1073, e morto nel 1085.

minacciavalo con fortissime parole di balzarlo giù igno-
miniosamente dalla sede occupata, qualora egli di sua posta non l'abbandonasse. Gregorio udito l'oltraggioso
messaggio volse tutto il suo sdegno contro i legati di
Enrico apportatori degli ordini sovrani. Fattili pertanto
spietatamente vergheggiare, tolta loro con forbici la chioma, e con rasoi schernevolmente la barba, li deturpò
soprappiù con altra foggia di crudele e barbarissimo vi-
tuperio, schifo e brutto cotanto a dirsi che abborrisce il
mio pudore e la verecondia a femina ed a principessa
convenevole dal profferirlo. Una così grave scelleraggine indegnissima non solo del pontefice, ma di chiunque
si dichiara cristiano detesto unitamente all'animo di chi
osò concepirla e mandarla ad effetto, e se ne volessi più
distintamente parlare contaminerei la penna e la carta(1).
Mi fu uopo tuttavia di qui esporre in generale lo scon-

---

(1) Il lettore stia bene in guardia dall'accordar fede alle
cose narrate con tutto lo scismatico livore contro la pontificia romana Sede, e più e più volte da scrittori autorevolis-
simi notate di falsità. Il vituperoso trattamento di cui fingonsi
vittime i legati dell'imperatore Enrico non è che una men-
zogna dei Greci scismatici pieni d'odio contro il primato del
pontefice romano ed il celibato della chiesa latina. V. Da-
vide Eschelio nelle sue note sopra questo luogo. Si aggiunge inoltre che nè il Brennone, nè il Venerico da Vercelli o
Valtramo di Naumburgo, nemicissimi di questo pontefice (i
quali certamente non sarebbonsi rattenuti dal metterlo in dif-
famazione col propalare l'orrendo misfatto) se ne mostrano del
tutto ignari. Il qui detto valga eziandio per altre consimili fan-
donie inserite nella presente istoria contro il papa ed il re.

cissimo fatto non meno per comprovare infin dove la
barbarica sfrenatezza giugnere possa, che per non mancare alla fedeltà ed ai doveri di cui è in obbligo la storia, alla quale non è permesso di tacere così gli straor-
dinarj e prodigiosi eventi, come gli atti e le deliberazioni
d'un mostruoso ardire, onde l'umana malizia siasi fatta
per ventura esecutrice. E tale, a fe mia, operò un pontefice; oh costumi! Ch'è peggio ancora un sommo pontefice, l'universale vicario di Cristo nel mondo intero;
questi sono i titoli che i suoi latini reputandoli di lui
proprj gli danno, anche in ciò, di conformità ad ogni
altra arroganza loro, mentendo. Conciossiachè dall'antica Roma trasportatosi lo scettro nella regale nostra
città, e con esso il senato e tutte le onoranze e gli ordini dell'imperio, vennevi parimente a mancare la prima dignità del pontificato; senzachè dai precedenti nostri sovrani il primato della chiesa fu aggiudicato al trono
constantinopolitano, ed il sinodo calcedonese, conforman-
dosi alla prefata ordinanza loro, dichiarò essere la constantinopolitana sede a tutte le altre chiese superiore, ed
a lei volersi ritenere soggette le diocesi e provincie del-
l'intero orbe cristiano (1). Sembra parimente che Gre-

_____

(1) Ecco il Canone ventottesimo del citato Sinodo — *Ur-*
*bem, quæ et imperio et senatu honorata sit, et æqualibus cum*
*antiquissima regina Roma privilegiis fruatur, etiam in rebus*
*ecclesiasticis æque ac illam extolli ac magni fieri, secundam*
*post illam existentem etc.* Ed a questo Canone i romani legati si opposero dicendo pregiudicarsi con esso il patriarca
Alessandrino, consideratosi ognora il primo dopo il romano

gorio si desse tutta la premura onde far manifesto non doversi la superchieria praticata contro a' legati riferire alle persone loro bensì a quella dello stesso re, e per ciò, a cumulo di tutte le crudeltà delle quali furono vittime que' meschini, imaginò pel primo l'antedetto strano genere d'ingiuria a significare quanto stimasse poco e sprezzasse il re, cui mostrava, a foggia di semideo imperversando colla ingiuriosissima turpitudine verso quei legati, disdegnarlo qual babbione.

XLI. Il pontefice con questa sua gravissima disistima della regale persona essendosi tirato addosso una orribile guerra e paventando con l'unione di Enrico a Roberto, pur questi in allora poco affezionato al papa, di non aver mezzi sufficienti da opporre ad ambedue insieme, risolvè di preoccupare con pronta riconciliazione e come che si fosse il duca. Sapevole adunque dell'andata di Roberto a Salerno, partitosi egli stesso da Roma giugne a Benevento (1), e da quivi spediti legati a visitarlo ne ottenne di venire entrambi ad un abboccamento; laonde uscito di là il pontefice colle sue truppe, e Roberto di Salerno, accompagnato anch'egli da gente in armi, procedettero entrambi ad incontrarsi, e pervenuto il codazzo loro a fronte i principi gli comandarono di far alto; proceduti così da soli a colloquio strinsero confederazione, ratificandola

---

pontefice. È mestieri dunque supporre che Anna Comnena non lo abbia letto, e che di pessima fede sieno stati coloro da cui vennele riferito in cotanto opposta guisa.

(1) Regno di Napoli, nel principato ulteriore.

ANNA COMNENA. 10

con vicendevole giuramento. Questo fu poi a un di presso
il tenore degli accordi: il papa conferirà nome e dignità regali al duca, e gli fornirà, occorrendo, truppe contro i Romani d'oriente. Roberto presterà il suo aiuto al
pontefice, quando e dove sia per essere da lui richiesto.
Tanto costoro sacramentarono con mal disposto animo
ed intenzione di non attenervisi. Imperciocchè il papa non
aveavi prestato di sua spontanea volontà consenso, ma
costretto da bisogno estremo, sospinto vo' dire dalla tema
d'un imminente guerra provocatagli da Enrico. Roberto
poi, gettati gli occhi della cupidigia sopra le constantino-
politane faccende e qual fiero cinghiale aguzzati i denti
e l'ira contro di noi, non reputava infruttuosa la pace
colla santa Sede onde non averne indugj e disturbi da
tergo allorchè si travaglierebbe a compiere il divisato
proposito; non era impertanto sua intenzione di com-
perarla a così alto prezzo da contrarre l'obbligo di me-
scolarsi per essa nelle papali dissensioni con Enrico, e
destinare i proprj militi apprestati ad accrescere la sua
dignità alla difesa dell'altrui. Fu dunque appena con parole giurato dai barbari per addivenire ben presto sper-
giuri (1).

XLII. Terminato il colloquio Roberto si restituì in
Salerno, ed il quistionabile papa (non potendolo altrimenti nomare al rammentarmi l'atroce e disumana in-

_____

(1) Vera petulanza scismatica, poichè Gregorio VII per
la santità del sacerdozio, l'onorata sua vita ed il candore de'
suoi costumi fu da tutti reputato degno sommamente di venerazione.

giuria con che deturpò i legati) si apparecchiava colla
grazia spirituale e coll' evangelica pace alla guerra, pacifico e discepolo del pacifico movendo ed eccitando la
discordia civile. Imperciocchè fatti a sè venire tostamen-
te i Sassoni e Lantulfo e Welco lor condottieri induceli
con molte promesse, unitavi quella di crearli re di tutto
l' occidente, a compiere i suoi disegni (1). Cotanto avea
egli pronta la destra a consacrare i re, sordo alle ammonizioni di Paolo, il quale dice non doversi così spac-
ciatamente imporre le mani a nessuno, che di botto ac-
cordò la ducale benda a Roberto, e la corona ai Sassoni. Attelatisi poscia da entrambi, da Enrico e dal papa, gli eserciti di fronte, e datosi qua e là nelle trombe
ne surse grave ed ostinata battaglia, le due fazioni di
pari conformità lanciottandosi quando vicine, e quando lontane avventandosi quadrella con tale veemenza
che in breve ora tutta la sottoposta pianura fu convertita in mare di sangue, i superstiti dalla strage ba-
gnati di sudore e tutti sanguinosi proseguendo la pugna.
Taluni di essi parimente, incespicando ne' cadaveri, ca-
duti e sommersi in un fiume di sangue, rimaneansi affo-
gati, mercè la grande inondazione diffusasi per l' amplissima vastità del campo. L' esito poi della battaglia
si librò, con eguali speranze dall'una e dall'altra parte, infino a che Lantulfo, duce dei Sassoni, fu il condottiero della sua fazione; ma spento costui da mortale
ferita, la pontificia falange, dato di volta, pigliò a fuggire,

_____

(1) È falso che da Gregorio VII venissero eccitati i Sassoni a guerreggiare Enrico.

esponendosi a gravissima strage per opera de' suoi persecutori, ov'Enrico avessevi aderito. Ma questi, sebben persuaso che morto il duce agevole e sicuro addiverrebbegli l'incalzamento, e con esso la totale distruzione de' fuggitivi, rattenne impertanto la foga de' suoi, e, ristoratili, con breve riposo, de' passati disagi, ritto condusseli ad assediare Roma. Spaventato il pontefice dal sovrastante pericolo manda chiedendo a Roberto aiuti giusta gli accordi, ed arrivano eziandio in pari tempo al duce i legati di Enrico pur eglino chiedenti a nome del re loro truppe ausiliarie per l'espugnazione dell'antica Roma. Se non che il Normanno schernendo ambedue rispose al re in altra guisa che per iscritto, ed al pontefice colla seguente lettera.

*Al sommo pontefice e signor mio*
*ROBERTO per la divina grazia duca.*

*Udendoti esposto ad assalimento nemico molto ho indugiato pria d'accordar fede alla voce, onninamente persuaso che niuno osato avrebbe d'insorgerti contro. E chi mai, salvo un demente, può guerreggiare un padre, un tale e cotanto padre? Ti fo poi noto che apprestomi io stesso ad una malagevolissima guerra contro ben agguerrita gente, vo' dire i Romani (1), i quali empierono le terre ed i mari tutti de' loro trofei. Per rispetto alle cose tue dichiaromi coll'intimo sentimento in obbligo di mantenerti la promessa, e lo farò giunto*

(1) Dell'orientale impero.

*che siane il tempo.* Gli uni de' legati con questa lettera
e gli altri con non dissimile furberia ebbero da lui commiato. Qui non dobbiamo passare con silenzio quanto
egli operò nella Longobardia prima di avviarsi coll'e-
sercito ad Aulone (1), uomo insoffribile per le altre tutte
barbarie di sua vita, e per avere in allora imitato eziandio la crudeltà di Erode feroce persecutore de' fanciulli; e per fermo, alla prima leva di truppe volendo egli
aggiungere nuovi supplimenti di cerne, non la perdonò ad età comunque nel compierli, dall'intiera Longobardia e dall'Apulia (2) raccogliendo senza distinzione sotto
le sue bandiere tanto i congedati, quanto gl'immatu-
ri per diffalta d'anni. Fu in vero spettacolo miseran-
do il vedere deboli fanciulletti e vecchierelli spossati,
cui neppure in sogno eransi giammai appresentate le
armi, coperti ad un tratto della pesante lorica, impediti
dallo scudo, per nulla guisa addestrati al tendere ag-
giustatamente ed allentare l'arco, e sul punto di mettersi in via cadenti per debolezza bocconi. Così grande
scelleraggine colmò la Longobardia di querimonie e la-
menti, gli uomini da per tutto e le donne compassionan-
do sotto i differenti proprj rapporti gli oggetti di loro
affezione, mentre la moglie vedeasi di forza strappare
il giubilato consorte per ricondurlo sotto le bandiere, la
madre scritto ne' ruoli l'inesperto fanciullo, e la sirocchia il fratello o giovinetto ancora, o iniziato in altre oc-
cupazioni. Tal furore poi del tiranno superava ben an-

---

(1) Tratto di paese nella Palestina in Soria.
(2) Ora Puglia, provincia del regno di Napoli.

che l'erodiano, conciossiachè il re, come narrammo, ac-
contentossi d'inveire contro de' soli fanciulli, ma la costui demenza si scatenò contro ogni età. Di mezzo tuttavia all'invidia e al duolo e', ritto inoltrando verso il
suo proposito (la bramosia di quell'animo incontinente
facendosi d'ogni campo strada, senza darsi pensiero delle
altrui sciagure e della pubblica calamità nel recare al
divisato fine qualunque intraprendimento), raccoglieva
niente meno che ogni giorno ed istruiva supplimenti di
cerne in Salerno, prima di passare a Idrunte (1),
ove mandato avea innanzi numerose truppe coll'ordine
di rimanervi infino alla sua venuta, non potendole rag-
giungere che quando avesse posto in assetto gli affari
de' Longobardi, ed accomiatato le ambascerie in attesa di risposte.

XLIII. I suoi riguardi poi verso il papa furono soltanto di comandare al figlio Rogerio, preposto al governo
di tutta l'Apulia, ed al fratello Boritila che se la romana Sede richiedesseli di aiuto. contro Enrico prontissimamente andrebbero colà e del miglior modo preste-
rebbonle ogni soccorso. Avea inoltre fatto precedere il
minore de' suoi figli Baimondo, in tutto e per tutto si-
migliantissimo al padre, vo' dire per coraggio, ardimento, robustezza e sue naturali forme compitissima im-
pronta dell'indole di Roberto, ad assalire i nostri
confini, e scorrazzare in sella e mettere a sacco i luoghi all'intorno d'Aulone. E quegli a mo'di fulmine con

-----

(1) Otranto, città nel regno di Napoli alle spiagge del
mare Adriatico.

precipitate marce, insuperabile impeto ed immensamente
strepitose minacce occupò i Canini e Gerico (1) e tutto
l'Aulone, mettendo lungo la via ogni luogo a ferro e
fuoco, in guisa che veracemente dir poteasi l'importu-
nissimo fumo nunzio del futuro incendio, e l'anticipato
preludio del grande assalimento, preludio non molto più
tollerabile dell'assalimento stesso. E ben acconciamente
paragonerebbonsi il figlio ed il padre al bruco ed alla
locusta, poichè siccome gli avanzi del primo vengono
diverati dall'altra, così quanto era sfuggito alla voracità
di Baimondo fu in seguito ingoiato da Roberto.

XLIV. Ma prima di mandare costui ad Aulone è
uopo tener discorso del suo operato sull'opposto continente. Egli adunque partitosi da Salerno pervenne in
Idrunte, ove si rimase pochi dì in aspettazione della
moglie Gaita (costei, partecipe della spedizione del consorte, avea fama di essere alcun che di terribile in guerra
quando sotto del sajo occultava la stola (2). Giunta alla
per fine ed abbracciatala, e'troncò ogni indugio, e salpando coll'intero esercito a golfo lanciato si diresse a
Brundusio (3), il più comodo e sicuro porto di tutta la
Japigia (4). Arrivatovi prontamente, vi stette infino a

---

(1) Popoli e città nella Palestina in Soria.

(2) Sajo, veste militare de' romani di lana grossa e pelosa,
corta sino alle natiche. Stola, abito lungo infino a terra proprio delle donne romane.

(3) Ora Brindisi, regno di Napoli, città in terra d'O-
tranto.

(4) Terra d'Otranto, e quella parte di Capitanata dov'è
il monte Gargano.

tanto che ebbe riunito l'intero esercito e tutte le navi
da carico e lunghe, opportune alle guerresche imprese,
facendo mostra di voler valicare le terre ligie del romano
impero. Del resto prima di abbandonare Salerno avea
spedito all'imperatore Botaniate a Costantinopoli, ed
occupante il trono, di forza tolto a Michele Duca, nella
qualità di ambasciadore altro de' grandi a dimora seco
ed avente nome Raul, per querelarsi di avere strappato
dallo sposo la propria figlia, data in matrimonio, come
narrammo, a Costantino, e tolto a costui lo scettro, a-
quistato avendone la partecipazione; il perchè da cosiffatte ingiurie provocato divisava prenderne le vendette.
Mandato avea inoltre varj doni con lettera e con l'offerta della sua amicizia al gran Domestico, in allora duce degli occidentali eserciti, vo'dire a mio padre Alessio, ed in attesa del risultamento vivea di piè fermo in
Brundusio. Ma quando, non arrivate pur ancora tutte le
truppe e gittate di già molte navi al mare, fu di ritorno
da Bizanzio Raul senza verbo di risposta intorno alla
sua mandata, il barbaro divampò vie più di sdegno, offeso da tale dispregio verso la sua persona.

XLV. L'impensato a simile parlare di Raul tendente
con molta energia a dissuadere la romana guerra, fu
nuovo fomite all'irritamento di lui, mercecchè dichiarava innanzi tutto con esso doversi ritenere un plagiario impostore il monaco appresentatosi col nome di Michele Duca, ed artefice e cagione di così grave imprendimento. Il legato poi aggiugneva fede al suo dire asserendo aver egli medesimo veduto in Constantinopoli Michele
con bruna veste indosso e dimorante in un monistero

osservatolo di più tranquillamente con occhio indagatore
averlo riconosciuto per quel desso testè balzato giù dal
posseduto trono. Passava quindi a narrare per udita i cam-
biamenti occorsi durante il suo viaggio di ritorno, vogliam dire, essersi mio padre, cacciatone Botaniate, im-
possessato dell'impero (su di che terremo in appresso discorso), e dall'antecedente umile condizione aver sollevato Costantino figlio di Michele Duca, il più illustre personaggio di quanti ne rimira il sole, ritornando-
gli le regali insegne e la consorteria della sovranità.
Laonde Raul concludeva non essere in verun conto giusto il guerreggiare Alessio per gli addotti motivi da Roberto, all'uopo di vendicarsi, intendomi, dell'ingiuria fattagli da Botaniate, addivenuto, a non dubitarne, colpevole
coll'impedire le nozze di Elena e rimuovere dal trono
Costantino, azioni che non sapremmo, per verità, come
possansi imputare al Comneno, il quale anzi pigliò le
vendette dell' offeso, e gli restituì il tolto. Se dunque
manchevol sia giusta causa di guerra, poco si dovrà
attendere e sperare dalle navi, dalle armi, dalla soldatesca e da ogni altro apprestamento per essa. Tale fu il
ragionamento di Raul, e Roberto n'ebbe tanto sdegno
che si contenne appena dall'andare in furore e porgli
le mani addosso. Aggiuntoglisi di più il sospetto non egli
cooperato avesse alla fuga del germano (poichè questi,
appellato Rogerio, erasi di moto proprio recato presso
de' Costantinopolitani per annunziar loro il divisamento
del tiranno ed il guerresco apparato), la ruggine della
doppia offesa, doppiatasi pur ella ad un tratto, spinselo,

irritabilissimo oltre ogni limite, poco meno che a mi-
nacciarlo di morte, ma quegli, accortosi del sovrastante
suo pericolo, riparò con pronta fuga presso Baimondo,
conveniente asilo in allora.

XLVI. È sopra le umane forze poi il formarsi un'i-
dea della veementissima ira in cui trascorse il finto Michele, il cenobita Rettore, al vedere smascherato dalla
testimonianza di Raul quel suo impudentissimo plagio,
mercè di che non cessava di aumentare potentissima-
mente in Roberto, versando oglio sulla fiamma, con ar-
tificiosissime querimonie il furore. Animato inoltre da
odio anche maggiore contro il fuggitivo Rogerio, iva con
alteratissima voce, battendosi ad un tempo l'anca,
addimandando istantissimamente e per unica grazia
a Roberto che venissegli rimesso, non appena tornato ad assidersi in trono, Rogerio, per farlo appen-
dere di colta su d'elevato patibolo nel mezzo di Costantinopoli, e condannarlo a penosissima morte, il che non
attenendo spontaneamente offrivasi a patire dal Nume
ogni maniera di traversie. Ora io mentre seriamente
narro e scrivo tali cose, accorgomi di comporre al riso
le mie labbra, e di vero non è a dirsi facetissima la più
che insulsa costanza di questi due leggierissimi capi nel
vicendevolmente illudersi? conciossiachè Roberto, con-
scio appieno del finale destino cui soggiacerebbe il men-
zognero cenobita addivenuto scenico imperatore, trat-
tavalo non di meno come se stato fosse il vero Augusto e suo consuocero, usavagli ambiziosamente ogni riguardo, e presentavalo frodolentemente alle città che
macchinava togliere all'impero qual legittimo loro so-

vrano, valendosene di simbello a guadagnarne gli animi per quindi, non appena conseguito il suo intento, discacciarlo da sè con ischernimento, a simiglianza dei cacciatori o pescatori, i quali tradito che abbiano la preda gettan via immediatamente l'esca posta sugli ami loro. Ma per l'opposto quello scelleratissimo commediante, avvegnachè sapevole di sua persona, della frode e dell'umile primitivo suo stato, farneticava pur tuttavia quanto era mestieri per sognare la vana speranza di assidersi sopra il trono costantinopolitano; come che Roberto riuscendo vincitore, a preferenza d'ogni altro, dopo cotanto dispendio e sì grande fatica ritener non volesse per sè stesso il diadema. Se d'altra parte Rettore, datosi a pensieri più analoghi alla sua condizione, lusingato si fosse di ottenere, in premio della sua comica parte, unicamente qualche onoranza, o danaro in molta copia, ben vivea nell'inganno per l'avarizia del suo compratore, il quale avea già stabilito, appena giunta la farsa al suo termine, di farlo spogliare dello scenico addobbo e rinchiudere negli ergastoli.

XLVII. Ma sia tregua alle risa incidentemente sopra di ciò fatte, e torniamo alle geste di Roberto, il quale, riunite in Brindisi navi e truppe (cenciquanta sommando le prime e trentamila gli armati, compartiti questi in numero di dugento con armi e cavalli su di ciascun vascello), risolvè di sarpare con tutto l'apprestamento dirigendosi alla città d'Epidanno, più comunemente in oggi appellata Dirrachio. Se non che avea in pria stabilito di condurre a golfo lanciato le navi da Idrunte a Nicopo-

li (1) ed occupare innanzi tratto Naupatto (2) co' luoghi
adiacenti, compresevi le rocche. Ma ripensando poscia
allargarsi maggiormente il mare infra Idrunte e Nicopoli
che non infra Brundusio e Dirrachio, diede a questo
tragitto la preferenza siccome più breve e men perico-
loso, non richiedendosi a valicarlo maggior tempo d'una
giornata, quantunque vernile, come appunto era il caso,
appropinquandosi il sole ai circoli australi ed al Capri-
corno. Per non esporre adunque così grande armata di
mare nella corrente stagione ai sinistri d'un viaggio notturno, dato l'ordine di costeggiare la piaggia da Idrunte a Brindisi, deliberò prender via per l'angusto stretto
dell'Adriatico. Nè fu più di parere che il figlio Rogerio
si rimanesse in Italia giusta il primo suo divisamento,
creato avendolo a tal uopo principe dell'Apulia, ma lo
volle, nè saprei qui addurre il motivo e la ragione del cam-
biato proposito, a compagno nella guerra. Lungo poi la
navigazione per giugnere a Dirrachio occupa e presidia
Corifo, munitissima città, ed altre nostre rocche; dopo
di che, ricevuti dalla Lombardia e dall'Apulia ostaggi e
raccolte le pecuniali imposte da tutto il proprio dominio, rivolge ogni suo desiderio e pensiero ad afferrare
prontissimamente a Dirrachio.

XLVIII. Di quel tempo l'imperatore Botaniate avea
posto l'intero Illirico sotto il governo di Giorgio Monomacato, il quale da prima saper non volle dell'offertagli presidenza; ma due servi, Borilo e Germano, di bar-

---

(1) Turchia, città dell'Armenia minore.
(2) Ora Lepanto, città in Acaia.

barica scitica schiatta, famigliari dell'imperatore, rimi-
randolo con invidioso occhio e tutti nel perderlo colle
incessanti loro maldicenze presso il sovrano, di modo
che questi tal fiata ebbe ad appalesare alla consorte Maria i suoi timori non Monomacato fosse nemico dell'impero, alla fin fine colle ribalderie loro lo indussero, conosciuto il pericolo mediante la strettissima sua amicizia
con Giovanni Alano, ad ambire quel posto medesimo che
in addietro avea ricusato, ed a conseguirlo molto giovo-
gli l'opera degli stessi suoi detrattori, paghi a bastanza
di averlo rimosso dalla corte. Accomiatatosi pertanto dal
sovrano e ricevutine per iscritto i comandamenti, solle-
citandone Borilo e Germano la partenza nel seguente
giorno, da Bisanzio si pose in cammino per Epidanno e
l'Illirico.

XLIX. Lungo il viaggio gli si fa incontro per sorte
il gran domestico mio padre al luogo detto la Fonte, ove
sorge un tempio, celebratissimo infra gli altri costantinopolitani, edificato in onore della Vergine Madre di Dio
e mia Signora. Quivi Monomacato accostatoglisi amichevolmente lo rende consapevole che per cagion di lui sotto
onorifica sembianza era mandato in esilio. E che tale si
fosse lo dimostrava esponendo che i servi, mercè le cui gher-
minelle giudicato avea necessaria la sua partenza, erano
stati indotti a portargli astio, più che da ogni altra cagione, dal saperlo fedelissimo al gran domestico; accesi
pertanto di sdegno questi Sciti, Borilo e Germano, aver
contro di lui rivolto la corrente del furor loro. In causa
di che dover egli da quinci in poi abbandonare la dol-
cissima vista della patria, e discacciato dalla città regale

vivere in paese straniero, celando sotto l'onesto nome
di prefettura la pena dell'esilio. Nel dolersi poi con prolissa narrazione delle sue traversie, e nel riferire più distintamente le calunnie de' servi e tutti gli altri argomenti e motivi delle sue calamitadi, trovò in Alessio, giusta i proprj desiderj, un efficacissimo consolatore, l'uomo
d'una più che intrinseca amicizia e di poter sommo, il quale
assicurollo, stando per dare fine al discorso, che il Nume
sarebbesi fatto vendicatore de' suoi mali; e chiestogli di
non smenticare la reciproca loro amicizia entrò nella città,
e l'altro diedesi a proseguire l'intrapreso viaggio.

L. Questi poscia al metter piede in Dirrachio, udito da
quinci l'apprestamento di Roberto e da quindi il prospero
evento di Alessio, pervenuto di già all'impero, cominciò
destramente a provvedere alle occorrenze sue, ed in
ispecie si determinò ad osservare perfetta neutralità
infra ambedue, non mancando tuttavia l'esterna sua ripugnanza al parteggiare d'indizj appalesanti un animo
intento a fantasticare più occulte cose. Di fatti avendogli
scritto Alessio come, addivenuto scopo di grandi vessa-
zioni e pericolando eziandio soggiacere ad un pronto
accecamento, si fosse veduto costretto ad insorgere contro i tiranni, e che a sostegno di cotanto illustre e necessario imprendimento implorava pieno di speranza la
cooperazione dell'amico da lunga data, col procacciar-
gli ovunque potesse danaro in moltissima copia e tosto
spedirglielo, nulla riputando più utile per condurre a
buon fine l'opera difficilissima cui erasi cimentato,
quegli di rimando colmollo di sovrabbondanti officiosità senz'ajutarlo onninamente di pecunia. Laonde con

affettuosissime parole accolta dai legati la lettera, altra loro ne consegnò per Alessio, ove ampollosamente protestava di aver mai sempre fin qui serbato fede alla diuturna scambievole amicizia, e con ogni sforzo procurerebbe di eternare questa sua lode. Intorno poi al chiestogli danaro avrebbe per verità voluto inviargliene quant' e' ne potesse bramare, se non che essergli di ostacolo per ora un motivo, della cui rettitudine confidava non incontrare opposizione da lui. Conciossiachè trovandosi egli in obbligo di obbedire a chi avealo posto colà, stretto da giuramento verso la persona di Botaniate, eragli uopo custodire inviolata la santità di tale atto, in virtù non solo del professato culto, ma eziandio per rispetto alla pubblica estimazione, se pur non vogliasi addivenire sfrenatamente prodighi della propria salvezza e buona fama. Andarvi pertanto dell'interesse di lui medesimo, asceso già quasi di volo all'apice del comando, che venga comprovato non doversi per riguardo comunque violare la santità di tanto giuro. Sapere d'altronde benissimo, che una volta scoperto di mal ferma fede, scapiterebbe d'arcana estimazione appo l'individuo stesso la cui mercè si rendesse spergiuro. Del resto poi in tutto il rimanente non indugerebbe di fargli servigio. Che se la divina providenza facilitasse questa grande impresa, come da prima e' sperimentato lo avea fedelissimo nell'amicizia, così alla fine delle fini lo troverebbe più che leale nel vassallaggio. Tale Monomacato si espresse con mio padre, dimostrando coll'adulare entrambi, Botaniate ed Alessio, in simigliante guisa, e col non accostarsi nè all'uno, nè all'altro che non

sapea da qual parte piegare. Nè ciò è il tutto, essendosi di ben maggior fellonia macchiato con Roberto, al
quale promesso avea in chiarissimi termini la sua ribellione. È di verità cosiffatta la genìa e l' indole dei tri-
stissimi e volubili animi, seguaci con leggierezza somma della fortuna, e cambianti di colore a norma della
varianza delle cose e de' tempi ne' quali s' avvengono;
gente appieno disutile al pubblico bene, e solo instancabile nel tener dietro con ardore alle proprie speranze ed agiatezze; se non che di frequente ne falliscono
il colpo, quantunque presuntuosi a segno che credonsi
a bastanza cauti e scaltriti.

LI. Ma ito vagando licenziosamente il discorso oltre
i limiti d' una storica narrazione, è mestieri, tirate quasi
diremmo le redini, ricondurvelo entro. Roberto già da
prima divampante in cuor suo d' incredibile bramosìa
d' occupare Dirrachio, vie più gagliardo ne risentì l' ardore dopo le promesse di Monomacato; cosicchè lo vedevi intollerabile d' ogni ritardo nell' eseguire il tragitto, e indefesso nel sollecitare ora i marinai, ora le truppe
a condurre prontamente a termine la navigazione. Se
non che Monomacato fu d' avviso di non riposare per
intiero sopra gli accordi fatti seco lui, ma di apprestarsi eziandio, per ogni evento, altro scampo. Laonde si
unì, col mezzo di lettere e doni, a Bodino e Michele e-
sarchi (1) dei Dalmati, procurandosi disserate, a mo' di

---

(1) Officiali, o capi, o principali nell' uno o nell' altro foro, il patriarca costantinopolitano avendo anch' egli il proprio
esarca, il quale eseguiva le funzioni di suo delegato, riscuo-

dire, queste porte dagli omeri, nelle quali avervi rifugio
se le sue speranze in Roberto o in Alessio riuscissero a
mal fine. Ma di ciò basti, essendo ormai tempo di e-
sporre il modo, le circostanze e le cagioni che innal-
zarono Alessio all'imperio. Tanto di verità proposimi
eseguire nella mia istoria, non avendo giammai avuto intenzione di tramandare ai futuri la sua vita privata. Mi ac-
cingo dunque a riferirne le geste, nè mi tacerò, la mercè
della paternità sua, ove in alcuna di esse abbia egli errato, ben accorta di non lasciarmi trascorrere da sentimento pietoso a disonorare ed offendere la storica verità. Faccia pertanto breve pausa Roberto laddove lo abbiamo condotto, e rimessa ad altro libro la particolare
narrazione dell'avvenuta guerra, ci occuperemo ora a
descrivere il coronamento del mio genitore.

---

teva le decime e gli altri introiti di quella chiesa, e negli
atti de' concilj apponeva il suo nome dopo il patriarca e prima del metropolitano. Avea parimente sotto di sè tre altri e-
sarchi, ed erano: l'efesino per tutta l'Asia minore, il cappadoce per tutto il Ponto e l'eracleo per tutta la Tracia.
L'esarca della provincia era il metropolitano o l'arcivescovo.
Nel foro secolare poi l'esarca dell'Italia era il vicario imperiale. Esarca eziandio nomavasi il governatore d'una sesta
parte dell'impero, come tetrarca quello d'una quarta parte
di esso.

# ANNA COMNENA PORFIROGENITA
## CESAREA ALESSIADE

---

# LIBRO SECONDO

---

### SOMMARIO.

GESTE di Botaniate diffusamente esposte da Cesare Brienio. Tre Comneni: Manuele, Isaacio ed Alessio, figli di Giovanni. Isaacio ed Alessio, questi in ispecie, prediletti dagli imperatori, e soprattutto da Botaniate. Borilo e Germano, favoriti da Botaniate, invidiosi de' Comneni. Cortigianeschi tranelli contro degli ultimi protetti da Maria Augusta. Isaacio ne sposa una cugina, e procurane ad Alessio la grazia per modo ch'ella adottalo in figlio. I Comneni, prevalendo le pessime trame degli invidiosi, volgono i loro pensieri alla fuga. Sinadeno, messo in non cale Costantino *figlio dell' Augusta*, *viene prescelto da Botaniate a succedergli nell' imperio. Attristamento e timori di Maria in proposito. I Comneni valgonsi di tale occasione per indagarne l' animo, nè vi riescono, sapendosi ella infingere, ma coll' insistere ottengono l' intento. Stringono arcana lega con essa, la quale rendeli tosto avvertiti di quanto si dice od opera a danno loro. Avvisati delle insidie appresentansi non più insieme, ma ora l' uno, ora l' altro alla corte. Botaniate alla nuova della espugnazione di Cizico manda per Alessio, ed invita i due Comneni, paventanti insidie, alla sua mensa. Loro costume di cattivarsi la benevolenza degli aulici ministri. Pronto ingegno di Alessio nel comprendere all' istante da indizio comunque il tutto. I Comneni consolatori di Augusto. La soverchia piacevolezza di Botaniate sospetta ai Comneni. Stabilito accecamento di essi, i quali, uditone, pensano ribellarsi. Alessio incolpato di sedizione si giustifica. Borilo ambisce l' imperio. Tale di stirpe alana, e maestro, comunica le insidie ai Comneni. Pacuriano ed Umpertopulo congiurano con Alessio. Questi accetto per la sua liberalità. Nella notte della domenica nomata Tirofago Alessio abbandona Costantinopoli. Il nipote di Botaniate genero della madre de' Comneni. Costoro notturna fuga. Le donne di essi riparano entro un tem-*

pio. *Imperiali querimonie risguardanti i Comneni.*
*Dalassena, lor madre, pigliane liberamente la difesa,*
*e corre per franchigia all' altare. Addimanda una*
*Croce maggiore per vie meglio guarentire la propria*
*sicurezza. Rinchiudimento delle Comneniane donne.*
*I Comneni impadroniscomsi de' regali cavalli. Giorgio*
*Paleologo indotto di mal animo a seguire le parti dei*
*Comneni. Le donne loro collocate nel tempio della*
*beata Vergine alle Blacherne. I congiurati ragunan-*
*si in Tzurulo. Cesare Giovanni Duca invitato dai Co-*
*mneni ad unirsi loro si rimane qualche tempo in for-*
*se, e da ultimo v' aderisce. Costui eloquenza; e' con-*
*duce seco presso de' Comneni il gabelliere co' danari*
*e cogli aiuti de' Turchi; persuadeli inoltre che pro-*
*cedano alla città. Gli altri Duca parimente favorevo-*
*li ad Alessio nel broglio tendente a metterlo in tro-*
*no. Per opera loro e previo il consentimento d' Isaa-*
*cio, Alessio, a preferenza del fratello, vien dichiarato*
*imperatore. L' evangelista S. Giovanni promette, in*
*una sua apparizione, l' impero ad Alessio. Repentina*
*conciliazione infra' discordanti. Lettera di Melisseno*
*a Comneno. Rifiuto delle sue inchieste, ed offerte*
*contraccambiategli. Tempio di S. Demetrio, e prodi-*
*giosissimo unguento di Tessalonica. Furberie dello*
*scriba Mangane. Descrizione degli Areti. La città mes-*
*sa a pruova con ischermugi. Botaniate dispera delle*

sue cose. Sgomento pubblico. Gl' immortali ed i Ba-
rangj fedelissimi. Il duce de' Nemitzi tradisce la città.
Scaltra prudenza di Mangane. Ultima risposta a Melisseno. Giorgio Paleologo espugnatore di cittadi. Costantinopoli occupata nella feria quinta della settimana maggiore, e messa turpemente a sacco. Botaniate
risolve di mandare per Melisseno, e viene impedito da
Paleologo. Questi aggiunge ad Alessio tutta l'armata di mare, e n'è ripreso dal padre. Niceforo Paleologo, fedele insino agli estremi a Botaniate, autore di
un buon consiglio, ma non accolto, è spedito ai Comneni per trattare di pace. Giovanni Cesare disap-
prova gl'indugj de' Comneni. Ordina che giunta la
deputazione di Botaniate se ne rifiutino le proposte offerte di pace. Borilo raguna le genti in armi per combattere i Comneni; ma n'è distolto da Botaniate, piegatosi ai pacifici suggerimenti del patriarca Cosma.
Botaniate ripara nel tempio di S. Sofia.

# ALESSIADE SECONDA.

I. RIMANDIAMO ai Comentarj del nostro Cesare chiunque brami conoscere più distintamente da quale e quanto illustre serie di generazioni l'imperatore Alessio abbia tratto i natali; ed ivi e' troverà eziandio una perfetta notizia dell' operato da Niceforo Augusto di cognome Botaniate. A me basta di qui ripetere il detto nel precedente libro, ed è che Giovanni Comneno, mio paterno avo, infra la sua numerosa prole diè in particolare alla repubblica tre illustri figli: Manuele, Isaacio ed Alessio. Al primogenito Manuele venne fidata da Romano Diogene, a que' dì imperante, la prefettura di tutta l'Asia col nome di supremo duce, e con piena autorità sopra le guerresche bisogne di quella regione. Il secondogenito Isaacio, creato dal medesimo Augusto governatore d'Antiochia, partecipò unitamente all'anzinato fratello delle ben molte eroiche imprese, vittorie e dei trofei, che diffusamente illustrarono il nome romano e quello de' comandanti stessi. Mio padre Alessio in seguito fu eletto a duce, con supremo potere, della spedizione contro Urselio, ordinata dall'assiso in trono Michele Duca. Il costui successore inoltre di nome Niceforo, uditi più e più volte copiosi discorsi relativi all'arte ed al bellico valore del padre mio, ed alle molte ricordevoli imprese da lui eseguite, con sommi encomj di bravura, militando nelle varie guerre orientali sotto

gli auspicj del fratello Isaacio, ed alle sue prudenti e valorose geste, addivenuto comandante in capo nel guerreggiare Urselio, affatto debellandolo, Niceforo, dico,
reputò così lui come Isaacio degni dell'amore suo. Nè
col volto mentiva il sincero affetto verso entrambi, non
rivolgendosi ad altri con più giulivo sguardo, e non ra-
de volte avendoli suoi commensali.

II. Ora queste benevoli dimostrazioni valsero ad
accendere l'invidia negli animi di molti, e soprattutto po-
tentissimamente in quelli de' prefati due barbari di scitica stirpe, Borilo e Germano. Costoro pertanto vedendo i Comneni, quantunque bersagliati dal pessimo de' vi-
zj, essere non di meno assai favoriti, stimati e conti-
nuamente possessori della grazia imperiale, di livore in-
tristivano. E di vero forte pungevali che mio padre, nel
cui volto non compariva ancora la prima caluggine,
fosse innalzato alla carica di prefetto con decreto or-
revolissimo d'Augusto, e prescelto infra tutti, come di
tutti il primo, a comandare con autorità suprema gli e-
serciti delle occidentali provincie. Ma di già nell' antecedente libro si è da noi copiosamente esposto con quanto valore e prospero evento fossero da lui ridotte a termine quelle imprese, erigendo cotanti trofei, sconfiggen-
do numerosissimi tiranni e presentandoli prigioni al-
l' imperatore. Se non che tali geste per nulla attalenta-
vano gli invidiosi, il cui livore, come fiamma sparsovi
sopra olio, vie più aggrandiva. Quindi Germano e Borilo ivano di ascoso macchinando infra loro molte calunnie contro de' Comneni, molte ne bisbigliavano al-
l'imperiale orecchio, e pur di molte reità incolpavanli aper-

tamente così per sè stessi come per altri, tendendo con
varj scaltrimenti ed assalti all' unico scopo di levarsi entrambi dagli occhi.

III. La mercè di questi brogli i Comneni, volta la
mente alle proprie faccende, opinarono ottimo espediente quello di procacciare col favore dell' imperatrice l'allontanamento de' sinistri, cui soggiacerebbero perdendo
la grazia sovrana. Eccoli quindi frequentare la reggia
dell'Augusta, coltivarne la persona, compiacerla, e di lei
sola, infra tutti, conciliarsi la benevolenza, corteggian-
dola con ogni maniera d' urbanità e rispetto. Ed erano a bello studio fatti per dare in brocco, di modo che
riputando altrui meritevole di partecipare alla società
loro infallibilmente ve lo traevano, quantunque d' un
animo fermo qual pietra. In quanto poi al patrocinio
dell'Augusta Isaacio erane di già in possesso, eletto
molto prima da lei (trovatolo superiore a tutti nel maneggio degli affari civili e militari, ed in più e più ri-
spetti simigliante ad Alessio), a preferenza d'ogn' altro,
per isposo della regale vergine sua cugina; ma non
bastavagli di vedere in salvo le proprie bisogne giudicando tuttavia in pericolo il fratello. Volse dunque seriamente il pensiero anche a lui, volendolo trarre seco
nello stesso porto, ed a riuscirvi divisò mettere in opera tutto il favore derivatogli dalla nuova parentela onde renderlo bene accetto all'Augusta. Narrano sì forti
essere stati i vincoli d' amore infra Oreste e Pilade, che
ambedue nelle battaglie, posto in obblio il proprio periglio, si esponessero volontariamente ad incontrare quello dell' amico, ed a gara l' uno facesse del suo petto

scudo alle nemiche quadrella per renderne l'altro invulnerabile. Ora un che di simile si riprodusse in questi; poichè la pietà d'Isaacio, sebbene tutelata ed in piena sicurezza, rattristavasi non di meno al fraterno pericolo, ed un vero nulla estimava gli abbondanti onori e beni di cui era in possesso, quando non rendesse partecipe della propria felicità anche il fratello. Nè lungo tempo attese il conseguimento di questi suoi desiderj, poichè, supplicati i famigliari di lei a persuadergliene, l'Augusta risolvè prontamente di adottare a figlio Alessio. In determinato giorno dunque convenuti entrambi nel palazzo, ella, adempiuto a tutti gli obblighi portati dalla legge, e colle formule da lei stessa in altr'epoca stabilite, passa all'atto dell'adozione. Mio padre di poi, dato bando a ogni timore e sollevato da una grande inquietezza, frequentava la regia unitamente al fratello e, nulla curante gli astiosi, tributava ai sovrani le dovute cotidiane salutazioni (1), recandosi impertanto ambedue con maggiore assiduità presso l'Augusta, così essendosi quasi stabilito e convenuto infra loro, non appena a bastanza intrattenuti s'erano coll'imperatore.

IV. Se non che la grandissima famigliarità de'Comneni co' regnanti somministrò nuovo fomite all'invidia, ma eglino tosto vedutone, direi, il fumo, rettamente paventando non essere ad un tratto incolti dalla suscita-

_____

(1) Nell'imperiale palazzo una sala, detta aureo triclinio, con trono accoglieva cotidianamente alla mattina e dopo il meriggio i principali cortigiani, che di obbligo recavansi due volte al dì a visitare il signor loro.

tasi repentina fiamma, cominciarono a darsene maggior
pensiero, indagando se avessovi speranza o mezzo, ag-
girati da tante insidie, di provvedere col divino aiuto
alla propria salvezza. E parve ad essi, umanamente pensando, l'unica e più diritta via a conseguire l'intento
quella di ricorrere, scelta idonea occasione, all'Augusta,
e parteciparle tutto il mistero del segreto consiglio rav-
volto nelle menti loro, ed era di abbandonare la corte,
ritenendolo profondamente ascoso nel petto, ed usando ogni possibile diligenza onde altri non avessere
sentore, come appunto i pescatori guardansi dallo spa-
ventare innanzi tempo la preda, acciocchè gli astiosi, rap-
presentando con malizia lor fuga, non giugnessero ad
impedirla. Ma e' si pareva cimento arduissimo il tener-
ne discorso a lei, non sapendosi pronosticare che
sarebbe per nascere, se ella, quasi indotta da brama di
farsi ad entrambi soccorrevole, riferito lo avesse al consorte, pensandosi, dirò, far servigio a questo ed ai Comneni. Laonde usciti di speranza del buon successo di
un tal disegno volgono altrove gli animi, svegliati e de-
stri a non lasciarsi fuggire le occasioni.

V. Botaniate, esausto di forze per la provetta sua
età, senza prole, nè più idoneo a procrearne, consi-
derandosi alla per fine mortale, iva rimestando cui la-
sciare l'impero. Eravi a que' dì un Sinadeno venuto dal-
l'Oriente, d'illustre schiatta, di belle forme, d'animo
generoso, forte di braccio, e d'una età superiore alla
puerizia. L'imperatore adunque, unito a costui con qualche legame di parentela, bramava fossegli successore nel
trono; imprudentemente per verità, essendovi nella reg-

gia il figliastro Costantino, avente padre ed avo Augusti, cui dando la preferenza ed avrebbe seguito il retto e l'onesto, e sarebbesi tanto più certamente assicurata la benevolenza di Maria Augusta, madre del giovincello, oggetto di non poca utilità alla sua propria salute e sicurezza. Con solo un fatto pertanto, mostratosi ad un'ora ingiusto ed imprudente vecchio, e' demeritò verso il pupillo e fabbricossi il proprio malanno. Sparsosi dunque il romore mediante segreti bisbigli di tale divisamento, l'Augusta ne fu incredibilmente agitata, pensando che il figlio verrebbe a perdere la speranza di ascendere il trono, e mesta ed inquieta si vivea senza disvelare ad alcuno la piaga del suo cuore. Ma i Comneni, ben dato nel segno intorno all'afflizione di lei, stabilirono di visitarla più confidentemente, rinvenuto che avessero la opportunità, ed eran tutti nel rintracciarla.

VI. La madre poi, direttrice de' Comneni, risoluto avea di esordirne ad Isaacio il discorso; e questi avuto segreto accesso, in compagnia del mio genitore, appo lei: *Dond'è mai, o Signora*, dissele, *il mirarti non più come ieri e ieraltro giuliva? che anzi il tuo volto ed aspetto appalesano evidenti segni d'una occulta ambascia, e del dolore che ti lacera profondamente l'animo, quantunque venga da te compresso nella più recondita parte del tuo petto, mancandoti persona a bastanza fedele, cui liberamente poterlo comunicare.* Ma ella guardossi per ancora di esporne la cagione, e tramandato un profondo sospiro così rispose: *A chi mena sua vita in paese straniero, lunge dalla terra natale, non lice addimandare il perchè s'addolori, essendo in fe*

*mia tal condizione abbondevol motivo di attristamento;*
*a me inoltre, sciagurata pur sono, siccome fin qui ma-*
*li da mali derivarono, così veggo sovrastarne ben da*
*vicino di non più lievi!* Alle quali parole i Comneni
ammutoliscono, ed abbassati gli occhi al suolo e piegate
ambe le mani alla foggia d' uom oppresso da cordoglio,
intrattengonsi qualche tempo silenziosi; fatto quindi l'ac-
costumato inchino si partono. Tornati la dimane e vedutone più ilare di prima lo sguardo, pigliarono cuore
e dissero: *Tu sei la nostra Signora, e noi, affe-*
*zionatissimi tuoi servi, ci dichiariamo pronti ad incon-*
*trare per te sofferenze comunque. Laonde nessun tri-*
*ste pensiero ti conturbi, nè voler permettere che il pas-*
*sionato animo tuo si strugga per tema di aprirsi ad*
*altri.* L'Augusta, incorata dalle costoro proteste e dato
bando ai sospetti, miseli finalmente a parte dell'arcano,
quantunque eglino, esperti nel giudicare gli animi dai
volti umani, l' avessero di già, mediante industriose con-
getture interpretato; quindi passarono a magnifiche promesse: conserverebbonsi a lei fedeli insino agli estremi;
in qualunque tempo venissero richiesti di loro assistenza, accorrerebbero con tutte le proprie forze a prestar-
gliela, rimossa ogni eccezione; respignerebbero così da
lei come dal figlio tutti i pericoli riferentisi alla persona
ed alla dignità; legherebbero con indissolubile patto so-
ciale i destini dell'Augusta ai loro stessi e, giusta l'apostolico detto, allegrerebbonsi co' gaudenti, e sciorrebbon-
si in pianto ai pianti altrui; non dovesse pertanto attri-
starsi vedendosi lontana dalla patria e disgiunta da' suoi
benivolenti e consanguinei, dispostissimi eglino mede-

simi a supplirle quanto sì può attendere dall' amicizia
e dalla parentela. Da ultimo, procurato avrebbero di farle
comprendere che la fedeltà e benevolenza loro non riu-
scirebbonle punto inferiori a quelle d' individui aventi
e patria e lari comuni. Dirigevanle soltanto ferventissime suppliche tendenti a renderli tosto avvertiti, se mai
gli invidiosi cimentassersi a tenere discorsi coll' imperatore o con lei stessa contro di entrambi, altrimenti avviluppati rimarrebbonsi all' improvvista nelle reti
nemiche. Sperare eglino che la buona causa dell'Augusta, rafforzata dal possente aiuto loro, nulla abbia a temere dall' invidia; nè unquemai permetteranno ch' ella
sia costretta a dismontare dal trono, ed il figliuol suo
Costantino debba rinunciare alla speranza della successione all'impero. Così da ambe le parti si venne con
breve sermone agli accordi, renduti poscia inviolabili
colla santità del giuramento. E di vero più lunga diceria potuto avrebbe rendere sospetti gli invidiosi.

VII. I Comneni sollevati per cosiffatta lega da grave mole di affanni con più ilare aspetto intrattenevansi
presso l'imperatore. Ed avvegnachè ambedue fossersi
artefici sommi nel dissimulare il compresso dolore (A-
lessio ancor più del germano), non di meno per lo innanzi il tenore dei volti a pena era giunto a coprire le
interne rancure. Se non che per la stessa confidenza
loro aumentatosi l'odio degli astiosi, nè cessando le se-
grete maldicenze, eglino avvertiti dall'Augusta, fedele alle
sue promesse, che i due servi concertato aveano, abusando della imperiale bonarietà, di liberarsene, risolverono di non più comparire giornalmente a corte

insieme, giusta il praticato finora, ma oggi l'uno, la di·
mane l'altro, appigliandosi a tale prudente consiglio onde se alcuno di loro cadesse nelle insidie di quegli Sciti, in allora potentissimi, riuscisse almeno all'altro il
sottrarsi con pronta fuga, all'uopo d'impedire l'annichi·
lamento dell'intiera famiglia. Le costoro faccende tuttavia trovavansi in migliore stato di quello che i sospetti facevano paventare, godendo amendue maggiore
estimazione che non i proprj avversarj, per quanto e'sembrassero potenti, come di leggieri apparve nella congiuntura che prendo qui a riferire più distintamente.

VIII. Botaniate all'annunzio che i Turchi occupato
aveano la città di Cizico (1), issofatto mandò chiamando Alessio, e correva il dì nel quale a tenore della convenzione loro Isaacio solo presentarsi dovea alla corte,
laonde questi non poco maravigliossi all'incontrarvi il
fratello; addimandatogliene, breve e precisa fu la risposta. Introdotti quindi ambedue, ed eseguito di conformità il saluto, Botaniate ordinò che attendessero un poco, e giunta l'ora di porsi al desco li volle suoi commensali. Quivi assisi, negli opposti lati della mensa, l'uno di contro all'altro, al rimirare i mesti volti de'circostanti, ed il modo con che andavano bisbigliando infra loro arcani detti, lasciaronsi di parità sorprendere
dal timore non fossersi colà ragunati, per mene degli
insidiatori, a fine di esterminarli prontamente; con furtive occhiate adunque, come poteano il meglio, sì con-

----

(1) Città in Misia, alle bocche del fiume Spiga.

sigliavano e confortavano a vicenda. Qui giovò loro quella
piacevolezza con che da gran tempo e' soleano, mediante
graziose parole, corteggio onorifico ed ogni maniera di
officiosità, conciliarsi la benevolenza di tutti i cortigiani. Con quest'arte poi eransi massimamente cattivato
l'animo dello scalco, il quale perciò mirandoli con occhio ilare ed affettuoso, all'andargli da presso un donzel-
lo d'Isaacio: *Annunzia*, dissegli, *al signor tuo l'espugnazione di Cizico, confermata da pistole di là giunte.*
E quegli tosto nel porre sulla mensa i serviti con bassa
voce riferì la nuova al padrone, il quale incontanente,
mosse a pena le labbra, ne fe' cenno al germano. Alessio fornito di prontissimo ingegno per comprendere dal
menomo indizio checchè si fosse, colla rapidità del fuoco spingendo avanti i suoi pensieri, venne di subito a
comprendere il tutto. Non altrimenti fattesi ad entrambi palesi le cagioni del silenzio e della mestizia, e dile-
guatisi negli animi loro i concepiti sospetti, e' con tranquillità si acconciavano in bocca le risposte che darebbero al sovrano quando fossero consultati di corto sopra le misure da prendere nelle presenti circostanze.
Intanto ch'eglino s'occupavano in questi pensieri, Botaniate volgendo i suoi sguardi ad entrambi manifestò
loro, estimandoli tuttavia ignari dell'avvenuto, la strage
commessa in Cizico. E queglino di già consapevoli del
grave sinistro, e muniti di confortativi mezzi ne' tristi
occorrimenti e nelle espugnazioni delle città, rassicura-
rono di leggieri con adatto ed eloquente discorso il do-
lente animo di Augusto, incorandolo a sperar bene, po-
tendosi la piaga sanare; e perchè non abbia a patir danno

la salvezza e prosperità del capo dell'impero, come a
dire di Botaniate stesso, avrebbero con prontezza rispinto per la settima volta i barbari predatori entro ai
loro confini. Soddisfatto l'Augusto dell'udito sermone
e degli autori di esso, die' commiato ai commensali, e
libero da timore passò il resto di quel giorno.

IX. Dopo di che i Comneni, rassicurati del come si
stessero innanzi al sovrano, cominciarono a frequentare più assiduamente la reggia e ad inescarne colle più
studiate urbanità i famigliari, a tenersi lontani accuratamente dal recar motivo di maldicenza, o pretesti d'odio
ai nemici; a mettere infine ogni industria nel cattivarsi la universale stima e benevolenza. Oltre di che si pro-
posero di continuare indefessamente nella ricerca dei
mezzi atti ad affezionarsi ognor più Maria Augusta, ed
a persuaderla che soltanto per lei viveano, e su di lei
unicamente fissi aveano i loro sguardi. Nè a conseguir
l'intento e' difettavano di validissimi appoggi, ad Isaacio
tornando bene il matrimonio contratto colla cugina della
regnante, ad Alessio l'affinità derivatagli da queste nozze, e di soprappiù l'adozione, del che in ispecie facendosi puntello scevro da sospetto o sorpresa di chi che
si fosse iva di sovente a visitarla come sua madre. Non
ignari con tutto ciò dell'implacabile ira di que' due
barbari, i quali fidando nella imperiale bonarietà volge-
vanla a loro talento ove meglio bramassero, paventavano
di continuo a ragione così la perdita della grazia sovrana,
come il pericolo di addivenire preda e vittime dell'ineso-
rabile odio de' loro nemici, rendutisi forti coll'imperiale fidanza. E di vero che mai accertatamente può stabi-

lirsi iutorno ad animi cotanto volubili, ed a foggia del-
l'Euripo (1) sempre ondeggianti pel non interrotto flusso
e riflusso delle mal ferme loro passioni?

X. Tra questo mezzo i servi penetrati da eguale pensiero non desistevano punto dal concepito proposito;
ma estimando vane le insidie, e vedendo i Comneni di
giorno in giorno acquistare credito e possanza maggiori, alla per fine dopo molti discorsi convennero di venire alle corte; ed in che modo? A nome dell' imperatore, quantunque all'insaputa di lui, chiamerebbonli ad
un tratto nelle ore notturne, ed incolpati di falso delitto
priverebbonli tosto della visione; tale in compendio il
progetto loro. Isaacio ed Alessio, avutone certo avviso,
riputarono, dopo lunga ed affannosa deliberazione, non
rimanere scampo alla propria salvezza della ribellione
all'infuori, da necessità estrema trascinati a sì grave
passo. Ed a fe del Nume chi mai comporterebbe di attendere che il rovente ferro applicato a' suoi occhi to-
gliessegli di botto la benefica vista della luce e del sole? Tennero non di meno occulto entro sè stessi il com-
binato accordo insino a tanto che si presentò loro, dopo breve indugio, la propizia occasione di mandarlo ad
effetto.

XI. Era stato commesso a mio padre, in allora gran
domestico dell' Occidente, di raccogliere nella città parte dell' esercito all' uopo di metterlo in punto contro gli

---

(1) Stretto di Negroponte, il quale ha un molto perico-
loso flusso e riflusso sette volte al giorno.

Agareni (1) predatori della città di Cizico, e valendosi egli di tale coverta chiamò a sè per via di lettere i più fidi suoi duci. Costoro accorsi premurosamente da ogni banda nella città, uno del numero, sedotto da Borilo altro de' servi, presentossi all' imperatore coll' inchiesta se per comandamento di lui il gran domestico ragunato avesse nella regia città l' intero esercito? Botaniate, uditone, di colta manda per mio padre, volendo conoscere se vera la riferta. Alessio dichiaragli che aveavi alla buona fè introdotto, giusta gli ordini ricevuti, non tutto l' esercito, ma solo parte di esso, componendo il suo discorso con tanta verisimiglianza da conciliarsi piena fede. Originare poi tale voce, egli proseguiva, dall'essere disperse in varj luoghi le coorti quivi giunte, di maniera che marciando ognuna dalla propria stazione per riunirsi nella città, presso a non sapevoli della bisogna destossi il sospetto non l' intero esercito vi mettesse piede. Borilo impertanto con prolissa diceria piativagli contro ( il secondo insidiatore, Germano, fornito di più semplice natura, meno allora gli si oppose), ma prevalse l'autorità d'Alessio fermo a negare il fatto, ed a pieni voti fu assolto. Costernati i barbari per l' inaspettato esito del giudizio, e vedendo che una cotanto verisimile accusa non avea in conto veruno distolto l' animo imperiale dal gran domestico, uscirono di speranza delle co-

-----

(1) Arabi asiatici derivanti da Ismaele figlio di Abramo e della costui servente Agar. Impropriamente poi diconsi Saraceni, discendendo questi da Isacco figlio di Abramo e di Sara. Tacito, lib. XIV, cap. 27, li appella Mardi.

se loro se non dessero prontamente mano alla combinata vendetta; quindi statuirono di compier l'opera durante quella stessa notte.

XII. Tutta la genia de' servi è nemica de' suoi padroni, e quando non possa recar loro danno, volge lo sdegno a' compagni nel servaggio, ed avventatasi ad alcuno contro cui sfogare il proprio livore dàgli spietatamente addosso. Mio padre ebbe appunto così a sperimentare la natura e l'indole, come a un di presso narrava, d'ambo que' servi. Giva intorno la voce che Borilo, assistito da Germano partecipe del segreto, aspirasse all'impero. Fittisi pertanto in capo di balzar dal trono il regnante, erano ben lontani dal nimicare i Comneni per zelo di provvedere alla dignità e salvezza di lui; ma opinando non ancora opportuno e sicuro consiglio il dare principio all'assalto, apparecchiavansi a far vittime di loro crudeltà i due germani; e di già, pronti ad eseguire, bociavano quanto da prima sol tra' denti aveansi parlottato. Ora un antico uffiziale imperiale, di schiatta alana e di onoranza maestro (1), porto attento orecchio all'empia deliberazione, corse pieno d'orrore per sì grande scelleranza, giunta la notte al suo colmo, ai Comneni, e sciorinò il tutto ad Alessio; havvi poi voce che il maestro tale operasse non senza

---

(1) Titolo da prima indicante prefettura; così aveavi il *Magister militum*, il *Magister curiæ*, il *Magister palatii imperialis*, il *Magister justitiarius*, ecc. Di poi esso fu titolo unicamente di onoranza, ia particolare accordato ai dottori; per ischerno da ultimo passò ai pedagoghi : *Ludi Magistri.*

saputa dell'Augusta; checchè ne sia, egli è introdotto
dal gran domestico presso al fratello ed alla madre, i
quali, udito il tremendo annunzio, dichiararono essere
giunta l'ora di compiere i fatti concerti, e di mettersi
coll'aiuto divino sull'unica via di salvezza in poter
loro.

XIII. E poichè mio padre sapea che l'esercito alla
posdomane sarebbe a Tzuroli (cittadetta a confine della
Tracia), tosto recossi, nella prima vigilia della notte, a visitare Pacuriano, uomo per verità di piccola mole, giusta il poeta, ma valoroso guerriero, di schiatta illustre ed armeno di nascita. A costui Alessio racconta
l'ira e l'astio de'servi, le trame da pezza ordite, e l'ultima scoperta ribalderia dello stabilito accecamento e suo
e del germano, il perchè richiedelo di consiglio, come
dire, se a foggia di mancipj e' debbano tollerare servil-
mente l'estremo de'mali, o, uopo essendo perire, fac-
ciansi ad incontrare la morte coll'oprar da forti, e non
a mo' di schiavi sommettervi le cervici loro. Cosiffat-
tamente, di conformità alla sua grandezza d'animo, pe-
roratosi da mio padre, Pacuriano comprendendo la urgenza di non perdere tempo, rispose: *Partendoti domani ai primi albori verrò teco, disposto a seguire 'i tuoi
destini; se indugii un momento di più, ritieni: io stesso
presenterommi ad Augusto per indicargli da mia posta
i tuoi divisamenti. Siati a cuore*, soggiugne Alessio, *la
mia salvezza, il che ottenuto n'andrò debitore alla benefica provvidenza del Nume. M'uniformerò dunque, non
dubitarne, al tuo consiglio; ma orsù giuriamo entrambi i nostri accordi*, ed il giuramento prestato fu del te-

nore seguente: Ove Alessio pervenga ad assidersi nel trono imperiale, conferirà immediatamente la dignità di gran domestico, di cui va fregiato, a Pacuriano. Mio padre quindi, salutato costui, andò a visitare Umpertopulo, altro personaggio tra' primi in valore, il quale udito quanto si passava, il motivo della fuga, e la necessità di por mano a novitadi, non tardò lungamente, quasi di moto proprio, a dichiararsi volonteroso di aver parte seco nel progetto e ne' perigli: *Eccoti*, dicendo, *in me un prontissimo e fermissimo difensore, qualunque risico sia per correre la tua dignità e salute.*

XIV. Tali amicizie poi di chiarissimi personaggi erasi procacciato Alessio col proprio valore, colla prudenza sua, e molto più col mostrarsi sommamente liberale verso ogni ceto di persone. Conciossiachè quantunque possessore di mediocri ricchezze, non essendosi mai adoperato ad accumularne rapinando, nè datosi gran pensiero di accrescere le sue rendite, non di meno, siccome la vera liberalità acquista maggior pregio dall'animo del donante che non dalla grandezza e dal valore attribuiti ai doni, spesso avvenendo che il poco diasi con amore e generosamente, ed il molto con grettezza e sordidamente, era mio padre riuscito, infin da quando si vivea colla sua privata fortuna, presentando non istentatamente poco danaro, a farsi anteporre a que' diseppellitori di tesori, Creso e Mida, i quali sopra l'oro adagiavansi ed in minuzzoli tagliavano il cimino. Questa ed altre simiglianti virtù da gran pezza in lui osservate indussero gli antedetti personaggi ad accogliere all'istante col massimo favore la proposta di metterlo in trono.

Egli pertanto ricevuto anche da costui il giuramento sen torna alla propria casa e narra il tutto a' suoi. Divulgatosi allora infra la plebe l'avvenuto, la parte di essa propizia a mio padre mostrò con popolare cantilena per la città di essere al fatto di quanto egli macchinava e di approvarlo. Tale a un dipresso era il carme rozzamente composto: *Nel sabato appellato dal cacio* (1) *con quanta furberia operi tu, o Alessio! il quale nel giorno succedente alla domenica a mo' di veloce sparviere ti sottraesti dalle reti de' barbari insidiatori.*

XV. Se non che Anna Dalassena, madre dei Comneni, avea precedentemente fatto venir seco il genero, nipote di Botaniate, per darlo in isposo alla figlia di Manuele suo primogenito. Intimoritasi pertanto non il pedagogo del giovincello al primo sentore della ribellione corresse frettolosamente ad avvertirne l'imperatore, s'appigliò, onde porvi riparo, al seguente partito: Sul far della sera ordina che approntinsi i suoi equipaggi, quasi voglia, giusta la constumanza, procedere alla visita

---

(1) La settimana che termina colla Domenica nomata dai latini Quinquagesima appellasi dai Greci Τυροφαγος, o Τυρινη (che si mangia cacio), perchè nel correre di lei è ancora permesso l'uso di questo latticinio. I Greci principiando il solenne vernile digiuno undici giorni prima de' latini fannovi alcuni digradamenti e sono: Dalla domenica di Sessagesima infino a Pasqua astengonsi onninamente dalle carni, ma tuttavia proseguono durante la settimana a cibarsi di formaggio, cessando tale permesso colla domenica di Quinquagesima, detta per ciò presso di loro domenica del cacio. Il sabbato, dunque appellato dal cacio era il sabbato della Sessagesima.

delle sante chiese del Nume. Trovatisi dunque tutti
pronti menan fuori i destrieri dalle stalle e fingono met-
terli in assetto ed ornarli accuratamente, come che ap-
presentarsi debbano con tutti gli arnesi lor proprj alle
matrone. Il nipote intanto di Botaniate ed il suo pedagogo stavano dormendo nella parte loro assegnata della
reggia. Or bene i Comneni al momento di armarsi e
prender la fuga, chiuse le principali porte, da presso
alla prima guardia, del regale palazzo, consegnaronne
alla madre le chiavi. Serrato aveano alsì gli usci
della camera in cui riposava il nipote sposo, ma bramosi di evitare con ogni diligenza il più piccolo romore onde non si destasse il fanciullo, eransi accontentati
di socchiuderne appena le imposte. Consumata di questo modo la maggior parte della notte nel disporre e
compiere l'occorrente, stavasi per udire il primo Gallicinio (1) quando, tornati ad aprire di subito le porte,
chiuse antecedentemente, dell'atrio, avviansi pedestri
con seco e madre e sorelle e mogli e prole, ritti al foro Costantiniano. Quivi, salutate le donne, i Comneni

----

(1) La notte dividevasi in quattro parti, dette vigilie, ed
erano: *Conticinium* (la mezza notte), *Intempestum*, (in cui è
fuor di tempo il travagliare), *Gallicinium* (parte della notte
in cui cantano i galli), e *Antelucanum* (innanzi dì). Altri
poi ne formavano sette parti nel seguente modo: *Vesperum*
(la sera), *Crepusculum* (quella luce che si vede dopo il tramonto del sole) *Conticinium*, *Intempestum*, *Gallicinium*, *Ma-
tutinum* (principio del giorno) e *Diluculum* (alba, o aurora).

procedono di fretta ai palagi delle Blacherne (1), e quelle riparano nel tempio della grande Sofia (2).

XVI. Il pedagogo di Botaniate, allo svegliarsi, venuto in cognizione dell'operato loro abbandona all'istante la casa, portando una fiaccola in mano, ed a tutto passo raggiugne i fuggenti presso al tempio dei santi quaranta martiri. Dalassena, madre dei Comneni, aocchiatolo: *So*, dissegli, *che fui accusata presso l'imperatore di falso delitto; vo quindi a ripararmi entro le sante chiese per godervi e protezione ed asilo, infino attantochè, aggiornatosi, torni alla mia dimora. Precedici colà, ed annunzia di subito agli ostiarj, all'aprirne le imposte, il prossimo nostro arrivo;* ed egli avacciò sua andata per eseguire il comando. Le matrone di là pervengono al tempio del pontefice S. Nicola, il quale ancora al dì d'oggi suole appellarsi rifugio, innalzato già da pezza vicino alla grande chiesa (3) per salvezza e tutela di chi fosse caduto in delitto, come se

---

(1) Sobborgo di Costantinopoli, dove l'imperatore Leone edificò un sontuosissimo tempio in onore della Beata Vergine.

(2) Questo tempio era intitolato non già ad una santa di nome Sofia, ma a Gesù Cristo, alla Sapienza di Dio espressa dai Greci col vocabolo Sofia (Σοφία). Nè andrebbe forse errato chi ne derivasse la origine dall'essere quivi insegnata la Sapienza divina, ciò è del suo Verbo. Prima che venisse introdotta la consuetudine d'intitolare le chiese ai santi d'ambo i sessi, elle da per tutto, in ispecie le maggiori, erano dedicate alla santa, o al santo Sofia.

(3) S. Sofia.

parte di quel gran tempio a bello studio venisse eretta, salvo mio errore, a tal uopo dagli antichi imperatori, soliti a governare clementissimamente i sudditi, ed a procacciar mezzo di perdono ai delinquenti. Se non che l'ostiario del tempio indugiò ad aprire le imposte, volendo sapere da prima chi elle si fossero e donde ne venissero, cui altri della comitiva rispose: *Donne; dall'Asia; le quali consumato il viatico affrettansi di eseguire l'adorazione loro per retrocedere prestamente alle proprie case*; ed egli senza far replica disserrò le porte.

XVII. Il dì vegnente l'imperatore, udita la fuga de' Comneni, passa a ragunare il senato e ad aringarlo, forte inveendo, come ognuno può imaginare, contro il gran domestico. Manda poscia non so chi Straboromano ed altro di nome Eufemiano alle matrone coll'ordine di ricondurle seco al palagio. Ai quali Dalassena: *Riferite*, disse, *all'imperatore che i miei figli non la cedono ad uom al mondo in rispetto ed ossequio verso la maestà sua, e ne hanno dato sufficienti pruove esponendosi del miglior grado per lui a malagevolissimi perigli ed imprese. Mercè di che i nemici loro mal comportando il suo affetto verso di essi non desistettero unquemai dall'insidiarli, giunti a tanto di stabilire ed apprestarne l'accecamento. Per la tema dunque d'una punizione che sapeano ottimamente, puri da reità comunque, di non aver meritato, e costretti dalla necessità di evitare il sovrastante pericolo, e' si ritrassero da queste mura senza nutrire il menomo pensiero di sedizione. Laonde fedelissimi li ha tuttavia, e questo allontanamento non mira che ad avere l' opportunità di mostrargli con quanta perfidia sieno oppressi da scelleratissimi raggiratori, e d' implorare il suo aiuto contro il molesto poter loro. Così Dalassena.* Gli imperiali messi per lo contrario insistevano a tutt'uomo nel volerla condurre seco indietro; ma ella, comportandoli a malincorpo: *Lasciatemi, disse, inoltrare nella grande chiesa del Nume onde lo adori, non essendo convenevole, giunta alle porte, il retrocedere prima di essermi prostrata innanzi l'immacolata Signora Madre di Dio, supplicandola del suo patrocinio ad ottenere il divino e l' imperiale favore.* I legati consentironle, estimando giusta e pia la sua domanda. Proceduta dunque con tardo e debole passo, come se illanguidita dalla sensazione de' presenti mali, o debole per gli anni (tale in realtà non era, ad arte fingendo la malsania), infino all' ingresso del sacro Bema (1) e fattevi due adora-

_____

(1) La porta esterna delle chiese greche nomavasi Speciosa. Dopo di essa veniva il Propileo (antiporta, e tal volta anche atrio) del Nartece. Quindi il Nartece (vestibolo), da dove per una porta chiamata Basilica (regale) si passava nel Pronaos (spazio precedente la nave), e di là nel Naos (nave, navata). Di seguito a questo eravi la Solea ( luogo per alcuni gradi più elevato degli altri, ed avente tre porte, la cui mediana si nomava Santa, e complessivamente prese dicevansi le sante porte; per queste si entrava nel Bema (santuario, sacrificatorio, presbiterio, tribuna ec.), il quale terminava con tre conche (volte a conca, apsidi, parapsidi), avendovi in quella di mezzo, sovrastante le laterali in grandezza, il trono patriarcale, circondato da stalli pe' sacerdoti, e di prospetto

zioni, alla terza si adagiò sul pavimento, ed afferrate le
sacre porte ad alta voce protestava che, se pur non ve-
nisserle mozze le mani, forza al mondo non basterebb-
be a rimoverla dal sacro luogo, e sol ne partirebbe
quando ricevuto avesse dall'imperatore la Croce, pegno
dell'accordata salvezza. Straboromano allora le presentò la Croce pendente dal suo collo, ma Dalassena:
*Non chieggo*, dissegli, *la vostra fede e guarentigia,
quelle bensai, dell'imperatore; di più in segno ed arra
di esse non mi si offra piccola e sottile Croce, ma altra di conveniente grandezza*, e ciò dicea onde fossevi
manifesto segno del fattole giuramento, poichè recandosi a conferma della data fede una Crocettina, l'atto si
rimarrebbe invisibile a molti. *Or voi*, ella proseguiva,
*riferite ad Augusto la mia supplica, invocandone all'uo-
po la giustizia e la conmiserazione.*

XVIII. Altra poi delle sue nuore, la consorte d'I-
saacio, entrata nel sacro tempio quando, giunta l'ora
dell'inno mattutino, aveano gli ostiarj di già aperte le
porte, alzatosi il velo che ricoprivane il volto, disse: *Ella
vada pur con Dio, se così le attalenta; noi alla buona
fe, non usciremo del tempio, intimataci ben anche la*

----

la sacra mensa. Nella destra eravi un altare appellato Protesi
(proposizione), dove si deponeva con molte cerimonie il
pane, il vino e tutto l'occorrente pel santo Sacrificio; nella
sinistra poi, chiamata Disconico, si apprestavano i paramen-
ti di cui dovea far uso il patriarca, o vescovo ec. Cancelli
in fine, o balaustre o tende, od altre tramezze comunque
dividevano le antedette parti costituenti una chiesa greca.

*morte, se non munite di valida malleveria.* I legati posta mente alla fermezza delle matrone, che osservavano coll' indugiare avvalorarsi, e temendo non si destasse tumulto col ricorrere alla forza, tornano all' imperatore, e narrangli per esteso l'avvenuto. Questi, la bontà stessa di sua natura, piegatosi alle suppliche di colei, mandale, a piena conferma dell' offertole salvocondotto, la bramata Croce, e persuasala con ciò ad uscire del tempio fe' comando che venisse rinchiusa unitamente alle figlie ed alle nuore nel gineceo (1) de' Petriori vicino alla ferrea porta. Chiamò ad uno la consorte di Giovanni Cesare, suocera di suo figlio e protovestiaria (2) d'onoranza, dal tempio delle Blacherne, eretto in onore di nostra Signora Madre di Dio, e volle pur essa rinchiusa nel palagio medesimo de' Petriori, ingiungendo che non si stessero a manomettere e frugare le guardarobe e cassette loro, e si conservassero intatti i ripostigli e le vittuaglie, ad esse spettanti. Dopo di che ambedue le rinchiuse visitavano cotidianamente del mattino i custodi per sape-

***

(1) Gineceo; luogo interno ne' palagi abitato dalle sole donne.

(2) Il protovestiario, o protobestiario, presiedeva alla custodia di tutte le vestimenta delle prime dignità così ecclesiastiche come secolari. L'imperiale sappiamo essere stato in grandissima estimazione presso alla corte costantinopolitana, leggendo in Codino (lib. II) che l'imperatore Michele Paleologo fatto avea protovestiario del palazzo Michele Tracaniotta, suo nipote da parte di sorella. Questo titolo quindi per sola onoranza venne conferito a personaggi d' ambo i sessi.

re nuove dei figli, e queglino ben lunge dal concepirne
sospetto tenevanle schiettamente al fatto di quanto era,
in proposito, a loro cognizione. La protovestiaria poi, generosa di cuore e di mano, per vie più cattivarseli permet-
teva ch' e' si valessero alla libera de' cibi e di quanto altro veniale in copia somministrato. Non altrimenti o-
perando li avea più facili ad aprirsi seco, nè moveasi
foglia che non le pervenisse immediatamente all' orecchio ; ma basti di esse.

XIX. I Comneni occupata intrattanto la porta della
cinta esterna delle Blacherne, e spezzatene le serramen-
ta, eransi procacciati certo e sicuro ingresso nella regale stalla. Tagliate poscia ai cavalli quivi da essi abbandonati le deretane gambe, dalla coscia infino al piede,
e conducendo seco gli ottimi e quelli ritenuti vantaggiosi ai loro divisamenti, avviansi di subito al monastero, presso della città, nomato Cosmidio. Al partirsi salu-
tano la protovestiaria ( ivi trovandosi prima di ricevere
l' imperiale chiamata, come abbiamo testè detto) ed uni-
scono alla propria causa Giorgio Paleologo, non azzar-
datisi di partecipargli prima il concepito disegno, esti-
mandolo meritamente sospetto per esserne il padre amico intimo di Botaniate. E di verità Giorgio all' udirne
la proposta non si mostrò facile a prestarvi il suo consentimento; anzi sgridolli della macchinata ribellione, e
con molte ed assennate parole cercò dissuaderli dal precipitoso consiglio, ponendo loro innanzi un tardo pentimento; nulla in verità potè sull' animo di lui infino a
tanto che la suocera protovestiaria pigliato a difendere
con tutta l'energia dell'animo suo i Comneni, ne perorò la

causa con sì grande eloquenza e commovimento d'affetti,
non risparmiandogli tampoco minacce gravissime ove le
ragioni da lei addotte non giungessero a persuaderlo, che
alla fine delle fini riuscì ad ammollirne il petto. Dopo di
che egli volse ogni sua cura a mettere in salvo le due
donne, la consorte Anna e la suocera Maria nobilissima infra Bulgari, presso cui ella nacque; donna così avvi-
stata e adorna di eleganti forme, generalmente diffuse a
parte a parte ed in tutto il complesso delle sue membra,
da non rinvenirsene a que' tempi altra idonea a compe-
tere seco in bellezza; il che dava grandissimo pensiero
ed a Paleologo e ad Alessio, i quali agevolmente d'accordo sulla convenienza di allontanare ambedue, erano tuttavia di contrario parere intorno alla scelta del
luogo ove metterle in salvo, Alessio opinando in alcuna
delle rocche munite di forte presidio; la vinse non di
meno il consiglio di Paleologo, che preferiva a tal uopo
il tempio sacro alla Madre di Dio, ed eretto alle Blacherne; ivi adunque trasferite raccomandaule alla santissima Genitrice del Verbo comprendente in sè il tutto.
Dopo di che, deliberando infra loro quanto eseguir doveasi, Paleologo disse: *Precedetemi, tra poco io vi rag-
giugnerò cogli effetti e danaro di mia pertinenza*, avendo egli per avventura deposto in quello stesso monastero tutta la mobile sua masserizia.

XX. Laonde i Comneni avviansi di colpo al divisato luogo, fidando ogni altra cura a Paleologo, il quale
caricate sopra i giumenti de' mosaci le proprie suppellettili, prontamente arrivolli, e quindi in brev'ora tutti
insieme pervennero a Tzurulo, città della Tracia, dove

unironsi all'esercito per ordine del gran domestico ivi
raccolto. Di là mandano persona a Giovanni Duca Cesare dimorante nelle sue ville sul territorio di Morobun-
do. Giuntovi il messo di buon mattino, Giovanni, nipote di Cesare, fanciulletto ancora e come tale del continuo ai fianchi del zio, non appena ebbelo udito dire dal
limitare dell'atrio di voler parlare a Giovanni Cesare,
corso di fretta nella costui camera, lo desta tuttavia dor-
mente, e gli annunzia la ribellione de' Comneni. Cesare sorpreso dalla voce di lui allontanalo con una guan-
ciata, e gli ordina di guardarsi in avvenire da cosiffatti deliramenti. Il fanciulletto non di meno da lì a poco
tornatogli dappresso non solo conferma la prima riferita, ma di più ripetegli a mente le parole dai Comneni
poste nella bocca dello spedito, invitandolo scaltramen-
te con esse alla ribellione sotto mentito pretesto, ed erano: *Abbiamo approntato un ottimo camangiare non
goffamente o con parsimonia condito; se vuoi goderne
procura di sollecitare la tua venuta.* Giovanni, postovi
orecchio e levatosi a sedere in sul letto, piegando il capo sul destro cubito, comandò che fossegli introdotto
il nunzio, e da lui informato della faccenda ebbene inquietezza maggiore: *Ahi me!* esclamando, rimiratesi quindi le mani e lisciatasi la barba, pieno di pensieri la mente, stettesi qualche tempo sopra sè. Da ultimo stabilito
di unirsi ai Comneni, dà ordine agli scudieri di mettere
in punto i cavalli, e detto fatto è sulla via di Tzurolo.

XXI. Nel viaggio avvenutosi ad uomo carico di non
piccola quantità d'oro lo abbordò colle omeriche parole: *Chi sei tu? Donde vieni?* Rispostogli: *Il gabelliere,*

*diretto al regio tesoro per versarvi non frivola somma di pecunia*, lo invita a pernottare seco, per quindi la dimane proseguire il cammino ove meglio e' bramasse ; ma titubante ed a malincorpo acconciandosi quegli alla proposta, Cesare tuttavia, facondissimo parlatore, di elevatissimo spirito e nell' arte di persuadere non inferiore ad Eschine o a Demostene (1), riusci colla forza del suo discorso ad averne il consentimento. Venuti pertanto di compagnia ad un albergo, egli tutto pose in opera per tirarlo dalla sua, degnandosi averlo commensale e premurosamente curando che venisse fornito di comodo letto. Al mattino, sul levar del sole, Bizanzio, imbrigliato il cavallo, disponevasi a procedere verso la città, se non che Cesare vedutolo prossimo a montare in arcione: *Tralascia*, dissegli, *e vieni con noi*. Or quegli non sapevole per qual via si condurrebbe, e sospettando già dove tendessero le cortesie d' ogni maniera usategli, vi si rifiutava. L'altro in cambio insisteva coi prieghi e blandimenti; ma poscia osservate di verun profitto le dolci parole, passò ad altre più risentite, e neppur da esse ritraendo vantaggio ordina che il danaro e le bagaglie di lui uniscansi ai proprj giumenti, e quindi lo accomiata con ampla facoltà di andare ovunque gli attalentasse. Bizanzio allora, paventando lo sdegno de' regj questori presentandosi loro innanzi a man vuote, pensò di

---

(1) Sommi oratori greci; il primo fu discepolo di Isocrate ed emolo di Demostene. Il secondo colla sua eloquenza difese la pubblica libertà contra Filippo re di Macedonia, ed ebbe a maestri Isocrate e Platone.

abbandonare il cammino della città. Estimando inoltre mal sicuro il retrocedere in causa della crescente popolare sommossa, propalatasi già diffusamente la ribellione de' Comneni, deliberò contr' a sua voglia di seguire Cesare.

XXII. Volle parimente il destino che Giovanni Duca per istrada s' avvenisse a turcheschi aiuti, i quali aveano allora travalicato il fiume di nome Euro. Tirate dunque a sè le redini per fermare il cavallo ed interrogati del luogo di lor partenza, ed ove diretti, li animò colla promessa di molto danaro e d' ogni maniera di beneficenze a recarsi in sua compagnia presso il Comneno. E' v' aderiscono, ed i loro duci richiesti da Cesare del giuramento issofatto lo prestano, dichiarandosi obbedienti ai Comneni.

XXIII. I due fratelli osservarono da lunge Cesare diretto alla volta loro con questo supplimento d'aiuti, e non è a dire la gioia ne provassero, in ispecie Alessio, il quale itogli incontro baciollo e strinselo fortemente al suo petto. Che poi? Eccoli sulla via che mette alle costantinopolitane mura, Cesare, autore del consiglio, riponendo tutta la speranza d'un prospero successo nella prontezza della esecuzione. Quivi da ogni parte cittadini e borghigiani vennero ad incontrare Alessio, incerto finora dell'avvenire, e ad acclamarlo imperatore, eccettuati gli Orestiadi, mai sempre suoi nemici per la prigionia di Brienio, e quindi partigiani di Botaniate. Occupata successivamente Atira e dimoratovi un giorno procedettero a Schiza, tracica borgata pur questa, ove piantarono il campo, sovrastando intanto grave delibe-

razioue, renitente a proroga comunque, e tale da tenere gli animi sospesi nella incertezza di quale infra li due
Comneni verrebbe salutato imperatore. Molti preferiva-
no Alessio; ma Isaacio alsì avea i suoi favoreggiatori,
non lentamente nè con fievoli speranze a pro di lui a-
doperantisi. L' avresti detta una implacabile discordia,
cotanto erano divisi gli animi, ed i voti delle genti in
armi. Propendevauo per mio padre quanti le nozze di
Irene aveangli uniti coi legami di parentela, Giovanni
Cesare da me testè rammentato, sapientissimo consigliere ed esperto e destro operatore; così pure i costui ne-
poti Michele e Giovanui, e da ultimo Giorgio Paleologo avente a consorte la sirocchia loro. Ognuno di essi
a tutt' uomo agiva, brogliava, instava, movea, come
suol dirsi, tutte le corde, appigliavasi a qualsivoglia mezzo
per favorire l' innalzamento d' Alessio. Ma Giovanni Cesare preponderava grandemente per autorità, l' ingegno
e l' eloquenza sua rendendolo certo di vincere qualuu-
que contrario partito. Il regale suo aspetto inoltre e la
eroica sua taglia valeangli d' ottima commendazione, sicuro di trovare assenso ad ogni sua inchiesta, o di strap-
parlo, a meglio dire, con tal quale blanda violenza. Av-
vantaggiatosi egli di molto nel rimuovere i patrocinatori
d' Isaacio, avea a simile gli altri Duca operosissimi, secondo il proprio credito e potere, onde giugnere alla
stessa meta. Che mai non fu operato, detto, promesso
da coloro o privatamente ai singoli duci e tribuni, o in
pubblico aringando l' esercito in favore d' Alessio? « *E-
gli, a fe*, dicevano, *egli, o soldati, vi sarà largo di grandissimi doni e di amplissime onoranze, nè a caso, o*

*senza cognizione, com'è costume degli operanti per al-
trui mano, cui il merito de'valorosi unicamente per sorte ed il più spesso con maligna riferta vien manifestato. Vide egli, pigliò parte, presiedette alle vostre imprese, partecipe della fatica e del pericolo; notovvi ad
uno ad uno, e porta seco intorno altamente impressi nel suo animo, di vista a lui cogniti, i vostri meriti, e non già con vana rimembranza, ma per generosamente guiderdonarli tostochè per voi gliene sarà
aperto il varco. Rimembrate ora quanta estensione di
suolo, quante pianure e quanti monti, lui duce, trascor-
reste, quante volte, lui condottiero, vi rimiraste attelati
in campo, quante altre, lui comandante il dar nelle
trombe e con empito lanciandosi tra' primi, e pur tra'
primi esponendosi al pericolo, appiccaste battaglia. Sa
l'uomo di pruova che sia fatica; conosce di propria e-
sperienza quanto è giusto il guiderdone meritato con
sangue e ferite. Molto a voi rileva, consapevoli voi stessi delle opere de' forti, che addivenga costui l'arbitro
delle cose; ognun di voi gli è noto di veduta e di nome.
Dimorato lungamente infra voi, da gran pezza eletto
a condottiero degli eserciti ed a gran domestico dell'occidente, e' consumò copia grandissima di sale in vostra
compagnia, fattosi onninamente vostro commilitone, compagno, socio ed alunno. Sì egli, che unquemai nelle battaglie e ne' badalucchi la perdonò alle sue membra ed
al suo corpo, non vi sarà certo avaro di premj, come idoneo estimatore della virtù bellica, il cui decoro passionatamente ama, da natura, da ammaestramenti e da studio*

*formato a nulla tenere in maggior pregio de' valorosi e diligenti guerrieri.* »

XXIV. Queste parole di Duca erano ripetute in tutto l'esercito; eppure vedevi lo stesso mio padre a favorire Isaacio, o perchè, obblioso di sè e pieno di rispetto verso il maggior fratello, bramassegli conferita la prima onoranza; o, con più verità, perchè certo dell'attaccamento professatogli dall'esercito, e però della sua elezione, volesse in qualche guisa consolare, fingendo riverenza e benignità, e senza proprio discapito, la fraterna ripulsa. Non altrimenti consumavasi il tempo infinoattantochè ragunato l'intero esercito all'intorno del padiglione, e tutte le parti datesi ad una affannosa aspettativa, facendo ognuna voti di conformità al suo desiderio, si levò in piedi Isaacio per obbligare il fratello a vestire il purpureo calzare; ma vedutolo fermo nel rifiutarvisi: *Lascia,* dissegli, *che il Nume per tuo mezzo e nella tua persona degnisi rimettere la famiglia nostra in possesso del trono.* Ed insieme gli rammentò il vaticinio altre volte fattogli da ignoto profeta, improvviso apparsogli del modo seguente: Nel tornare non so che dì ambo i fratelli dal sovrano alla propria dimora, presso ad un luogo, nomato de' Carpiani, s'appresentò loro vuoi un uomo, vuoi altro che di lui maggiore, ma fuor di dubbio sotto umana sembianza, nudato il capo, con vesti sacerdotali, chioma bianca, irsuta barba, ed appalesantesi colla favella presago al sommo delle cose avvenire. Il pedone accostatosi al cavaliere e presagli una gamba tirollo a sè per bisbigliargli all'orecchio quel Davidico detto: *Adoperati, va felicemente innanzi, e re-*

gna : *secondo equità, mansuetudine, e giustizia*, aggiungendovi del suo: *O imperatore Alessio*. Non appena così parlato scomparve, indarno mio padre, allentate pienamente al destrièro le briglie, ricercandolo con avido occhio d' ogni intorno per apprendere da lui, potendolo arrivare, chi si fosse, ed a che pro fattagli tale predizione.

XXV. Al suo ritorno, dopo infruttuosa carriera, addimandavagli Isaacio, mal comportando esserne all'oscuro, che si volesse dire l' avvenuto; e vinta alla per fine la diuturna costanza di lui messosi al niego, s' ebbe l'arcano. Mio padre tuttavia ne' suoi famigliari discorsi, tenuti poscia o collo stesso Isaacio o con altri, ascrivere solea il fatto ad illusione o prestigio; quantunque riandando in seguito nella sua mente l'apparsogli allora sotto vescovile forma, estimava entro sè non avervi gran differenza infra l' aspetto di lui e quello del teologo figlio del tuono (1). Laonde Isaacio rimembrando che l'annunzio portato da quelle parole in tal punto compievasi (poichè tutto l'esercito ad una voce era in sull' acclamare Alessio), più fortemente insisteva, quasi costringendo il renitente fratello a laciarsi porre il rosso calzare, come da ultimo ottenne. Primi ad acclamarlo furono i Duca favoreggiatori di Alessio e per altri motivi, e per avere la mia genitrice Irene, della costoro famiglia, contratto legalmente seco matrimonio. Essi furono seguiti con pari alacrità di acclamazioni da tutti i loro

---

(1) S. Giovanni Evangelista.

consanguinei e parenti; quindi l' intero esercito con altissime ed uniformi grida ripetè Alessio Augusto; nè senza miracolo trovaronsi così prontamente d' accordo le
parti. Imperciocchè molti non guari prima eransi con
tanto fervore adoperati per Isaacio che li avresti detti
pronti a qual tu vuoi condizione onde venisse egli prescelto, ed all' opposito minacciare sedizione e guerra.

XXVI. Durante cosiffatto maneggio si promulga la
voce che Melisseno proceduto con esercito a bastanza
forte insino a Damali fossevi gridato imperatore e vestito di porpora; ed ecco arrivare, nel mentre che si dub-
biava a prestarvi fede, i suoi ambasciatori con lettera di
questa forma: « *Iddio mi ha serbato sano e salvo col-*
*l'esercito infino a Damali, e ben so ad una le vicende*
*vostre, la buona ventura intendomi di avere schivato le*
*insidie dei servi cospirantivi contro, e messa al sicuro*
*la vostra salvezza. E da che, annoverandolo infra' di-*
*vini beneficj, trovomi ai Comneni stretto co' legami di*
*parentela, tale quindi a voi attaccato d' animo ed affe-*
*zione da non cederla, siami testimonio il Nume, a ve-*
*runo dei consanguinei, chieggovi di partecipare gli*
*accorgimenti della vostra sapienza, onde uniti di con-*
*sigli e di forze, a sostegno della comune salvezza, non*
*veniamo più bersagliati da ogni vento, ma, stabilite ac-*
*conciamente le imperiali faccende, procediamo stam-*
*pando orme sopra ben fermo sentiero. E tanto a fe con-*
*seguiremo se, coll' aiuto divino, padroni della città, voi*
*reggerete a vostro buon grado l' occidente, ed accorde-*
*rete a me, vestito di porpora e cinto il capo di corona,*
*il governo dell'Asia, consentendo a simile che nelle so-*

*lenni acclamazioni e formole in cui è costumanza di*
*proferire gli imperiali nomi venga unito il mio a quel-*
*lo di chi di voi ascenderà il trono. Se vi convenite po-*
*tremo di pari consentimento e di concorde avviso,*
*avvegnachè separati per luogo e faccende, governare l'im-*
*pero con salda tranquillità anzi due essendo che uno.*

XXVII. Ai messi apportatori della lettera nulla di
presenza fu risposto, ma chiamati il dì seguente con prolissa diceria ebbero a sapere quanto le inchieste di Melisseno fossero lunge dal potersi accordare. Si aggiugnea
inoltre che presto verrebbe loro indicato col mezzo di
Giorgio Mangane (era costui l'ospite e soprantendente
de' legati) ciò che al postutto gli si concederebbe. Duran-
ti poi queste deliberazioni i Comneni non ristavano dal
tentare la presa della città col por mano agli schermugj
e coll'avventare saette. Nel dì appresso fu comunicata
ai legati la sentenza del Consiglio sull'inchiesta fattagli,
ed era un che di simile a quanto siamo per dire: *Ab-*
*biasi Melisseno la cesarea dignità, l'ornamento della*
*benda, le solenni acclamazioni e gli altri tutti ragguar-*
*devoli distintivi di seconda onoranza. Concedagli-*
*si parimente in proprietà la grandissima capitale dei*
*Tessali, ove s'erge il tempio dedicato al gran martire*
*Demetrio, scaturendo quivi dalla sua venerabile tomba*
*un unguento operante di continuo grandissime cure a*
*pro di coloro, che pieni di fede vi si accostano.* Tali
proposte quantunque a prima udita non si ritenessero
sufficientemente ample dai legati, pure e' mirando il
molto apparecchio ed il vigoroso sforzo per la espugnazione della città, incolti da timore non i Comneni una

volta padroni di essa rifiutassersi anche dall' accordare le prime offerte, insistettero che queste ratifica-
te fossero con diploma scritto in rosso e munito di aureo suggello. Condiscesovi il nuovo imperatore Alessio
e chiamato a sè di colpo Giorgio Mangane suo cancelliere, gli ordinò di spedire nelle volute forme il diploma. Colui indugiò tre dì ad estenderlo, adducendo sempre nuovi pretesti : ora che stanco dal giornaliero lavoro non eragli stato possibile nella notte di por fine allo
scritto; ora asserendo che, terminatolo, per tal quale
accidente, poichè di notte compiuta l'opera, una favilla
partitasi dal suo lume avealo messo in fiamme, e col-
l' inorpellamento di tali furberie e' protraeva del suo meglio la fine di questa faccenda.

XXVIII. I Comneni intrattanto di là movendo oc-
cupano le cosiddette Arete, luogo prossimo alle mura, prominente sulla pianura, ed agli spettatori al basso mostran-
tesi quasi collina avente uno de' lati di contro al mare,
l' altro di contro alla città, ed i rimanenti due volti a
settentrione ed occaso. È ad ogni vento esposto, fornito di perenni polle di limpida e potabile acqua, ma per
guisa sterile di piante ed alberi che direbbesi accuratamente raso da boscaiuoli. Quivi in altri tempi Romano
Diogene imperatore, allettato dall' ameno prospetto e
dalla salubrità dell' aria e del suolo, erasi dato pensiero di fabbricare splendidi palagi ne' quali avessero, a mo'
di suburbana villeggiatura, alloggio i regnanti. Ora i Comneni e gli altri duci, addivenutine possessori, di là mandavano a combattere le mura della città, non con macchine, baliste od altro che di simile, non avendone copia

nè tempo da costruirle, ma con ischermugi di arcadori, e con mostre di militi astati e catafratti, mirando a intimorirne il presidio. E di vero non poca dotta ebbene Botaniate, il quale da quinci vedendosi alle porte i Comneni con forte esercito di ogni arma, e da quindi Melisseno Niceforo, inoltratosi infino a Damali con truppe non inferiori di numero e coll'eguale intendimento di occupare il principato, oppresso da doppia sciagura e non sufficientemente provveduto di mezzi da resistere ad entrambi, quasi disperava della repubblica, nè era lontano dal risolversi ad abbandonare il supremo comando. Pervenuto di già alla vecchiaia più non era il valorosissimo appalesatosi nel fiore dell'età sua, nè avrebbe mai ristretto i limiti delle sue speranze entro le mura e la circonferenza della città, se gli anni non fossero giunti ad affievolirne il primo vigore. Questa temenza del principe non bene palliata, diffusasi nella popolazione, avvili per modo che non si ripose generalmente più fidanza nelle munizioni, e molti datisi a credere che in causa dello spavento i ribelli trovato avrebbero aperto dovunque, convertivano fuor di tempo in lutto il pensiero della difesa.

XXIX. Ma i Comneni ed in ispecie il nuovo Augusto, considerata la difficoltà di abbattere quelle mura, tanto a motivo dell'arditezza di tale impresa, quanto per essere alla testa d'un esercito accozzato parte d'indigeni, parte di stranieri, e lontano ancora dal necessario accordo, perchè la volubilità della moltitudine e l'ondeggiamento delle incostanti passioni non ispirassero giusto timore, prudentemente opinarono di escogitare

se fossevi mezzo d' indurre la guernigione, accaundone
con promesse gli animi, a favorire lor parti. Alessio,
pensatovi l' intiera notte, sull' albeggiare del seguente
giorno va al padiglione di Cesare onde comunicargli
un suo accorgimento, parto delle ore notturne, e ri-
chiederne l' opera per mandarlo ad effetto. E' dunque
esortavalo a fare il giro delle mura coll' intendimento di esplorarne le fortificazioni, e conoscere a quali
militi fosse data in custodia ognuna di esse, a fine di stabilire da che parte con probabilità di felice riuscita si
potesse tentare un tradimento. Cesare al primo udirne
mostrossi alcun poco renitente, conciossiachè non avendo mai vestito monacale tonaca (1) con ragione dottava, sotto quest' abito approssimandosi alle mura guar-
date tutto all'intorno da militi, non addivenisse appo costoro argomento di scherno e derisione. Nè l''antiveggenza sua diede in fallo, poichè indottovi da mio padre
quasi a malincorpo, non appena il presidio ebbelo riconosciuto che salutollo per dileggiamento col nome di
abate e con altre villane parole. Ma egli, abbassato di sopra
alla fronte il cappuccio, imbacuccandovisi del suo meglio, e reso forte contro le ingiurie dall'alto scagliategli
proseguì coraggiosamente l'intrapreso cammino, alla foggia de' grandi ingegni, i quali con invincibile costanza
tenendosi fermi alle deliberazioni una volta fatte, spre-

---

(1) Dagli esploratori d' un' assediata città vestivasi l'abito
monacale, perchè i Greci estimavano azione malvagia lo sca-
gliare dardi contro di esso.

giano le contrarietà fuor via surte ad assalirli. Egli dunque nel percorrere la circonferenza della città iva inter-
rogando chi si fossero i difensori posti in ciascheduna
torre, ed allorchè seppe alcune affidate ai cosid-
detti immortali (è questa una milizia di preferenza propria del romano esercito), altre ai Barangi, barbari provenienti da Tule (1) ed armati di scure, ed altre ai
Nemitzi, pur essa gente barbara, ma soggiogata un tempo dai Romani, ed assuefatta a guerreggiare seco loro.
Consigliò dunque Alessio di non combattere i Barangi o
gli immortali essendo questi ultimi originarj del luogo
medesimo, infin dalla fanciullezza ammaestrati a cimentarsi per la patria, e di più con giuramento e vincoli di
singolare fidanza ed amicizia stretti all'imperatore, quindi anzi pronti a morire le mille volte che lasciarsi avvolgere in macchinamenti a lui dannosi. Gli altri a simile, armati di scuri penzoloni, secondo la patria usanza, dagli omeri, godon fama di gente fermissima e d'inviolata fedeltà verso gli Augusti, mercè di che vengono
prescelti a guardarne i corpi, quale preziosissima eredità ricevuta dai proprj genitori, e indefessi vegliano ognora alla difesa loro, per modo che non saprebbero di buon
orecchio ascoltare nè pure i preliminari inviti ad una ribellione. Stare pertanto l'unica speranza, e forse non an-
drebbesi di molto errati, nel tentare con adeguate promesse i Nemitzi, onde aprirsi un libero varco dalla tor-

---

(1) Islanda, isola del mar di Germania, l'ultima cono-
sciuta dai Romani nell'Oceano settentrionale.

re loro affidata. Alessio, porto orecchio al parlare di lui
siccome ad oracolo, manda incontanente al costoro duce
uom di non dubbia fede, il quale, dal basso diret-
togli in alto il discorso all' esterno parapetto del muro
e dopo molte parole dall'una e dall'altra parte fatte, con-
venne da ultimo seco lui intorno alla maniera di compiere il tradimento; dopo di chè egli stesso, l'eletto mediatore del cominciato maneggio, si recò al padre mio
annunziandogli di aver condotto a termine la faccenda
con prontezza maggiore di quanto fosse da lui sperato.
A tale nuova i duci tutti festanti apparecchiavansi a
montare prontamente in sella.

XXX. Tra questo mezzo i legati di Melisseno forte
insistevano perchè una volta si consegnasse loro il promesso diploma, nè del ritardo era in colpa il principe;
laonde e' mandò per Mangane, il quale espose di aver terminato lo scritto, ma la busta in cui è usanza di conservare l'occorrente per le imperiali sottoscrizioni essersi ad
una collo stilo, nè saprebbesi dar ragione dell'importuno
accidente, smarrita, senza poterla fin qui rinvenire. Non
altrimenti dichiarava questo sommo nell' arte d'infingere, in virtù di quella perspicacità che faceagli agevolmente prevedere il futuro, dall' avvenuto ritrarre qualche
profitto, e conoscere in fine accuratamente le giornaliere vicende e con destrezza rivolgerle a quanto si volea
dalle circostanze. Uomo fornito di portentoso artificio
nel dissimulare ed escogitare pretesti quando si avesse
fitto nell'animo di ricavarne qualche vantaggio. Il perchè
opinava in allora espediente di tenere a bada tuttavia
le speranze di Melisseno, al quale se mandata si fosse

più presto di quanto era mestieri l'aurea bolla richiesta, e portante la conferma della sua elevazione all'onoranza di Cesare, sarebbesi pericolato di vederlo, non pago del grado conferitogli, inalzare sue brame, come avea per lo innanzi manifestato, al conseguimento dell'imperiale grandezza, e da quest'ambizione scoppiar fuori qualche audace impresa. Mangane dunque, venutone in sospetto, adoperava cogli antedetti raggiri di procrastinarne eziandio allora la spedizione. I procuratori in cambio di Melisseno udendo le porte della città aperte ai Comneni, e presi da tema non le dilazioni fossersi preludio d'insidie e furbesche mene, tanto maggiormente insistevano addimandando l'aurea bolla promessa. Da ultimo i Comneni accommiataronli colla seguente risposta: « *Poichè la città è in poter nostro, ora col favor de' Numi saremo per addivenire più forti; partite dunque e fate l'egual riferta al signor vostro, aggiugnendovi che se Iddio feliciterà i nostri intraprendimenti, potremo, recandosi egli presso di noi, combinare il tutto con reciproca soddisfazione.* »

XXXI. I Comneni, così sbrigati gli affari di Melisseno, mandano Giorgio Paleologo al duce de' Nemitzi, Gilpratto, coll'incarico di esplorare onninamente qual ne fosse la intenzione, ed osservandolo fermo nel voler compiere la data parola indicherebbelo dalla torre collo stabilito segno, ond'e' quivi affissati, al mirarlo potessero di subito inviare truppe alla tradita porta. Giorgio ben volentieri assunse l'affidatogli incarico; uomo quant'altri mai valorosissimo, e solito a condursi con tanta prontezza e coraggio in tutti i militari cimenti, ed in

ispecie nell'espugnazione delle città che applicandogli
l'aggiunto : ABBATTITORE DI MURA, da Omero dato a Mar-
te, non gli verrebbe da senno attribuito un nome ecce-
dente i suoi meriti. I Comneni poi tra questo mezzo armati di tutto punto, e poste le truppe con maestria in ordinanza avvierebbonsi a schiera verso la città. Giorgio sul
calar delle tenebre precedendoli, passa a stabilire di suo
grado gli accordi con Gilpratto, e postovi fine ascende
immediatamente la torre co' suoi, mentre che gli Alessiani, schierato l'esercito di prospetto alla città, giusta
il detto, vi piantavano il campo, afforzandolo con trincee
in mostra di farvi lungo soggiorno. Ma dimoratovi unicamente il breve tempo delle ore notturne surgono, ed
attelate le truppe, occupando eglino stessi cogli scelti
cavalieri il centro della falange ed aventi all'intorno gli
armati gravemente, i veliti, ed il fiore dell'esercito, inol-
trano a lento passo.

XXXII. Allo spuntare dell'aurora eccoli giugnere
sotto le mura colle aste in pugno come per tentarne
l'assalto, onde il presidio venissene da repentino timore sopraffatto. Paleologo in questa dalla sommità della
torre eseguisce il convenuto segno, e ordinato che si a-
pra la porta entranvi tutti alla rinfusa, non curanti
disciplina militare comunque, ma ognuno a vanvera cogli scudi, le faretre ed i dardi. Era quel dì la quinta feria della settimana maggiore (1), nella quale sacrifichia-
mo ad una e mangiamo la mistica Pasqua, correndo la

_____

(1) Giovedì santo.

quarta indizione (1) e il mese di Aprile dell' anno sei
mila e cinquecento ottantanove, quando tutto l'esercito composto di nazionali e straniere genti messo
piede nella città, che da gran pezza sapea colma di ogni
maniera di ricchezza derivante da terrestri e marittimi
prodotti, ed infervorandosi coll'idea del saccheggio, non
a pena valicata la soglia dell'obliqua e mal guardata
porta, va commettendo innumerevoli stragi per le piazze,
le contrade ed i borghi. Non dalle case, non dalle chiese e nè pure da altri luoghi sacri ebbe freno la rapacità loro, da per tutto, ovunque era preda, l'armata avarizia, senza farsi scrupolo della religione, iva imperversando. Si giunse quindi a reprimere lo spargimento dell'u-
mano sangue, lasciando la crudeltà e la cupidigia libe-
re da ogni raffrenamento, nè, per lo peggiore, teneasi indietro, o più moderatamente si comportava in tali ec-
cessi il nazionale che il barbaro. Di maniera che i cittadini
stessi dimentichi di sè e della patria contro le costei viscere infuriavano.

———————

(1) Rivolgimento di anni quindici, terminato il quale tornasi a cominciare dall' unità. Presso i Greci, le Indizioni ebbero principio col giorno ventidue settembre, essendo imperatore Costantino e correndo l'anno trecento tredici dell'era
nostra, in cui la vittoria riportata sopra Massenzio liberò la
religione cristiana. Riguardato pertanto questo giorno come
il principio della cristiana libertà, venne stabilito dal Conci-
lio niceno che, tolte le Olimpiadi, si cominciasse di là il com-
puto per Indizioni. (Sull'origine di tal nome e sulle epoche
delle varie Indizioni, vedi Du Cange in Gloss).

XXXIII. L'imperatore Niceforo vedendo i gravissimi disordini, le sua persona ridotta alle strette, assediata da per tutto all'intorno la città, i Comneni standole addosso dall'oceano e Melisseno attendato a Damali, molto si rimase in forse non sapendo a che appigliarsi in cotanto dubbio frangente; da ultimo si propose di far prova in preferenza della benignità di Melisseno, cercando averlo seco mediante l'offerta del principato. Risolutosi alla fine di eseguire questo suo divisamento, sebbene tardi e già caduta la città, inviògli altro de' più fidi suoi per indurlo a venire nella reggia, ed un per nome Spatario, uomo assai forte, accompagnava il messo. Occupata la città Paleologo, scelto uno de' suoi a compagno, direttosi al mare entra in piccola barca venutagli per fortuna incontro, e comanda ai rematori che volgano il corso là dove la armata di mare solea tenersi all'àncora. Approssimavasi di già all'opposto lido, terminato quasi il tragitto, allorchè vede il messo di Botaniate, come dicemmo, sciogliere un vascello per condurre Melisseno alla reggia. Ora essendosi il compagno di lui, Spatario, posto in altra delle navi armate pel guerresco servigio, Paleologo da lunge ravvisatolo ed accostatoglisi più da vicino, avendo avuto in altri tempi seco amicizia, domandagli perchè fosse nella nave, a qual fine, ed ove diretto; di più se lo riceverebbe in sua compagnia. Spatario, impauritosi alla vista di Giorgio armato di spada e scudo, rispondegli: *Con tutto il piacere ti accoglierei se non ti mirassi in armi.* E quegli a lui: *Non più indugj, eccoti immediatamente, se consenti di avermi teco, l'acina-*

ce e l'arco, ed anche, se vuoi, getto via l'elmo. Rassi-
curatosi di questo modo Spatario lo fa montare nella
sua nave, ed affettuoso gli pone le mani al collo e ba-
cialo come vecchio amico.

XXXIV. Ma Giorgio, impaziente e contrario ad o-
gni ritardo, mette di colta in esecuzione i proprj disegni. Laonde salita la prora così favella ai rematori :
*« Che vi fate e dove procedete, artefici di mali gravissi-
mi, che alla fine delle fini ricadranno sopra voi stessi? La
città, come vi è noto, ha spalancato le porte; il testé
gran domestico è stato ora acclamato imperatore. Mirate in armi i seguaci del nuovo Augusto, udite l'u-
niversale applauso rimbombare per tutte le piazze;
altri non può ascendere al trono regale. Sia pur buo-
no Botaniate, migliori a molti doppj abbiamo i Comneni; se forte è l'esercito di lui, è il nostro di gran lunga
maggiore: Non si conviene pertanto che vi mostriate
traditori di voi stessi, delle consorti e della prole. Fattivi dunque a considerare lo stato della città, entro
cui va per ogni dove il nostro esercito, acclamando
apertamente colle inalberate bandiere e con libera
voce Alessio imperatore, ed accompagnandolo, ornato
delle imperiali insegne alle porte stesse del palazzo;
fattivi, ripeto, a considerare l'avvenuto, seguite, giran-
do la prora, le parti del vincitore, e troncate con pronto arrendimento e colla certezza di assai profittare, un
certame, che, ostinandovi, con solo vostro danno verrebbe protratto. Quando invece afferrata l'occasione di ben
meritare del nuovo principe, egli andrà debitore in parte della sua vittoria all'opera vostra. »* Persuasi i noc-

chieri da queste parole tutti gli assentono, il che di mal
animo comportandosi da Spatario, Giorgio, valoroso e
risoluto guerriero, minaccialo, perseverando tuttavia
in una vana renitenza, di tosto legarlo al tavolato della
nave, se non affondarlo in quelle acque. Intuona poscia
l'acclamazione di Alessio lietamente accolta e prose-
guita dai nocchieri; e da che Spatario non rifinava ancora, pigliatolo, quantunque forte divincolantesi, ma vinto dalla sua robustezza maggiore, lo depone legato, giusta la minaccia, in sul pavimento della nave. Proceduto
quindi un poco e riarmatosi dello scudo e dell'acinace
approdò là dove riparava la flotta, e cominciatosi da lui
con sonora voce animò tutti i passeggieri e marinaj ad
acclamare Alessio imperatore. Di più rinvenutovi colui
prescelto da Botaniate a tradurre il navilio presso Melisseno lo arrestò, ed incontanente dietro suo ordine sciolti
i vascelli, con essi tutti occupò la rocca, ove ripetuta
una solenne ed amplissima acclamazione di Alessio Augusto, fe' comando alle ciurme che deposti i remi si tenessero immobili. Era poi così operando suo intendimento d'impedire alle orientali truppe di Melisseno il
valicamento dello stretto, non potendolo, sebbene da
loro avidamente bramato, prive di questo mezzo eseguire.

XXXV. Appresentatosi non guari dopo un vascello
diretto al gran palazzo, Giorgio immediatamente ingiugne ai marinaj, per ventura seco nel medesimo legno,
che dieno coll'estremo di lor possa nei remi, e di corto
arrivatolo contro ogni sua speranza e desiderio vi rin-
viene il padre; levatosi tosto e praticategli tutte le os-
sequiose officiosità dovute ai genitori, non ebbene in

cambio nè un mite sguardo, nè l'aggiunto di *soavissima luce*, come in altri tempi l'itacense Ulisse nomò Telemaco di ritorno, al primo farglisi incontro, discorrendosi allora di banchetti, di rivali in amore, di giuochi, di giostre, di faretre, proposta al vincitore in premio la pudica Penelope, e di Telemaco non qual nemico, ma qual figlio che giugne al paterno soccorso. Qui invece ti s'appresentavano certami, guerra, padre e figlio discordi per contrarj desiderj ed opposti pensieri, sapendosi appieno l'un l'altro, sebbene il segreto dell'animo loro non si fosse per anche manifestato apertamente co' fatti. Primo dunque il padre gli disse: *Stolto, a che fare tu qui?* Giorgio: *Poichè sei tu mio padre che m'interroghi, niente*; il padre: *Attendi brev'ora, e, se l'imperatore porgerammi orecchio, conoscerai tra poco quanto giustamente abbiati nomato stolto.* Dopo tali parole Niceforo Paleologo proseguendo l'intrapreso cammino perviene alla reggia; ove al mirare gli Alessiani, sedotti dall'avidità della preda, sparsi e vaganti alla impazzata per le contrade, stimò con saggio consiglio di poterli in tanto disordine agevolmente annientare. Addomanda pertanto a Botaniate i barbari originarj dell'isola di Tule, promettendo coll'assistenza loro di cacciare dalla città i ribelli. Quegli nondimeno sempre fermo nella mal concepita disperazione delle faccende sue, dichiaravasi abborrente dalla guerra civile: *Ma se m'ascolti, o Niceforo*, dissegli, *posciachè i Comneni trovansi in queste mura conducili a me, volendo fare seco loro qualche proposta di pace.* Increbbe a Paleologo la commissione, pur tuttavia, quantunque a malincuore, piegò ad eseguirla.

XXXVI. I Comneni tra questo mezzo, vedendosi al possesso della città e pensando essere il tutto sicuro e di navigare in porto, stavano, bastantemente tranquilli, presso il piano del gran martire Giorgio, detto Siceoto, a consultare infra loro se dovessero di preferenza correre a salutare la propria madre, o piuttosto battere a dirittura la via della reggia. Cesare avutane contezza spedì prontamente altro de' suoi domestici a riprenderli di quelle oziose deliberazioni ed imprudente lentezza. Eglino pertanto a riparo del fallo pongonsi ratto in cammino, e giunti presso alla casa d' Iberitza rinvengonvi Niceforo, il quale, in nome di Botaniate ed assuntane la persona, espone i comandamenti da lui avuti del tenore seguente: *Veggomi di già sul finir della vita e solo, senza un figlio, un fratello, un consanguineo. Se piacciati dunque* (volgendo il discorso al nuovo imperatore Alessio) *sii tu mio figlio adottivo, ed io non preterirò d' un iota quanto fu da te promesso a tuoi favoreggiatori e guerrieri. Compirò il tutto abbondevolmente, comunque grande ciò sia. Nè riterrommi parte alcuna dell' imperiale potere siccome partecipandone teco. Tutto lo cedo in solido alla tua persona, dichiarandomi pago di conservare, soltanto in apparenza, i vani distintivi dell' imperio, intendomi la partecipazione del nome, dei rossi calzari e di aggiunta con essi dell'alloggio nel palazzo; del resto sii tu l'arbitro assoluto del governo, senza eccezione, d'ogni cosa;* i Comneni a tale proposta lasciaronsi sfuggire di bocca alcune parole tendenti quasi a mostrarsi non lontani dall'aderirvi.

XXXVII. Cesare uditone va subito ad essi per ispro-

narli con minaccevole viso ad occupare, troncato ogni
indugio, il palazzo. All' apparir di lui, entrante nella casa dalla porta a destra, i Comneni saltati giù di sella
fannoglisi incontro pedoni, ma egli fissatili con torvo
sguardo li rimproccia gravemente dicendo: « *Perchè si
stessero inoperosi? Perchè abbandonandosi ad intermi-
nate dilazioni lasciassero incerte, in pericolo e prossime
a rovinare le speranze ed il buon successo della comin-
ciata impresa*, *non richiedendosi a porvi fine che la
sola occupazione de' principali edifizj da loro sì tanto
differita*. » Ora nell' atto che prorompe in tali doglien-
ze ed interrogazioni, ecco entrare dalla sinistra parte Niceforo Paleologo, il quale con simigliante volto nè con
più mite sguardo volgegli la parola di questo modo:
« *Che hai tu a fare con essi? Quale incumbenza qui
ti reca, o consuocero? A quanto scorgo nulla in fe mia
otterrai*. » Così Paleologo; ed insieme appalesagli la
missione, da noi già esposta, conferitagli da Botaniate, sollecitando che almeno si accordi a costui di poter conservare l' ombra o l' imagine dell' imperio, con-
sistente nella partecipazione del nome, dei rossi calzari, della porpora e dell' alloggio nell' imperiale palazzo,
cedendo egli e ponendo nelle mani di Alessio, in virtù
dell' adozione, tutto l' impero e l' universale reggimento
della repubblica; uomo d' altronde assai provetto, e di
nulla così desiante come della quiete e del riposo. Cesare di rimbalzo, guatandolo con cipiglio e disdegnoso
volto: *Parti*, rispsegli, *ed annunzia all' imperatore che
avrebbe potuto forse inviare con profitto le sue offerte
prima che si occupasse la città. Ora troppo tardi met-

*ter egli all' incanto una già venduta merce, nè avervi*
*più mezzo di accomodamento, proseguendo a disporre*
*sì fattamente, come sua proprietà, di quanto più non gli*
*appartiene per diritto veruno. Il dichiararsi poi an-*
*noso gli varrà a tollerare con minor tristezza il discen-*
*dere dal soglio imperiale, chiedendo esso altra età ed*
*altro vigore, ed a meglio provvedere al suo ben essere.*
Tale rispondea Cesare.

XXXVIII. Se non che Borilo, introdottisi i Comneni nella città, osservando la fidanza colla quale e' per-
correvano imprudentemente divisi e sparpagliati le contrade solo intenti ad accumulare preda, escogitò di
poterli con agevolezza in sì grande trascuraggine di
loro stessi abbattere. Laonde ragunatosi all' intorno i
suoi parenti ed amici e di più quelli da tergo armati
di scuri in cambio di spade, come pure i Comateni, or-
dinolli in continua serie dal foro di Costantino sino al
Milio (1) ed oltre, i quali muniti di scudo coraggiosamente difendeano i posti loro commessi pronti a venire alle mani. Ma il Patriarca, uomo degnissimo
di tal ministero, vero povero e d'un tenor di vita nella
città niente meno austero di quanto in altri tempi menar soleano i Padri ne' deserti e su pe' monti, fornito

---

(1) Piazza della colonna migliaria, da questa cominciando
l' enumerazione delle miglia che si doveano percorrere volendo passare dalla capitale ad altri luoghi. Era ciò una imitazione di quanto Augusto fatto avea nel mezzo del Foro romano, principio e metà di tutti i viaggi.

in oltre, come iva la fama, del profetico dono, essendosi in realtà verificate molte delle sue predizioni, perfetta norma in fine della patriarcale dignità, ed esempio di virtù a tutti i presenti e futuri: Il patriarca, ripeto, vuoi per divina inspirazione, conoscendo i destini di Botaniate e che sarebbe per avvenirne, vuoi per arcano suggerimento di Cesare (correndo pur questa voce), ammiratore della virtù di lui e strettoglisi da lunga pezza co' legami della più tenera amicizia, giunto opportunamente quando Borilo eccitava Augusto ad imprendere, diede a costui un saggio consiglio, che venne da ultimo adottato; ed era: Non istesse in forse di scendere dal regio trono, nè opponendosi al divino volere facesse mettere in brani la repubblica da civile guerra, o imbrattare la città di cristiano sangue; ma piuttosto, umiliandosi alle supernali disposizioni, si partisse. Aderitovi l'imperatore e munitosi di gente all'intorno, paventando la militare insolenza, procedette, chino il capo e tutto dolore e vergogna, al gran tempio del Nume. Se non che, pieno di confusione, per dimenticanza da prima spogliato non avea la stola (1), ma Borilo, da cui era preceduto, voltosi indie-

---

(1) Abbigliamento simile nella forma al pallio accordato dal romano pontefice a molte chiese arcivescovili, se non che l'ecclesiastico è un semplice tessuto di candida lana con sopravi parecchie nere Croci. L'imperiale invece, assai più amplo e ricco, era ornato di perle ed altre gemme; ma ravvolgevasi pur esso in giro avanti e dietro agli omeri, e discendevanne le due estremità dal petto infino al collo del piede. La voce stola (Στολη) può significare parimente una veste talare, o toga.

tro se n' avvide, e levatigli dal braccio destro i veli ornati d' intessute margarite li spicciò dalle altre vestimenta; profferendo non senza scherno e mordace derisione: di tali adobbamenti, alla buona fe, ora ben ti
si affanne. Di questo modo egli giunto al gran tempio
dedicato alla divina Sapienza, con gran fiducia nella
santità del luogo si rimane.

DI

# ANNA COMNENA PORFIROGENITA
CESAREA

---

# ALESSIADE

## LIBRO TERZO

---

### ARGOMENTO.

ALESSIO dà sesto alle imperiali faccende. - Accorda pace ai Turchi. - Approntasi a guerreggiare Roberto.

---

### SOMMARIO.

*BOTANIATE veste l'abito monacale, e ne professa la regola. - Fiducia e motivo che indussero Maria, sua consorte, ad attendere nella reggia i Comneni. - Sospetti contro di essa. - Lodamento di suo figlio Costantino duca. - Irene acclamata imperatrice per opera di Giorgio Paleologo. - Istanze di Giovanni Cesare al patriarca Cosma per indurre Maria ad abbandonare la reggia. - Fattezze di Maria. - Digres-*

sione per esporre come avvenissero le sue nozze con
Botaniate, delle quali fu mediatore Giovanni Cesare. – Alessio incoronato dal patriarca Cosma. – Quando fosse incolto da morte Giovanni Xifilino predecessore di Cosma. – Gratitudine di Eustrazio Garida
verso la madre de' Comneni. – Irene, consorte di
Alessio, incoronata dal patriarca Cosma. – Descrizione di Alessio. – Prosapia, età e forme d'Irene. –
Descrizione d'Isaacio e suo bellico valore; creato da
Alessio Sebastocratore. – Niceforo Melisseno dichiarato per convenzione Cesare. – Corona imperiale, ed
in che distinta da quelle del Sebastocratore e dei Cesari. – Alessio inalza Taronite, consorte di sua germa-
na, alle onoranze di Protosebasto, Protovestiario, e poscia di Panipersebasto. – Conferisce ai fratelli Adriano e Niceforo, all'uno la dignità di Protosebasto, al-
l'altro quella di Drungario dell'armata di mare. –
Perchè nuove dignità e nuove denominazioni venissero da Alessio introdotte. – Regno, arte delle arti. –
Cosma rinuncia il patriarcato. – Succedegli l'eunuco Eustrazio Garida. – Costantino Duca ottiene novamente i purpurei calzari. – Maria esce della reggia. – Alessio, presente il patriarca ed il sinodo, si
confessa umilmente colpevole di aver preso e dato il
guasto alla città, ed in salutare penitenza sommettesi
a un digiuno di quaranta giorni, ed a dormire altrettante notti per terra, eseguendo insieme co' suoi il

*tutto. – Prepone la madre, inclinante ad un religio-*
*so ritiro, all' amministrazione delle faccende imperia-*
*li, come dall' aurea Bolla qui riportata. – Prudenza,*
*religione, altre virtudi e costumatissima vita di lei. –*
*In quale circostanza venisse ordinato dall' impera-*
*tore Isaacio Comneno l' inalzamento del tempio di*
*S. Tecla. – Miserabile condizione dell' impero, da una*
*banda minacciato da Roberto, dai Turchi dall'altra,*
*coll' erario vuoto e l' esercito in pessimo stato. – Let-*
*tera di Alessio ai prefetti delle orientali provincie. –*
*Spedizione di Giorgio Paleologo a Dirrachio per mu-*
*nirlo contro Roberto. – Lettere di Alessio ai prefetti*
*delle città illiriche, al romano pontefice, all' arcivesco-*
*vo di Capua, ai principi, ai duchi delle Gallie, e al*
*duca longobardo, animandoli tutti con promesse e*
*doni ad opporsi a Roberto. – Lettera imperiale, qui*
*riprodotta, ad Enrico re d'Alemagna. – Nicea, regia*
*città di Solimano monarca de' Turchi. – Alessio raffre-*
*na le costoro scorribande guastanti il paese al Bo-*
*sporo, o Damali, ed espulsi dalle marittime città li*
*costringe a domandare la pace, che vien loro accor-*
*data per tema di Roberto. – Richiama, inviatagli au-*
*rea Bolla in pegno di sicurezza, Monomacato, da Dir-*
*rachio fuggiasco nell' Illirico. – Roberto assale Dir-*
*rachio, non ostante lo scemamento di sue truppe in*
*causa di orribile tempesta e naufragio. – Origine di*
*questa città nomata in altri tempi Epidanno.*

# ALESSIADE TERZA.

### PRINCIPIO DELLA SOVRANITA' DI ALESSIO COMNENO.

1. I COMNENI occupata intrattanto la reggia mandano tosto Michele, consorte d'una loro nipote e creato di poi logoteta degli Archivj, a Botaniate. Partitosi costui in compagnia del prefetto della città di nome Radeno, fa entrare l'imperatore in una lieve navicella, e seco il conduce al monastero di Peribletta, ove giunti, i due messi pongono ogni studio nel persuaderlo a vestire l'abito monacale. Se non che rifiutandovisi egli pel momento, ed e' temendo in così malagevoli circostanze trame di nuovi scombugli dalla non ancora vinta fazione di que'servi, e dai comateni (1), pur essi tuttavia fedeli a Botaniate, insistettero con vie più di calore nel persuadergliene, e pervennero da ultimo a piegarlo di maniera, che nello stesso giorno egli ebbe rasa la chioma e le angeliche vesti indosso. Quanto mai la fortuna si fa scherno de'mortali, innalzandoli tal fiata dalla polvere per ornarli, quasi propizio Nume, di purpurei calzari e di corona, e quindi, loro travolgendo l'occhio, ricoprirli di bruna e cenciosa veste, come fu il caso di Botaniate, il quale rispondea a tale de'suoi famigliari, fattosi a doman-

***

(1) Corpo di milizia presso la corte costantinopolitana.

dargli di qual animo comportasse il grave suo cambiamento, dicendo: recargli molestia il disuso delle carni
e poco disagio le rimanenti osservanze.

II. Maria Augusta, portandomi il discorso a lei, col
figlio Costantino, avuto da Michele Duca predecessore di
Botaniate, continuava sua dimora nella reggia tutta affannosa, il dirò colle parole del poeta (1), per Menelao
dal biondo crine, fidando pienamente, ben lontana da
calunnia comunque, nella parentela co' due Comneni,
suocera dell'uno e madre per adozione dell'altro, come
abbiamo prima d'ora narrato. Mi è noto impertanto che
ebbevi oziosi, invidi e maldicenti spiriti, i quali, non
contenti di offenderla col pensiero, divolgarono voci poco
degne di lei, quasi desiderasse, confidando nel fior del-
l'età e nell'avvenenza sua, fare esperimento della presenza dei giovani vittoriosi, di natura non alteri o difficili ad accostare e placare. Cose a mio giudizio non vere,
nè simiglianti al vero, ferma nel ritenere unico motivo
della sua protratta dimora nel palazzo, nata in estero
paese e lontana da tutti i suoi parenti e fidi amici, essere
stato il procacciarsi qualche mezzo di guarentigia presso
ai vincitori, ed il non partirsi di là in fretta, imprudentemente e con gravissimo pericolo di Costantino, senza
riportare in prima dai Comneni idonea mallevaria della
propria salvezza, e dell'orrevole condizione del figlio,
contro tutte le contingenze solite compagne di sì
gravi sconvolgimenti. Materno zelo per verità ben giusto
verso un fanciullo di sorprendente avvenentezza e gio-

---

(1) Il. γ′, v. 434.

condità (mi si condoni, cadendovi il discorso, qualche lode a pro de'miei), di anni sette, e così tanto aggraziato vuoi nel parlare, vuoi ne'leggiadri movimenti delle sue membra, quando attendeva ai varj giuochi proprj dell'età, che non aveavi, a giudizio degli spettatori, chi lo pareggiasse. Bionda erane la chioma, candida qual latte la pelle e cospersa bellamente di vivace rosseggiante colore, simile invero a rosa nel primo spuntar dalla boccia. Occhi non bianchi, ma da sparviere, scintillanti, ciò è, di sotto alle ciglia, e come da piccolo aureo castone tramandanti fulgore di gemme. Fattezze alsì celestiali, superiori ad ogni terrena concrezione, ed al mirarle inspiranti amore.

III. L'affetto di Maria verso questo fanciullo fu il vero motivo del suo intrattenimento nel palazzo, checchè ne dicano i vogliosi di maldicenza, del cui vizio non mi è lecito farmi seguace, nè di approvarne il discorso, fornita, in confermazione della verità, de'più accertati documenti dall'augusta medesima, che dal primo viver mio fino agli anni otto ed oltre nel suo grembo mi crebbe, e da quel tempo, amandomi passionatamente, non teneami occulta veruna delle bisogne sue. Mi ricorda pertanto di avere le molte volte dalla stessa udito il suo gravissimo timore, per la salvezza in ispecie del fanciullo, in vedendo Botaniate abbandonare il trono. Il che, a mio giudizio, e di quanti amano, come spero, la verità, è assai più verisimile di tutte le dicerie, messe in campo da taluni giusta l'inclinazione loro ad esserle o benevoli, o contrarj; qui di Maria basti.

IV. Il nuovo imperatore Alessio mio padre, fattosi

entro la reggia lasciò nell'inferior palazzo, nome derivatogli dalla postura, la trilustre consorte ed i consanguinei di lei, genitrice, sorelle e Cesare avo paterno. Egli
poi unitamente ai germani, alla madre, ed ai congiunti
si recò nel palazzo superiore, appellato Bucoleon (1) e
vo a dirne il perchè. Non lunge dalle sue mura è sito
il porto, marmoreo edifizio e sontuoso in altri tempi,
ove un leone di pietra abbranca un toro vivo, così ap-
presentato dalla scultura, e renitente; ma più forte il
leone afferratolo per uno de'corni, e premendone con mor-
so la cervice, gli figge i denti fin entro la gola. Da tale
scultura tutto quel luogo e ben anche gli edifizj
all'intorno sul continente, compresovi lo stesso porto,
ebbero nome Bucoleon. Ora dalla riferita permanenza
di Maria Augusta nel palazzo nacque in molti il sospetto,
divulgatosi quindi con segreti cicalamenti, che il nuovo
monarca le si fosse per unire in matrimonio. I Duca nutren-
do pensieri affatto diversi dal volgo, per nulla vi prestavan
fede, soltanto non poco turbati a cagione dell'antico ed
ognora manifesto odio loro portato dalla madre de' Comneni, come rammentomi di avere più e più fiate da essi
stessi udito. Allorquando pertanto Giorgio Paleologo,
condotta al forte l'armata di mare, proclamava, con grida
altissime di tutto l'esercito, Alessio ed Irene Augusti, il
codazzo de'Comneni dalle finestre proibiva di nominare
Irene. Al che Giorgio animosamente rispondea: *Non
già in grazia vostra ho io intrapeso e condotto a ter-*

---

(1) Nome composto dalle greche voci βῦς (bue) καὶ (e)
λίων (leone).

*mine così ardua gesta : ma di colei, dir voglio Irene,*
*il cui nome ora indarno voi m'impedite di profferire;*
comandò in pari tempo che addoppiati gli applausi e con
maggiore elevazione di voce si acclamassero Irene ed
Alessio. Ora queste sementi di gelosie producevano ricca
messe di travagli nella casa dei Duca, e fornivano al
popolo argomenti e parlari sul conto di Maria.

V. In Alessio poi non erasi tampoco destato un primo pensiero sopra tale argomento, conciossiachè pigliato
di subito il governo della romana repubblica e tutto
dedicatosi, uomo desto e pronto, a condurre la grande
impresa, ben poco tempo rimaneagli da escogitar mezzo
di smentire le addotte cagioni di simili conghietture. Di
verità esordiendo egli dal centro, per così esprimermi,
degli affari, non appena messo piede nella reggia allo
spuntare del sole, innanzi scuotere la polvere di cotanto aringo e prender ristoro, diedesi ad un grave
pensiero, assistito dai consigli del maggior fratello Isaacio, da lui tenuto in luogo di padre, e della genitrice,
i cui sommi talenti sapea idonei a reggere, anzi più regni insieme che sol uno; al pensiero intendomi di metter freno prontissimamente alle rapine delle truppe, che
proseguivano a dilaniare le viscere della città. Venne
consumato l'intiero giorno e la notte seguente nel deliberare e far tentativi in proposito, cimento di assai
malagevole esecuzione, dovendosi provvedere alla sicurezza de'cittadini ed al riordinamento dell'esercito spar-
pagliatosi al sommo, e quindi in molto pericolo. Appre-
sentavasi, dico, ed era molto ardua impresa, considerato il gran numero, la varietà e cupidigia degli indivi-

dui ond'esso componevasi, avendovi tema non il soldato, feroce ed insolente, vedendosi con severità represso macchinasse un che di peggio contro il nuovo Augusto. Cesare Giovanni Duca in cambio vóglioso di levare al più presto dalla reggia Maria per togliere la cagione de' sospetti, risolvè appigliarsi a doppio mezzo, vie più stringendo principalmente gli antichi legami di amicizia col patriarca, ed esortandolo a non lasciarsi trarre in contraria sentenza dalla madre de' Comneni. Ito quindi a visitare Maria, ed in virtù di quella autorità acquistata fin dall'epoca in cui, espulso dal trono il consorte Michele Duca, la fece divenire sposa di Botaniate, fortemente seco lei adoperossi mostrandole con persuasivi e salutari avvertimenti che se provveder volesse alle proprie faccende, ottenuto il salvocondotto per sè stessa ed il figlio, erale uopo di abbandonare il palazzo. Nè fu di poco momento l'antedetta mediazione di Giovanni per condurre a buon fine quelle nozze, poichè Botaniate v'inclinava un vero nulla, sapendo la donna straniera, e manchevole d'ogni fortuna dal lato dei consanguinei; e per siffatta cagione appunto non disdegnandola Giovanni, bramoso di soccorrere all'isolamento di lei, eravisi posto con tutta l'anima di mezzo, e vi riuscì celebrandone magnificamente e di spesso la prosapia e la beltade all'Augusto.

VI. Elevatissimi pregi in realtà nella sua persona racchiudeva Maria, fornita di alta taglia e piena di maestà, simigliante a cipresso, e d'un candore di pelle senza esagerazione simile a neve. Il suo volto non perfettamente ritondo, ma alquanto bislungo risplendea per acconcia

ANNA COMNENA.                                         20

mescolanza di gigli con rose. Chi poi col discorso giugnerà ad esprimere il balenar di quegli occhi attorniati
da curvo e rosseggiante sopracciglio, e tutti dolcezza e
grazia in rimirando altrui? Le mani de'pittori per verità
coll'arte unita alle tinte ritraggono fiori d'ogni specie proprj alle differenti stagioni, ma non havvi Apelli non Fidii
atti a formarsi un'idea o a rappresentare il brillante fiore della bellezza e delle grazie di tutto il portamento di
Maria, e d'ogni suo gesto e guardo. Vengono commen-
dati i sublimi lavori degli statuarj, e pur chi di essi giunse
ad eseguire forme d'uman corpo a queste simiglianti?
È fama che il capo della Gorgone avesse virtù di con-
vertire in sasso gli individui postisi a rimirarlo; non altrimenti al comparir di costei sopraffatto di colpo chiunque le volgea sue luci si rimanea tosto privo di moto,
ad aperta bocca e senza articolar parola, quasi venutagli meno anima e sensi, cotanta era la proporzione di
quelle membra vuoi tu di tutte infra loro, vuoi di singulo
a singulo, vuoi infine di ognuno alla spartita preso, quanta sì bene acconcia, per giusta misura e disegno, giammai nessuno fin qui veduto avea in umano corpo. Simulacro animato e fatto per conciliarsi l'amore di chiunque sa pregiare il bello o, vie meglio, lo stesso Amore
sotto corporea sembianza dal cielo infra di noi calato.
Prerogative così eminenti fornirono Giovanni Cesare
di valido mezzo onde ammansare e disporre l'animo di
Botaniate a favor di Maria, non ostante il brigar di molti
perchè le venisse anteposta Eudocia. Difatti correva in
allora voce che bramando costei di assaporare novamente
d'impero, al primo udire Botaniate in possesso di Da-

ROMANI ET EUDOCIÆ IMAGINES.

mali procacciasse con lettera di guadagnarlo (sebbene altri sostengano ch'ella tal operasse non già per disio di regno, ma per benivolenza a Zoe Porfirogenita (1), cui bramava provvedimento), ed avrebbene riportato vittoria se l'eunuco Leone, altro de' suoi domestici, non fosse riuscito a distornela con molte rammemorazioni, che non mi è permesso di qui più distintamente riferire, abborrendo l'animo mio per natura e per educazione dal biasimo e dalla maldicenza. Siffatte notizie poi verranno più abbondantemente e più che a sazietà propalate da chi prende a raccogliere e divulgare le popolari voci. Giovanni Cesare del resto avendo preoccupato lungamente ed in varie guise tentato l'animo dell'Augusto, da ultimo lo indusse a dar la mano di sposo a Maria, procacciandosi di questa guisa presso lei grande favore, nel quale ponendo sue speranze, come diceva, principiò a consigliarla di ritirarsi dalla reggia. Ora dall'andare a rilento la discussione, durata molti giorni, e dal non volere i Comneni, memori de'benefizj ricevuti dall'Augusta in trono, e della doppia affinità che stringevali seco lei, sottoporla ad un trattamento di soverchio austero, o poco umano, originarono i prefati sospetti e le volgari ciarle, differenti giusta le varie propensioni degli oziosi, costumati a portar giudizio degli avvenimenti, anzi dalle tendenze degli animi loro che dal merito e dalla ragione.

VII. In tanta perplessità di cose mio padre viene coronato dalle mani del patriarca Cosma. Poichè nell'anno quarto dell'impero di Michele Duca e del figlio

_____

(1) Etim. figlia di re.

Costantino morto essendo il santissimo patriarca Giovanni Xifilino, correndo il secondo giorno del mese di Agosto e l'indizione (1) decimaterza, fugli surrogato Cosma degnissimo di questo ministero e di santi costumi. I Duca poi molto si adontarono e forte crucciaronsi vedendo non coronata Irene ad uno con Alessio, ed ognor più insistevano perchè si riparasse prontamente alla mancanza. In que' dì vivea un monaco nomato Eustrazio, di cognome Garida e dimorante in vicinanza della grande chiesa di Dio con molta fama di virtù; or questi da lunga pezza solea visitare la madre de'Comneni, ed aveale di più fatto qualche predizione relativa all'impero; ella d'altronde assai favorevole agli individui professanti monastica disciplina, e di vantaggio inescata dalle costui parole, di giorno in giorno appalesavagli maggior fiducia e benevolenza. Mercè di che era già pervenuta a formar pensiero d'inalzarlo al patriarcato della regale città; or dunque a conseguire il suo intento valevasi di fedeli persone, e loro esponendo la semplicità e l'inettitudine di Cosma nel maneggio degli affari esortavali a visitarlo, dichiarandogli quasi in segno di amicizia, che nulla avrebbevi di tanto suo vantaggio, quanto il rinunciare di per sè stesso al patriarcato. Ma

---

(1) Rivolgimento di quindici anni, terminato il quale tornasi novamente a cominciare dall'unità. Nelle Bolle pontificie ha principio dal mese di Gennaio, ma negli imperiali Diplomi e negli altri strumenti cominciava l'ottavo giorno avanti le Calende di Ottobre. Intorno alla derivazione di questo nome, all'epoca della sua introduzione negli atti pubblici e notarili, ed al fine cui essa tendea V. Du Cange in Gloss.

non valse lo scaltrimento ad ingannare il sant' uomo,
che porto orecchio alcun poco agli imbecherati amici,
giurando in suo nome, rispose loro: *Per Cosma, questa
patriarcale sede verrà da me abbandonata sol quando
abbia di mia mano coronato Irene Augusta.* Con tali
parole i messi tornarono alla dominante (così fin d'allora tutti appellevano la genitrice de' Comneni per volere in ispecie dell'imperatore amantissimo di lei) fa-
cendole manifesto l'esito dell'operato loro. Nel settimo giorno pertanto, a contare dall'incoronazione d'A-
lessio, eziandio Irene ricevette, mediante il patriarcale
ministero di Cosma, la solenne imposizione del diadema.
Per siffatta guisa la maestà e il decoro di ambedue i regnanti, Alessio ed Irene, mostravansi fulgentissimi sopra ogni imitazione d'arte comunque sublime. Imperciocchè non havvi così valente pittore, il quale rimirando
quel fiore di archetipa bellezza giugner possa, per quanto
si adoperi, a ritrarlo; nè tampoco egregio statuario, ap-
puntati del suo meglio i ferri e tutta la sua vita con-
sunta nel contemplare i sublimi lavori di Policleto colla
brama d'imitarli, non perverrà giammai ad abbozzare
sopra inanimata materia, scolpire e tale condurre l'opera
del suo scalpello da rappresentare la sorprendente naturale bellezza di questi animati simulacri, gli Augusti
dir voglio appena cinti del diadema la fronte.

VIII. Alessio fu per vero di non molto elevata taglia,
informato sì, ma non di soverchio, il perchè tenendosi
ritto la sua maestà colpiva meno gli sguardi altrui di
quando seduto sul regio trono e vibrante di contro
sue fulgide luci. In allora a fe del Nume gli occhi de'

presenti venivano abbagliati del pari che allo squarciarsi
delle nubi il chiaror della folgore costringe gli stessi au-
dacissimi a chiudere le palpebre, cotanto era il maestoso
risplendimento, attraentesi di forza venerazione, che ir-
radiava quel volto non solo, ma ben anche il corpo e l'u-
niversale conformazione delle membra. Dall'una parte e
dall'altra un nero e bellamente curvo sopracciglio tramandava piacevoli ad uno e terribili guardature, di maniera che da queste, dalla nobiltà del volto e dall'avvenenza
delle gote, in adatta foggia cosperse di vermiglio, parti-
vano raggi di maestà e clemenza, i quali a un otta producevano fiducia e timore. L'ampiezza inoltre degli omeri, la forte muscolatura, il rialto del petto, simili onninamente alle forme eroiche, promoveano ammirazione e diletto negli spettatori. Conciossiachè lo stesso membro era in lui modello di misura, grazia, robustezza e di tal
quale inarrivabile gravità. Al disserrar poi la bocca e
dar moto alla lingua avresti creduto dischiudersi le labbra del primo infra greci oratori (1); eloquenza simile ad
igneo torrente, che rendeva le orecchie e gli animi attoniti
col traboccchevole fiume, dir vorrei, di sue forti e brevi argomentazioni. Non havvi loquela atta ad esprimere ido-
neamente la potenza della sua facondia, nè, vittoriosa,
havvi un che da potersi agguagliare all'impeto di quella
perorante lingua, salvo i forti colpi e gli inevitabili tiri
della guerreggiante sua destra: superiore a qual tu vuoi
nell'un riscontro e nell'altro; se non che il parlare di
lui recava diletto, ed il braccio grave travaglio ai vinti.

_____

(1) Demostene.

IX. Irene Augusta, mia genitrice, fanciulletta a quei
dì, non avendo ancora oltrepassato il terzo lustro, era
prole di Andronico primogenito di Giovanni Cesare, illustre prosapia certamente, la cui genealogia annestavasi
agli Andronici e Costantini cognominati Duca. La sua taglia fiorente ergevasi a mo' di eccelso arbore con per-
fettissime proporzioni, ora dilatandosi ov'era mestieri,
ed ora stringnendosi con tanta squisita corrispondenza
di tutte le membra da renderne così amabile l'aspetto
e la favella, che non aveavi nè più soave spettacolo, nè
fonte di maggior dolcezza, per sembiante e voce, a cui
dirizzare gli sguardi e l'udito. E tale essendo tramandava il suo volto non per intiero sferico, alla foggia di
assiria pulzella, nè di soverchio bislungo, come vergine
scitica, ma un cotal pocolino prolungato oltre la circonferenza d'un perfetto circolo, tramandava, ripeto, tutto
il chiaror della luna. Dalle sue gote poi, ov'ella volge-
vale, diffondevasi la vaghezza e l'aura d'un verdeggian-
te prato, e veniva a colpir gli occhi pur anche de' lontani spettatori un colore, simile a vivace porpora, di
fiorente rosaio, permanendo intrattanto la presenza di
lei sorgente non meno di piacere che di timore, per
modo che la sua venustà a cui s'avveniva attraevane
gli sguardi, e l'occhio maestoso ed il grave contegno
forzavanlo ad abbassar le ciglia, mettendolo così in
forse a quale degli incitamenti si convenisse dare la preferenza, impotente non meno di rattenersi dal mi-
rarla che di reggere agli effetti di quelle luci ver lui
rivolte. Non so in vero se abbia giammai esistito la Pallade cotanto celebrata dai pittori e dai poeti, e ritenu-

ta da molti favolosa; ma se narrò taluno che altre volte fatto abbia intra noi dimora un essere di forme simiglianti alla nostra Augusta, e vuoi per la destata ammirazione
di sè, vuoi per lo splendore degli occhi ed i penetranti
raggi d' una incantatrice bellezza dato pruova di
celestiale origine, a fe ch' egli non allontanossi dal
vero, od almeno dal simigliante al vero. Ma più mirabile e singolarissimo pregio di costei era il reprimere
ed abbattere, unicamente al presentarsi, gli orgogliosi ed
audaci, e il destare conforto e fiducia negli umili e tementi. Le sue labbra disseravansi a quando a quando
pur elle non più che in sembianza di tramandare voci,
ed in allora tutto appariva l' animato sostegno della
vaghezza ed il vivente simulacro della beltà. La sua mano con sommo garbo ed avvenentemente ignuda fino
alla unione del braccio, e pressochè norma della sua
favella, era maraviglia de' riguardanti, sembrando loro
candidissimo avolio da valente artefice convertito in dita, in palma e nelle residue parti di lei. L' iride all' intorno delle sue pupille simigliava tranquillo mare in ce-
rulea serenità, effetto d' una profonda calma delle onde; nè loro cedeva in pregio il candore da cui venivano circondate; una mescolanza in fine di tutti questi naturali doni
ornavala d' incomparabili grazie, colmando a un tempo
gli spettatori d'incredibile diletto. In cosiffatta, o presso
che simigliante guisa faccan bella mostra di sè Irene ed
Alessio.

X. Isaacio mio zio, per venire a lui, avea statura e-
guale al fratello, nè molto differivagli nel resto, se non
che maggior pallidore e non folta barba coprivane il

volto, di maniera che il pelo delle sue gote non pareg-
giava quello del germano quantunque di età minore.
Vedevi poi in entrambi, quando non impediti dagli affari, l'egual trasporto per la caccia, ma giunta l'occasione l'uno e l'altro volgevansi di miglior grado alle armi, ed
Isaacio nel battagliare, stato frequentemente condottiero di eserciti, non la cedeva a chi che fosse. Ove più grave il pericolo, ed ove si potea vie meglio tenzonare col
nemico, ivi si tenea, e non appena osservatolo in ordinanza, lanciavasi, a foggia di fulmine, con cieco impeto
entro quelle file, apportatore di funestissima strage e
spesso fugatore di tutta la falange. Onde ben due fiate
avvennegli, pugnando in Asia contro agli Agareni, di cadere nelle mani loro; chè se difetto aveavi in lui era
appunto il non saper moderare negli scontri guerreschi
la sua grandissima foga. Siccome poi, giusta le convenzioni, accordavasi a Niceforo Melisseno l'appellazione di
Cesare, e faceva altronde mestieri di vie più estollere
l'anzinato fratello Isaacio, nè avendovene altra maggiore,
l'Augusto pensò di creare un nuovo titolo coll'unione
del Sebasto all'Autocratore, formando così il nome
di Sebastocratore, e decoratolo della studiata onoranza lo rendè al solo Augusto secondo, accordando al postutto nelle acclamazioni il terzo luogo a Melisseno Cesare. Volle inoltre che nelle solennità il Sebastocratore
ed il Cesare cingessero lor fronti non di egualmente a-
dorne corone, ma si bene diverse a norma del grado; ambedue non di meno così per ricchezza, come
per magnificenza erano al disotto dell'augustale diadema, portato dallo stesso imperatore. Poichè questo, fog-

ANNA COMNENA.                                                    21

giato onninamente a guisa d' emisfero concavo e chiuso, circondava per intiero il capo, e risplendea bellamente di margherite e d' ogni altra maniera di gemme, parte delle quali eranvi incastonate e parte ciondoloni, cosicchè di qua e di là dalla tempia discendeangli pendaglie, composte pur esse di margherite e gemme, da cui venivano le gote dolcemente percosse; tale vedevi il più sublime ornamento proprio dell'imperiale monarca. Le corone per contrario del Sebastocratore e de' Cesari aveano la sola circonferenza ad intervalli guernita di margherite, nè globo comunque appariva sulla prominente convessità loro. In pari tempo Taronita, consorte d'una sorella d'Alessio, fu dichiarato Protosebasto (1) e Protovestiario, nè guari dopo inalzato all' onoranza di Panipersebasto (2), e pronunziato meritevole di entrare nel novero de' Cesari; il suo primo titolo poi di Protosebasto se l' ebbe il fratello di lui Adriano, aggiuntavi l'appellazione d'Illustrissimo. In fine il terzo e minore fratello Niceforo fu nominato gran Drungario (3) dell' armata di mare ed ascritto infra' Sebasti.

XI. Primo si fu mio padre a porre in campo le prefate onoranze e ad applicar loro i nomi, componendo-

———————

(1) Πρῶτος σίβαστος, principe augusto, od un che di simile. Tale onoranza veniva non radamente conferita ai figli dello stesso monarca.

(2) Πᾶς ὑπὲρ σίβαστος letteralmente risponderebbe all'italiano-tutto sopra augusto-augustissimo, titoli creati unicamente per solleticare l' ambizione dei cortigiani.

(3) *Praefectus classis*; grande ammiraglio.

le parte colle disgiunte per lo innanzi, giusta il narrato, ed altre già note volgendo a più recenti usi. Imperciocchè il panipersebasto ed il sebastocratore sono com-
posizioni, ed il significato del nome sebasto venne da lui
cangiato, essendo in epoche più remote questo il nome
del solo monarca; egli pertanto col trasferirlo a nuova dignità lo fece a molti comune accostandoli vie maggiormente al trono. L'unico forse dell'uman genere, il quale sia riuscito colla elevatezza della sua mente e del suo
consiglio ad ordinare sopra fermi principj la scienza del
regno, arte affè delle arti e dottrina delle dottrine; parte di essa, vo' dire l'innovazione de' titoli ed il trovato
d'illustri cariche tendenti ad un variato scompartimen-
to di onoranze con senno dispensate, giovava non poco
al buon governo di tutte le pubbliche faccende. Nè già,
come far sogliono i maestri d'ogni altra disciplina, questo spirito intelligentissimo della scienza del regno im-
poneva nomi alle cose o agli strumenti loro per indicar-
le, ma iva fabbricando siffatte voci ed onoranze per isbra-
mare in varie guise l'ambizione de' cupidissimi, tener-
ne le speranze nella incertezza, ed insiememente colla
mostra d'un solo premio, quantunque di moltiplice a-
spetto, la mercè della varianza de' suoi nomi ed ornamenti, acescarli ad eseguire con integrità le proprie funzioni.

XII. Alquanti giorni dopo la coronazione d'Irene,
e ricorrendo la commemorativa festa del pontefice Giovanni soprannomato il Teologo, Cosma, celebrato il sacrificio nel tempio del santo apostolo, eretto presso l'E-
bdomo, spontaneamente rinunziò la dignità patriarcale,

tenutala anni cinque e mesi nove, e si ritrasse nel monistero di Callia, venendogli surrogato l' antedetto eunuco Eustrazio Garida. In oltre Costantino Porfirogeni-
nito, prole di Maria Augusta, al ritirarsi dal trono il suo
genitore Michele duca si era dato spontaneamente a vivere in privata condizione spogliando i rossi coturni per
calzarne di neri e comunali; ma Botaniate, successore
di Michele, reputandolo per ischiatta e personali doti
meritevole di qualche riguardo, aveagli bensì comandato di proseguire nell' uso dei neri calzari, non indulgente come si volea per accordargli al tutto i rossi,
ma per solo favore concedeagli lo intesservi, a mo' di
rari fioretti, purpurei nodi (quasi ad indicare una fortuna di mezzo infra la privata e la regale coll'artificia-
to collegamento dell' uno e dell' altro colore); se non
che giunto ad ascendere il trono l' imperatore Alessio,
Maria Augusta, valendosi del consiglio di Giovanni Cesare, volle guarentigia e confermazione, mediante rosse
lettere ed aureo suggello, della propria salvezza e di
quella del figlio, come pure che questi ricuperasse la pri-
stina sua condizione, addivenendo altra fiata partecipe
dell' impero, tale essendo stato durante la paterna signoria; ed imperciò ei vestisse da quinci innanzi rossi coturni, ornasse la fronte di augustale corona, ed il suo
nome acclamato fosse unitamente a quello del mio genitore. Le fatte inchieste non a pena conseguite e confermate con diploma scritto e munito d' aureo suggello
furono mandate ad effetto, e Costantino, spogliati i coturni di variato colore, tornò a calzare i compiutamente
rossi, e nelle donazioni, nelle auree Bolle ed in simi-

glianti carte sottoscrivevasi con rosso inchiostro unitamente all' imperatore, cui nelle pompe e processioni era
affatto secondo. Altri poi asserivano che Maria Augusta riportato avesse in virtù di convenzione le antedette guarentigie dai Comneni prima del ribellamento loro.
Che che ne sia Maria Augusta, terminate queste faccende, con numeroso codazzo, e primo in esso il sebastocratore Isaacio, abbandonò la reggia per entrare nel
monistero nomato comunemente Mangana, ed eretto dal-
l' imperatore Costantino Monomaco vicino a quello del
gran martire Giorgio.

XIII. Alessio rettamente cresciuto nella sua fanciullezza, e per le ammonizioni ricevute dalla religiosissima
genitrice serbando profondamente impresso nell' animo
il vero timore del Nume, veniva cruciato da vivo rimor-
dimento al rimembrare la strage, da per tutto innanzi
a' suoi sguardi, cui soggiacque la città, ed il colmo dei
mali e delle sciagure sofferte per ogni dove dagli abitatori di essa nell' entrata de' Comneni. Talvolta l'ottimo,
l' innocenza scevera da colpa, ne' suoi effetti traligna,
facendo montare in superbia ed in soverchia fidanza di
sè chi mai sempre tennesi in guardia dal recare offese.
Costui nondimeno, purchè abbia copia di naturale prudenza e buoni ammaestramenti nel divin culto, stretto in un
subito dalla tema del Nume si turberà e verrà preso da
salutare spavento; e tanto più se datosi ad elevate imprese e giunto a conseguire sublimi e fuggevoli onoranze,
comprenderà addivenirgli massime allora necessaria la
propizia mano del sommo fattore. Ma se questi non
vuol saperne e mostraglisi contrario, che mai potremo

attenderci se non di mirare l'astioso a Dio, o per fallo, o per demenza, o per superbia cadendo in ogni scelleraggine, accrescere a suo danno la celeste ira, e provocata l'umana vendetta essere forzato a cedere il trono appena sedutovisi, e ridotto ad una miseria estrema. Tanto, ben lo sappiamo, ebbe a tollerare Saulle, pel cui reato soggiacque a divisione quel regno. Mio padre alla trista ricorrenza di tali pensieri addiveniva forte amareggiato nel cuor suo, trepidante e costernatissimo, come fosse per piombargli sul capo un severo gastigo dell'Onnipotente in punigione dell'enorme e così moltiplice delitto in cui era trascorso permettendo il saccheggio ed il disonore della città. Imperciocchè di tutte le turpezze e scelleraggini ideate ed eseguite da quella vile mescolanza di genti nell'entrarvi, abusando grandemente della vittoria, egli stesso chiamavasi reo, e come vero, unico autore ed attore del tutto affligevasene con tanta veemenza di pentimento, che nè l'impero, la porpora, il gemmato diadema, le intessute vestimenta d'oro e di margherite poteano in parte alcuna consolarlo. Poichè l'imagine funestissima, ognora presente al suo animo, dell'augusta città oppressa e vilipesa con ogni maniera d'oltraggi e scherni, e ridotta agli estremi della miseria pervertivane con amarissimo cordoglio tutto lo splendore. Non havvi affè di Dio umana mente capace di esprimere col discorso i gravissimi danni cui ella soggiacque, tutti e da per tutto abbandonati essendosi al saccheggio ed al sordido contaminamento vuoi de' privati e pubblici luoghi, vuoi pur de' sacri e veneratissimi, colpa di che intronavan le orecchie sì grandi e sva-

riate lamentele da supporre quelle mura minacciate di
sovversione per effetto di qualche terremuoto. Nulla di
ciò sottraevasi dal sentimento di Alessio, o seducevane
la memoria, non avendovi altri più intelligente di lui, o
più pronto a sentenziare col massimo rigore le sue cri-
minose azioni, di maniera che sebbene, fattosi patrocina-
tore di sè medesimo, cercasse persuadersi che i soli militi erano in colpa delle commesse ribalderie, rispondea-
si nessuno da sè infuori avervi dato occasione, licenza e
principio col ribellare, del cui astio, quantunque fosse
in poter suo il riversarlo sopra que' servi insidiatori,
volea anzi aggravare sè stesso e sanare la propria coscienza col dolore e pentimento, che imponendone altrui
nota. Ritenne adunque fermamente ch'egli giammai riuscirebbe nè in pace, nè in guerra ad imprendere un
bene augurato e felice reggimento della repubblica, se
prima di volgervi la mano e l'animo non adoperasse
con religiosa purgagione di mondarsi da ogni reato. Im-
mutabile in questo proponimento eccolo visitare la genitrice e, fattale palese la commendevole sua perturbazione, addimandarle i mezzi di sedare i proprj rimordi-
menti. Ella con maternale affetto lo accoglie, loda, con-
sola, e di buon grado assume di compierne i desiderj.
Laonde mandano di consentimento reciproco chiamando il patriarca Cosma (non avendo questi per anche
rinunziato la sua dignità) e ad uno i ragguardevolissimi
personaggi del sacro sinodo e dell'ordine monastico.

XIV. Ragunatosi il concistoro vi comparve Alessio
in portamento e contegno non solo di colpevole, ma
di reo già condannato, non essendone le vestimenta, gli oc-

chi, il volto che quelli del più abietto plebeo alla presenza de' giudici prossimi con voto nero a sentenziarlo di morte. Quivi il tutto egli confessa non ommettendo nè il consenso prestato al primo concepimento, nè l'esecuzione dell' opera, nè il fine e lo scopo propostosi in essa, mostrando nella esposizione timor sommo del Nume e viva fede. Supplicavali al postutto che intesa la malattia vi applicassero giusta la sufficienza e potestà loro il rimedio, nè gli usassero cortesia di pene e supplizj, dichiarandovisi di buon volere sommesso. E queglino danno sentenza che soggiacer debbano coll'Augusto ad eguale espiazione quanti altri seco lui congiunti con legami di sangue e di amicizia ebbero in guisa comunque partecipato la sedizione e datovi aiuto, prescrivendo loro il digiuno, il dormire in terra e il di più che sogliono recar seco queste pratiche dei penitenti a fine di ricuperare la grazia divina. Tutti di buon grado accolsero e mandarono ad esecuzione la condanna, e fin le stesse lor donne vollero essere a parte di così grave lutto e squallore; poichè quantunque ben lontane dall' aver cooperato, la mercè del sesso, alla ribellione, opinavano dovere imposto dai vincoli conjugali ed officio di carità il desiderare la partecipazione stessa de' patimenti cui soggiaceano i proprj consorti. Ciascheduna adunque volontariamente si unisce al marito per tollerare con iscambievole rasseguazione il severo gastigo. Laonde nel decorso di tutto quel tempo fu la reggia in ogni sua parte magiona di pianto e lutto. Lutto non vile e dispregevole, nè indicante fralezza d' animo abbattuto, ma onesto, commendabile e

tendente all' acquisto d' un gaudio sempre duraturo, e-
minente prerogativa pari alle altre tutte di cui era possessore l'Augusto, non avendovi un che per lui di più
elevato pregio della religione. Egli adunque sotto alla
porpora durante i giorni e le notti quaranta dell'espiazione vestì la nuda pelle di cilicio, nè ebbe altro letto a
riposo delle sue membra dalla terra o dal pavimento
infuori, apponendovi a sostegno del capo, a mo' d'ori-
gliere, una pietra.

XV. Soddisfatto di questo modo ai doveri impostigli
dalla chiesa diè di piglio con pure mani alle redini dello
stato. Se non che bramando ardentemente di alleviarsi
dalle cure amministrative divisò affidarne il peso alla prudenza della genitrice, serbando tuttavia da principio entro
sè stesso tale determinazione per tema non ella fattane sapevole e sbigottita dal grave incarco avacciasse di compiere il proposito, da lunga pezza costante nell'animo
suo, di professare, abbandonata la reggia, un tenor di
vita più sublime del consueto. Or bene l'imperatore,
voglioso di ritrarla a poco a poco da tale pensiero, la
frequentava come suo consiglio, nè dava passo a faccenda, avvegnachè piccola e lieve, prima di avernela con-
sultata; rendendola in questo modo pratica dell'amministrazione e vie meglio di sè stesso benivogliente col
mezzo d'ognor più stretti e indissolubili vincoli; giunse da ultimo a persuadere e lei e gli altri che nella sola
materna prudenza riponeva sua fiducia del prospero imperiale reggimento, sembrandogli che l'operato senza il
costei assenso riuscir non potesse ad avventurato fine.
Ella pertanto, sebbene amantissima del ritiro, e nulla

ANNA COMNENA. 22

ravvolgesse così volentieri nell'animo e ardentemente
desiderasse come un monistero, ove compiere sua vita
in quiete, non di meno dall'amore del figlio, non avendovi donna che in ciò l'agguagliasse, veniva sospinta
ad essergli aiutatrice nella grande intentata impresa,
ed a porsi al governo d'una nave nè forte, nè a bastanza munita contro il furor del mare e del firmamento,
ed in assai perigliosa condizione. Vie meglio poi sentivane
lo stimolo sapendolo inesperto ed assaporante per la prima volta di tali venti e flutti, come dire, non ancora
quanto era uopo ammaestrato dall'esperienza nel maneggio degli affari, e dalla memoria delle trascorse vicende nel-
l'intrigata e così varia soprintendenza delle pubbliche bisogne d'un vasto impero, agitato in ogni sua parte ed assalito da cotanti nemici. Riportò dunque vittoria
il prefato amore, disponendola a dar mano al figlio nel
reggere le redini dello stato, e nel voler ella da sola a
quando a quando, ma sempre con retto e prospero corso,
a guisa d'auriga, condurre il cocchio della repubblica,
prudentissima in verità e nata pel governo de'regni.

XVI. Annunziatosi di poi, correndo il mese di agosto
e durante la stessa indizione, l'assalimento ed il tragitto
di Roberto, l'imperatore si vide costretto di farglisi incontro coll'esercito, ed opinando giunta l'ora opportuna
di manifestare il divisamento infin qui celato nell'animo
suo, di mettere intendomi alla testa del governo la madre, promulgò un'aurea Bolla conferendole in assoluta guisa l'intera amministrazione di tutte le imperiali faccende.
E poichè s'appartiene all'uffizio dello storico non solo
d'indicare sommariamente le deliberazioni e le geste de'

personaggi illustri, ma di usare eziandio più accurata diligenza per esporle con maggior precisione e chiarezza, noi pure non contenti di avere accennato come che sia il pio affetto di Alessio verso la madre, passiamo a corredare quest'opera degli eterni monumenti di sì grande evento, acciocchè abbiane la posterità più compita e distinta notizia, riportando fedelmente qui trascritta la stessa aurea Bolla, toltovi il solo e superfluo ornato dello scrittore.

Aurea Bolla dell'imperatore Alessio Comneno, mediante la quale egli conferisce alla propria genitrice la potestà di governare l'impero.

*Nulla è comparabile ad una buona madre, che ritiene come sue le prosperità e le sciagure della prole: non havvi di essa più forte soccorso o amuleto vuoi al prevedere un imminente pericolo, vuoi al paventare un che di tristo e maninconioso, poichè se nell'antivedimento d'un sinistro ella ti sia larga di consiglio lo troverai sicuro ed efficace; se per rimovere un male superiore alle umane forze indirizzi al Nume prieghi e voti, questi per certo addiverranno tanti invincibili satelliti intorno a'fianchi e veglianti alla difesa di chi hanno in custodia contro ogni maniera d'insidie. E tal sia per lunga esperienza ci vien confermato dai provvedimenti della santa e venerabile nostra genitrice e signora, mediante i quali dalla più tenera età sino al corrente giorno fummo da lei cresciuti. Ella ci nu-*

tricò, ella c'instruì, ella sola fu il tutto onninamente per noi. Dimessi pertanto ed emancipati dal suo grembo per introdurci nel senato e nel maneggio della repubblica non potemmo dimenticare il suo grande amore fin qui portàtoci ed il rispetto ognora dovutole; anzi fu esso di poi corrisposto da pari filiale dilezione affermatale con tutte le pruove di fedeltà e riverenza. Fu mai sempre intra noi un sentimento unico, una sincera concordia, sola un'anima in due corpi. E cotanta affezione, la Dio mercè, si è così integramente serbata infino a questo punto che giammai ebbe a patire offuscamento o la più lieve offesa, neppur dal sono giunto alle orecchie di quelle frigide parole il mio, il tuo. Dal che riportammo, unitamente ad altri molti profitti, quello principalissimo d'aver ella fatto voti e porto di continuo ferventissime preghiere al Cielo, in virtù delle quali, tanto piamente crediamo, il Nume c'inalzò all'apice di questo impero. Nè di poi unqua desistette, quasi per colmare con nuovi meriti la prima sua benivolenza, dal sommettersi spontaneamente a partecipare le nostre fatiche, ora, compassionandoci, per alleviarne le cure e gli affanni, ed ora, dandoci consigli di comune vantaggio, per mitigarle e diminuire. Noi dunque pronti ad intraprendere una necessaria spedizione, pieni di fiducia sia questa per avere propizio il Nume, contro nemici di Romagna, e forte occupati nel far leva di truppe e nell'ordinare tutta la belli-

ca disciplina; aggravati a simile dagli affari politici e
giudiciali, non meno laboriosi che di nostra spettanza,
ci troviamo appena sufficienti ad attendere con rettitudine alle molte e così variate incumbenze; quindi opi-
niamo non avervi di meglio che il fidarne l'amministrazione alla sapienza della venerabile e santa nostra genitrice. Decretiamo pertanto e ordiniamo col presente diploma guernito di aureo suggello, che la prefata venerabile nostra madre, in virtù della sua grande sperienza
nelle umane e secolari bisogne, avvegnachè sempre da lei
con religioso animo dispregiate, possegga da quinci
innanzi assoluta facoltà di governare giusta il suo
volere ed arbitrio, così a voce come per iscritto,
ogni cosa, o abbiane referto dal presidente dell'universale giudicatura o da altro de'secondarj ministri cui
spetta la compilazione vuoi de'sommarj, vuoi de' li-
belli o delle sentenze; e quanto ella sarà per rispon-
dere a ciascuno di essi, ovvero per istabilire intorno
a qualsivoglia ramo della politica, a mo' d'esempio
ai proventi dell'imperiale tesoro ed alla condonazione
de'pubblici debiti a sollievo degli indigenti, comandia-
mo che infallibilmente venga posto in opera ed a noi attribuito, riportando così l'egual fermezza e valore d'un
mandamento scritto o vocale della stessa maestà nostra presente. Ogni risposta, dico, e soluzione degli
insorti dubbj da lei avute, tutte i suoi ordinamenti,
scritti o non iscritti, con o senza motivo, soltanto im-

*prontati del suo suggello, rappresentante le immagini
della Trasfigurazione e della morte, vogliamo sieno
accolti ed osservati quali risoluzioni o decreti fatti,
per diritto del comando supremo, dalla stessa imperiale nostra persona. Così pure correndo il mese di
colui che temporalmente amministra la giustizia non
solo in materia di promozioni e successioni de' giudici,
e degli officiali del foro e del consistorio (1), ma e-
ziandio nel conferimento delle militari prefetture e delle
altre dignità e cariche, non escluse le donazioni degli immobili riservate all'autorità regale, ingiugniamo
che la stessa venerabile nostra genitrice abbia piena
facoltà di stabilire quanto le attalenterà, e tutti quelli
così della milizia come del consistorio, i quali verranno dalla stessa inalzati ad onoranze, o per voler di
lei ed in forza d'un suo comando le avranno conseguite, o vero in altra guisa vi saranno pervenuti, e del
pari gli elevati da lei alle somme, medie o ìnfime dignità, intendiamo che abbianle a possedere, esercitare
e costantemente godere franchi da pericolo comunque di
perderle. Oltre di che ella avrà pieno diritto, rimosso o-
gni dubbio, d'istituire, costituire e decretare a suo
buon grado l'aumento degli stipendj e del caposoldo (2),
le caritatevoli remissioni di que' tributi nominati* con-

---

(1) Ragunamento di sagge persone scelte dal sovrano per
valersi de' loro consigli nel governo dello stato.

(2) È quello che si aggiunge al soldato benemerito sopra
la paga.

suetudini, *come pure la sospensione e l'aumento loro.*
*In fine, riepilogando il tutto, nulla dello statuito da lei,*
*o per iscritto o senza, dovrà estimarsi vano o mal fon-*
*dato. Poichè le sue parole ed i suoi comandi si repu-*
*teranno derivanti dalla stessa nostra maestà, e neppu-*
*re un che di essi potrà annullarsi e rimanere privo di*
*effetto; dureranno per lo contrario in qualsivoglia*
*tempo fermi, invariabili e giammai sottoposti da per-*
*sona al mondo a disamina, inquisizione o ritratta-*
*mento, nè bisognevoli di approvanza e confermagio-*
*ne onde sieno di pieno effetto e valore. Chiunque di*
*pari conformità le avrà porto assistenza o fattine i*
*comandamenti, compresovi lo stesso temporale logo-*
*teta de'segreti (1), siano come si vogliano in apparenza*
*bene o male consigliati o decretati, non potrà unquemai*
*essere da chicchessia costretto a comparire sotto questo*
*titolo in giudizio a difendere e giustificare l'operato.*
*Imperciocchè dichiariamo e decretiamo in forza della*
*presente aurea Bolla, fatta di moto proprio, che quan-*
*to sarà per essere deliberato e posto in esecuzione*
*dalla nostra genitrice debbasi riferire all'autorità*
*nostra, e rimanere fermo, rato e stabile in ogni tem-*
*po.* Fin qui la bolla.

--------

(1) Cancelliere. Quegli che ha la cura di scrivere e regi-
strare gli atti pubblici de' magistrati; e quegli che scrive e
detta lettere di principi, di signori, di signoria, e simili, e
che in oggi particolarmente vien nomato segretario.

XVII. Ora chiunque prenderà in considerazione questa imperiale patente non potrà a meno di ammirare e commendare il filiale affetto di mio padre Alessio Augusto, il quale un vero nulla si ritenne avendo renduto partecipe la madre di tutti i diritti e gli onori della potestà suprema, e per fino sembrando, quasi direi, che discendesse dallo stesso trono imperiale per metterla in sua vece al reggimento della repubblica, serbandosi non più che il carico, siccome proprio del suo ministero, di comparire e far delle corse ne' ditorni, ed il solo nome d'imperatore; tanto egli opera di già pervenuto dal fior di sua vita all'età virile, età in cui la brama del comando suol farsi vie meglio sentire negli individui così nati, cresciuti e posti in tale condizione. Nè certamente fe'velo col pretesto dell'onoranza materna ad una sterile infingardaggine, o si procacciò, simulando scaltrita riverenza, tranquillità sicura. Imperciocchè volle di sua ragione i pericoli e le fatiche della guerra contro a'barbari; le altre bisogne poi, tali che l'amministrazione degli affari, le nomine de'magistrati, l'ordinamento de'tributi e delle pubbliche spese, affidò alla madre. Ed abbiavi pur chi lo dica di soverchio liberale e generoso trasferendo la reggia nel gineceo, e giudichi affatto immeritevole di approvazione l'aver commesso a donna l'universale governo di così vasto impero. Ma s'egli porrà mente, avendone contezza, alle costei doti grandissime di prudenza, di virtù e d'un ingegno fornito di ben rara penetrazione, riavutosi dal biasimo passerà tosto ad ammirare e lodare l'imperiale consiglio. Per verità era sì maravigliosa l'attitudine di questa mia avola nel maneg-

gio e nel condurre a buon termine gli affari e sì grande il
potere e la perspicacia del vastissimo suo intelletto nell'ordinare e disporre le brighe civili, che detta l'avresti non
pur idonea a reggere ottimamente negli estesissimi suoi
limiti il romano impero, ma bensì tutti i regni insieme
riuniti ed irradiati dal sole. Conciossiachè dotata per
lunga esperienza di molta pratica nelle vicende umane
e d'un ingegno mirabilmente destro nel vedere con somma chiarezza la natura e l'importanza degli affari,
punto non indugiava a comprendere donde fosse uopo cominciare in ognuno di essi, in che modo e fin
dove proseguirlo, e quali fossero gli idonei mezzi a dar
loro appoggio; di colpo antiveggendo gli ostacoli che an-
drebbonsi ad incontrarvi, e mai sempre ferma e costante
nel mandare con prudenza a compimento il miglior partito cui appigliarsi. Nè fra le molte sue prerogative
d'ingegno e discrezione mancava di quella facondia propria della rettorica, sortita avendola innata seco, e ben
simile all'acquisita; per liberalità della natura, non per
beneficio dell'arte, fatta eloquentissima e versatissima
nel persuadere, non già fornita di quella verbosa facondia o interminabile garrulità, nè tampoco interrotta nel
dire e soffermantesi nel mezzo di esso quasi per diffalta
repentina di fiato. Solea in cambio a luogo e tempo e-
sordire e condurre a perfetto compimento il discorso,
ed a riuscirvi non le fu di poco vantaggio l'essere stata
assunta al governo dell'impero in età provetta, quando
la prudenza ottenuta e resa stabile dalla pratica è nel
suo massimo vigore, e quando l'arte di trattare saggia-
mente gli affari e la multiplice scienza regolatrice ed

amministratrice delle umane cose giunte sono al più
sublime grado. Nè tale età va unicamente adorna del
pregio attribuitole dalla tragedia pronunziandola consueta a parlare con maggior prudenza de' giovani, ma
sì bene di più utili consigli e più verace sapere. Al postutto quanta dovizia di senno racchiudessero i molti
anni suoi, fattone cumulo nel trascorrimento loro, di leggieri lo testimonia quell'universale consenso che face-
vala infin dalla sua gioventù nominare un miracolo di
senno, manifestando anche allora la maturità della
canizie, e colla sua presenza e compostezza del volto e
degli atteggiamenti dando a prima giunta a chi rimira-
vala non dubbio saggio di naturale virtù e maestoso
contegno.

XVII. Mio padre dunque non appena venuto in
possesso dell'impero collocò sopra il trono regale questa sua madre, come narrava, volendola spettatrice e giudice de'suoi certami e sudori, appellandola e stimando-
la sua signora non tanto per vaghezza di nome, quanto
per ossequiosa obbedienza, professandole amore e rispetto molto al di là della comunal guisa, per non dire
con umiltà servile. Sottoposto interamente ai consigli di
lei rendeva la sua destra serva della materna lingua, e
le sue orecchie solo intente ad accoglierne le voci ed
i precetti. Di più ogni suo cenno di approvazione o
riprovazione originava dagli anticipati materni divisamenti, accostumatosi lei presente o lontana a non appalesarsi giammai di contraria sentenza; non altrimenti andava la bisogna. Alessio apparentemente, Maria in realtà occupava il regno; ella sentenziava, dava

leggi, governava, disponeva l'occorrente. Il figlio quin-
.di confermava gli scritti decreti apponendovi il proprio
nome, e convalidava le deliberazioni vocalmente fatte
col suffragio a simile della sua voce; di modo che, vaglia il dirlo, mio padre non era l'imperatore, ma il materno strumento dell'impero, sì tanto addivenivagli accetto e meritevole d'encomio il costei operato; nè solo
obbedientissimamente secondavala come genitrice, ma
eziandio prestavale attento e docile orecchio quale
maestra intelligentissima dell'arte di regnare, avendola
più che sperimentata di squisito acume d'ingegno nel
corre l'ottimo partito cui attendere in qualunque affare
e nel seguirlo colla massima rettitudine; superiore, nè
poco, a tutti coloro che godevano rinomanza di prudenti
ed esperti amministratori. Tali furono i principj del regno
di Alessio, indicanti aver egli quasi a tedio il mirarsi
autocrate, vo'dire elevato ad una assoluta generale dominazione, essendo questo il volgar nome del supremo
dominio, col trasferire nella propria madre una volta per
sempre la facoltà di reggere come più le attagliasse l'impero.

XVIII. Qui altri in mia vece potrà, volendo, con
isfoggio di precetti rettorici in così degno argomento
levare a cielo la schiatta della nostra eroina discendente
dagli Adriani Dalasseni e Caroni, ed a tutta briglia condurre le bianche quadrighe dell'eloquenza in vastissimo
campo di lodi. Imperciocchè è mio uffizio, compilatrice
d'istoria, il renderla insigne non adducendone la prosapia
o il sangue, o se dall'uno o dall'altro traesse la origine,
ma bensì i costumi e le virtudi, e per questo entro i

limiti del convenevole e di quanto comporta il genere
e lo scopo dell'intrapeso lavoro; proseguirò dunque ad
esporre ciò ch'emmi vietato di passare con silenzio. Ella
fu grande ornamento non solo del proprio contempora-
neo sesso, ma degli uomini stessi, e niente meno che
il comune decoro della natura umana. Pruova ne sia
l'avere infin dal principio del suo reggimento ricondotto
e forse levato a maggior perfezione la primitiva illibatez-
za di vita nel palazzo delle auguste, donde l'onore e
la buona fama eransi sbandeggiate sin da quando le redini dell'impero giunsero nelle mani di Monomaco, addivenuto in allora quel venerabile sacrario camera di va-
nitade e turpi amori. E vaglia il vero fu sua opera lo
stabilire là entro un tanto acconcio e commendevole
ordine, che dirsi potea convertita la maggione dei re
in asilo di religiosa famiglia. Eranvi in fatti ore determinate ad udire ed inalzare col canto inni al Nume,
a sostentare col cibo il corpo, ed a trattare con misura
gli urbani e politici affari. Ella, rendutasi tipo ed
esempio di ogni lode, prodigio superiore all'umano
intendimento ed a quanto suole ordinariamente avvenire nella natura, precedeva, traendo seco tutta la
corte, ovunque tramandante raggi di onestà e pudicizia
per modo, che messa al paragone colle decantatissime
eroine modelli un tempo di probità, sembrerebbe, a non
dubitarne, il sole comparato alle stelle. Qual lingua poi
giugnerà ad esprimere in idonea guisa la costei misericordia verso de'poveri, o la generosità di sua mano a pro
degli indigenti? era la reggia comune asilo di tutti i
meno doviziosi del parentado, e vi trovava conforto il

bersagliato da comunque trista fortuna. Portò sempre di preferenza rispetto ai sacerdoti ed a' monaci, avendo gli ultimi famigliarmente suoi commensali, e con frequenza tale che mai fu veduta assidersi al desco e non lo partecipare con essi. Di venerabile apparenza per gli angeli, di terribile pe' demonj, se avvenivasi a lascivi e voluttuosi li affisava con sì rigido sguardo che rendeali nella impotenza di reggere alla severità di quell'aspetto, altrettanto propizio ed ilare co' modesti. Imperciocchè benissimo conoscendo e possedendo la misura della tristezza e della giovialità non compariva in alcun tempo nè di soverchio austera ed intrattabile, nè colle gentili sue maniere piacevole oltre i limiti, onde schivare la nota, quasi diremmo di leggierezza. Così mediante non so che artificio ed incitamento a virtù moderando l'affabilità col rigore ella riuscì nelle giuste proporzioni amabile ad uno e degnissima di rispetto, quantunque sortita dalla natura tristo e silenzioso carattere. Del rimanente applicavasi di continuo a concepire nel suo animo e svolgere nuovi e nuovi pensieri, non perniciosi alla repubblica, giusta le dicerie delle cattive lingue, ma salutari di fermo e conducenti a ritornare, come possibil fosse, il già rovinato e quasi distrutto reame al pieno decoro della primitiva grandezza. Quantunque poi gravata dalla mole degli affari, non volea tutta via rimanerne per modo oppressa che venissele meno il tempo di attendere ai religiosi officj della monastica vita, quale appunto nella reggia medesima stabilito avea di professare. Consumava quindi la maggior parte della notte recitando per intiero gli inni divini a norma della ecclesiastica partigione in compito giornaliero

per tutto l'anno ; oltre di che sottraeva ore non poche al
sonno per dedicarle particolarmente alla preghiera ed e-
sercitare atti di religione, portando impressi nello squallore del fiaccato e consunto suo corpo segni manifestissimi
della forzata veglia notturna. Quindi al dileguar delle
tenebre, vicino all' aurora, e tal fiata dopo il secondo
gallicinio, davasi tutta alle pubbliche cure decretando
quanto era mestieri intorno ai comizj ed alla scelta dei
magistrati, e rispondendo alle petizioni de'supplichevoli
o de' necessitosi di consiglio, assistita in questo lavoro
dal segretario Gregorio Genesio.

XIX. In verità se un retore imprendesse ad ornare col
discorso e colle tinte dell' arte gli antedetti argomenti ,
come potrebbe a meno di non persuadere essersi costei
non solo renduta superiore a quanti narransi ab antico,
d' ambo i sessi, montati in altissimo pregio di virtù, ma
di avere per anche ottenebrati i loro più splendenti raggi
di gloria? Da senno che non avverrebbe altrimenti, ov'e-
gli con vibrate ed acconce sentenze e con isquisito
apparato di scelti concenti si accingesse a celebrare le
azioni considerate in sè stesse della nostra eroina e ad i-
stituirne colle altrui un parallelo, dando maggiore impulso alla sua facondia , come vogliono i precetti del-
l' arte, onde vie meglio far comprendere il grandissimo
intervallo di preminenza che loro si conviene. Ma noi,
professata la storica semplicità e quindi impedite di ricorrere all' arte oratoria, è giusto che riportiamo venia
da quanti forse di veduta o pratica stati essendo testimonj della virtù, magnifica dignità, prontezza di saga-
cissimo ingegno in tutte le circostanze, e prestantissima

sapienza di questa matrona, rimarranno sorpresi od
anche monteranno in collera osservando qui trattato con
freddura e grettezza così grave ed illustre suggetto. E'
si pare inoltre che il motivo stesso dell'intrapreso lavoro non mi consenta di proseguirlo molto diffusamente;
la quale rimembranza sebbene di continuo ferisca le mie
orecchie e distolgami dall'andare più innanzi, pure non
so indurmi, una volta deviatane, a farvi sì presto ritorno. La stessa mia avola poi non solea dedicare l'intiero
giorno all'imperiale reggimento, ma in determinate ore
davasi agli uffici di religione, assisteva al sacrificio litur-
gico, giusta la canonica usanza, nel tempio della martire santa Tecla, fatto costruire dall'imperatore Isaacio
Comneno per tal quale cagione, che passiamo ad esporre.

XX. I principali infra Daci annoiati della fatta lega
in altri tempi co' Romani, e divisando poterli guerreggiare, cominciato aveano i loro assalimenti; uditone i Sauromati, detti ab antico Misii ed abitatori di là dalla ri-
pa dell'Istro, dove questo fiume col suo alveo segnava
il termine della romana signoria, disdegnarono pur essi
di rimanere più a lungo entro de' proprj confini Laonde travalicatili pervennero armata mano sulle nostre
frontiere per vendicarsi cogli innocenti Romani, trasan-
dati per impotenza i veri nemici, delle offese ricevute
dai Geti, che d'altronde colle scorribande e co' ladronecci erano addivenuti loro molesti. Per queste cagioni adunque saliti in furore ed avendo noi a vile, colta l'opportunità del congelamento dell'Istro, inoltra-
rono per quella superficie, non altrimenti che segnas-
sero orme sopra terra ferma, ed a mo' non di scorreria,

ma di compiuto traslocamento l'intiera nazione si pose a stanza sulle nostre frontiere con grave danno del paese e delle città confinanti. A tale annunzio l'imperatore Isaacio estimò conveniente di occupare Triaditzam; tolta così agli orientali barbari la facoltà d'imprendere o di nuocere li obbligò, sebbene lor malgrado, a rimanere tranquilli; quindi non avendo più che temere di là, marcia con tutto l'esercito alla volta de' Misii per mandarli fuori delle romane terre. Costoro impauritisi alla vista dell'esercito e del condottiero si divisero in contrarj pareri, inclinando parecchi alla pace. Se non che l'Augusto risoluto di non prestarvi orecchio muove ostilmente egli stesso colla schierata falange a combattere la più munita parte del campo loro, e coll'improvviso arrivo, facendo mostra così da vicino della propria persona e delle sue truppe, destovvi grave scompiglio. Sì tanto in vero ch'e' non osavano rimirare l'armato duce vibrante lor contro terribili e fulminei sguardi; l'ordinanza inoltre della falange, e l'unione ed il collegamento degli scudi con artificio indissolubile insieme congiunti presentavano orribile spettacolo a quegli occhi avviliti. Si ritirarono pertanto e di maniera che nel medesimo giorno, abbandonate quivi le tende, ma colla minaccia di tornare, scomparvero; in fatto nel terzo dì eccoli novamente ad intimare battaglia. Se non che Isaacio addivenuto padrone del campo affardella e retrocede vincitore. Di là giunto alle radici del monte Lobitza è sorpreso da strabocchevole pioggia e da neve intempestiva, correndo il dì ventesimo quarto di settembre, dedicato a solennizzare la memoria della gran marti-

re Tecla. Il perchè gonfiatisi immensamente i fiumi, ed
inalzate lor acque grandissimo tratto sopra le sponde,
all'istante inondarono la pianura, ov'erano l'imperial
padiglione e le tende a riparo di tutto l'esercito, dan-
dole l'aspetto d'un estemporaneo mare. La vittuaglia
in un colle bagaglie furono per intiero ingojate e seco
trascinate dalle acque. Gli uomini ed i giumenti agghia-
davano dal freddo; l'aere muggiva con orrendi tuoni,
e non balenava già ad intervalli dando a otta a otta tregua la celeste fiamma; sì bene ovunque ti facessi a mirarlo, somigliava a non interrotta ammosfera di orrido
fuoco.

L'imperatore durò qualche tempo nel massimo
cordoglio alla vista di cotanto grave sinistro; di poi al
mitigarsi un poco l'impeto della burrasca die' pur egli
segno di respirare alquanto, e traendo con avidità profitto da questo allentamento, seguito da scelto numero
de' suoi militi campati dai vortici delle onde, che som-
merso aveanne di molti, ebbe opportunità di riparare sotto
un alto e grosso faggio. Se non che fattavi breve dimora
sorpreso da fortissimo strepito proveniente dal mezzo
delle fronde stesse del ramoso albero, ed osservata la
rabbiosissima foga de' venti, che da imo a sommo agita-
vano con gagliardia la pianta, si ritrasse tutto trepidante, e preferì anzi rimanere a cielo aperto, che sotto il
mal sicuro asilo. Allontanatosene poco più di quanto e' si
parea necessario, perchè l'albero precipitando non piom-
bassegli sopra, quivi tutto impaurito s'intratteneva: ed
ecco, fosse quasi in aspettativa di ciò ch'era per avvenire, la travagliata quercia, con ispaventevole fracasso e

grande scuotimento del suolo per lunga tratta, cadere schiantata fin dalle profonde sue radici. L'Augusto allora comprese immediatamente essere opera divina il beneficio della propria salvezza, e divulgatasi in
questa la voce di qualche ribellione tramata dagli o-
rientali retrocedette con prestezza somma in Costantinopoli pieno la mente del pensiero d'inalzare un ele-
gantissimo tempio alla gran martire Tecla, impiegandovi largo danaro e decorandolo con ogni maniera di
ornati assai pregevoli non meno per la materia che per
la esecuzione. Quivi egli, tosto compita l'opera, venerando con rito cristiano il Nume gli rendè grazie del-
l'averlo così mirabilmente salvato, e di poi assiduo fre-
quentollo per farvi le sue preghiere. Mercè di che eziau-
dio l'imperatrice madre dell'Augusto scelto avea lo stesso
tempio consacrato a Dio, come narrava, per assistere cotidianamente a' pubblici doveri di religione. La qual
donna ebbi pur io la fortuna per breve tempo di vedere ed ammirare, sebbene viva in me la fiducia che le
sue accennate virtudi riportar debbano piena fede anzi
invocando la pubblica universale contezza e la sincera
confessione dei non invidi, che la oculata testimonianza
della scrivente. Poichè, lo ripeto, se fossimi proposta di
tessere un elogio invece d'una storia, molto più certamente mi sarei dilungata riferendo altre pie e commendevoli azioni di questa matrona, ma è or mai tempo di
rannodare il filo, da lunga pezza interrotto, delle pubbliche bisogne.

XXI. Alessio vedendo l'impero agli estremi, deva-
standone i Turchi le orientali provincie, ed alle occi-

dentali sovrastando Roberto, il quale movea ogni corda
per mettere sul trono il falso Michele, o, meglio ancora, valeasi furbescamente del pretesto d'un omiciatto
onde far pago il desiderio da pezza natogli e fin qui rimaso nella sua mente di aprirsi la via all'imperio; cupidigia che, dal fumo e dalla cenere divampata in fiamme da per tutto minaccevoli, avea già principiato da occaso ad abbruciare col suo grande e veemente incendio
le romane frontiere, essendosi ovunque per la terra ferma da lei raccolto numerosissimo esercito ed in molta
copia apprestate nelle piagge di que' mari triremi, e biremi da rimorchiare, e navi da carico di per sè veleg-
gianti. Il valoroso giovine, ripeto, vedendo, e considerando ne' principj del suo impero così gravi ostacoli
forte agitavasi, non a bastanza certo da qual parte si
dovesse rivolgere, di là traendolo i Turchi a combattere, di qua i Normanni. Principalmente poi lo contrista-
va il meschino e deplorabile stato delle romane truppe
ridotte a trecento comateni, e questi nè fermi, nè dall'e-
sperienza ammaestrati. Gli ausiliarj inoltre componevan-
si di ben pochi barbari spettanti alla classe di coloro, i
quali sogliono portare pendenti dall'omero destro, a foggia di scuri, spade a due tagli e fornite di manico. Nè
l'esausto erario potea somministrar pecunia per fare
leve di milizie, o chiamare gli aiuti de' popoli confederati, essendosi dai reggitori dell'imperio nel corso di alcuni anni addietro in forza vuoi di comandamenti, vuoi
di trascurataggine con tale scioperatezza ed imprudenza
condotti gli affari che la buona fortuna del nome romano sembrava toccare gli estremi. E che sì; ricorda-

mi di avere udito dai loro vecchi e da coraggiosissimi
guerrieri, i quali non avvilisconsi per poco, essere stata
cotanta la miseria entro queste mura, vicino all' epoca
in cui Alessio pervenne alla monarchia, rintronante allora
nelle orecchie e negli animi dell' intiera cittadinanza la
voce e lo spavento delle guerre turca e normanna, quanta a memoria d' uomini, quanta per lo innanzi non ebbene a patire altra popolazione.

XXII. Tali imbarazzi distraevano per verità la mente imperiale in varie cure, ma non distoglievano il suo
animo, generoso e confidente nella pratica e scienza
guerresca, dalla speranza di riuscir tuttavia, coll' aiuto
divino, a condurre sana e salva la nave della repubblica in sicuro porto, risolvendo in ischiume, quali flutti
urtati contro a scoglio, i nemici che osassero fargli
opposizione. Pieno di questa speranza e fermo nel proposito mette mano all' impresa, ed innanzi tutto opina
di chiamare presso di sè i comandanti delle città e fortezze lungo i confini orientali, onde prestassero alla repubblica braccio possente col respignere gli assalti de'Turchi. Scrive dunque tosto a Dabateno prefetto della pon-
tica Eraclea e della Paflagonia, a Burtzen toparca (1)
della Cappadocia e della Comatena, ed agli altri in comando per que' luoghi, significando loro di essere campato, per benefizio della misericordia divina dall'imminente pericolo delle tramategli insidie, ed asceso l' imperial trono. Commette loro inoltre che muniti d' idoneo presidio i luoghi ad essi fidati, lo raggiungano pre-

---

(1) Governatore, reggente

stamente nella capitale col resto della soldatesca e con
leve quanto mai possono copiosissime di nuovi soldati.
Dopo di che volta la mente alle occidentali faccende
escogitava i mezzi di resistere a Roberto e d' impedire
a tutt'uomo che i duchi ed i conti non proseguissero ad
unirglisi come aveano cominciato a fare. E di questo
pensamento s' avea Monomacato, il quale, come già ri-
ferivamo, da mio padre, non per anche in possesso del-
l' imperio, richiesto di pecunia mandavagli sole parole,
scusandosi coll' avere obbligato sua fede al regnante;
era quindi giusto il timore non costui, udita la rinunzia
di Botaniate, si desse a Roberto. Il perchè sollecito a
preoccuparlo spedisce suo genero Giorgio Paleologo a
Dirrachio (città illirica) coll' ordine di tentare ogni via,
salvo la violenza, privo del necessario per riuscirvi armata mano, a fine d' indurlo a partire. Inculcavagli altresì di fortificare l' antedetta città contro gli apprestamenti di Roberto, risarcendo le mura e le macchine, e fabbricandone di nuove; si guardasse al postutto
dall' apporre chiovi comunque al legname della merla-
tura, acciocchè il presidio potesse agevolmente rove-
sciarlo, giunta l' ora della scalata, sopra i latini assalitori. Scrisse del pari lungamente ai prefetti delle città
marittime ed agli isolani, esortandoli a non perdersi di
animo, nè ad annighittire, stessero in cambio cogli occhi intenti a Roberto per tema non questi, colpa e vergogna loro espugnate le città ed isole confinanti, pren-
desse in seguito a trambustare la repubblica e l'impero.
Così di contro, ma ben anche altro mene gli tramò dà
tergo, adoperando, intendómi per via di lettere ad ini-

micargli Germano duca della Longobardia, il romano
papa, ed Erbio arcivescovo di Capua. A simile con
generosi doni all'atto, colla promessa di ben maggiori
nell'avvenire, e colla speranza di onorevoli premj stu-
diossi renderlo odioso a tutti i principi e duchi delle galliche regioni. Nè operò indarno; essendo che parecchi di
essi allettati dalle offerte disdissero a Roberto lor amicizia, ed altri obbligaronsi, ricevendo più rilevanti largizioni, di fare lo stesso.

XXIII. Ma nella persuasione che vie meglio degli antedetti avrebbe potuto re Enrico trarre a mal partito il rivale si pose con particolar diligenza ad acqui-
starne la grazia e indurlo a strigner lega seco. Laonde tentatolo una e due volte con blandissime lettere e
con assai larghe promesse, allorchè lo conobbe non
lontano dall'aderire gli svelò per intiero il suo animo
in questo terzo foglio speditogli col mezzo di Cherossalte.

*L'imperiale nostra maestà fa voti e si congratula
teco, arcipotentissimo e cristianissimo fratello, che gli
stati del fermissimo tuo dominio vadano tutto dì pro-
sperando. Che mai, a fè di Dio, può avervi di più convenevole alla nostra religione, cui è provatissima la
tua pietà verso il divin culto, dell'augurarti ogni be-
navventuranza, e del rivolgere al comun Signore prieghi affinchè le cose tue procedano sempre di bene in
meglio? E di verità la propensione del tuo buon volere a
nostro riguardo e le determinazioni prese onde trattare
giusta i suoi meriti quello scellerato e fanatico nemico
del Nume e de' cristiani, chiaro appalesano il grande
affinamento e la santità dell'animo tuo, e rendon testi-*

*monianza infallibile per sè stesse della tua fede e sincera affezione all'Onnipotente. Ora, per venire a noi, dirotti che gli affari di questo nostro impero in gran parte fioriscono ed egregiamente procedono, solo alcun che traballanti laddove Roberto li conturba. Ma, se dobbiamo por fede in Dio e ne' suoi retti giudizj, una pronta morte andrà a colpire l'uomo iniquissimo; poichè il Nume non permetterà in conto veruno che la verga de' peccatori graviti più a lungo sopra il suo patrimonio. Ferme poi le nostre convenzioni di mandare dall'imperiale nostra maestà alla potentissima tua signoria cenquarantatrè mila nummi e cento porpore, il tutto si è già spedito col mezzo di Costantino protoproedro e catepano delle dignità (1), secondo il volere del tuo fedelissimo e nobilissimo conte Buloardo. La qual somma di pecunia componesi di argento battuto e Romanato (2) di antica stampa; ed appena la tua signoria avrà dato il giuramento e sarà di ritorno negli stati longobardi verrà incaricato Bagelardo, fedelissimo alla maestà tua, di recarti gli altri promessi dugento sedici mila nummi, e gli stipendj delle venti accordate onoranze. Quantunque poi non dubiti che la tua nobiltà abbia avuto prima d'ora contezza di quanto sia uopo giurare, non di meno ti verrà più chiaramen-*

---

(1) Προεδρος, primo presidente, officio della greca chiesa; Κατεπανος, soprastante alle dignità. In generale preposto ad ogni maniera di cose.

(2) Ρωμανατος. E'si pare fosse certo danaro battuto per ordine e coll'imagine di Romano Diogene augusto.

te esposto dal protoproedro e catepàno Costantino, cui furono commessi dalla nostra imperiale maestà tutti gli articoli che debbonsi addimandare ed essere da te sagramentati. Conciossiachè alloraquando si passò agli accordi infra la maestà mia ed i legati dalla tua signoria speditimi, ne furono prodotti alcuni rilevantissimi e necessarissimi, intorno a' quali avendo esposto i rappresentanti della nobiltà tua di non avere mandato, la maestà mia prolungò loro il giuramento. Or dunque lo si compia dalla tua nobiltà, come il tuo leale e degno Alberto affermò alla maestà mia e come la maestà nostra addimanda, con un'aggiunta di somma urgenza. Cagione finalmente dell'indugio e della tardanza del tuo fedelissimo e nobilissimo conte Bulcardo si fu la brama della maestà mia che fossegli presentato il mio carissimo nipote figlio del felicissimo sebastocratore dilettissimo fratello della maestà nostra, onde annunziarti al suo ritorno la forza e l'acume dello spirito, in così tenera età, del fanciullo, du che è mio costume di fare minor conto dei pregi esterni e spettanti al corpo, sebbene egli anche di questi vada abbondantemente fornito, come udirai dal tuo legato, il quale dopo qualche dimora nella grande e regale nostra città lo vide e conversò a tutto bell'agio seco. E poichè l'amabilissimo figlio del mio germano io l'ho come da me generato, avendomi privo il Nume di prole maschile, nulla impedirà, col volere del Cielo, che l'amicizia di già tra noi esistente venga nel tratto successivo corroborata eziandio la mercè d'una strettissima parentela. E per cosiffatto pegno una eterna concordia ci legherà scam-

*bievolmente non solo come cristiani, ma ben anche per essere di nuziale affinità congiunti; di questo modo forti-ficatosi l'uno colla potenza dell'altro, addiverremo ambedue, piacendo al signore Iddio, terribili ai nostri avversarj. Mandiamo alla tua nobiltà in argomento di felice augurio i piccoli doni seguenti: Un'aurea croce ornata di grosse perle da portarsi ricadente, volendo, sopra il petto; un'aurea teca con entrovi reliquie di parecchi santi, i cui nomi sono indicati dallo scritto apposto ad ognuna di esse; un calice inoltre di pietra sardonica ed un bicchiere di cristallo; una piccola scure astriforme con aureo fermaglio, e balsamo. Prolunghi il Nume la tua vita, dilati i confini del tuo dominio, e renda conculcati ed infami tutti coloro che ti nimicano. Abbiavi pace e tranquillità presso i tuoi sudditi, ed un sereno sole risplenda sopra tutta la terra a te soggetta. Sieno i tuoi nemici in obbrobrio, e ti conceda la celeste potenza del Nume inespugnabile forza ed accertata vittoria, sì grandemente amando tu il vero nome di lui, ed armando il tuo braccio contro de' suoi oppositori.*

XXIV. Alessio augusto, dalla regale città date queste disposizioni per l'occaso, e rintracciando con accuratezza ogni mezzo onde contradiare gli ostili divisamenti appalesatisi e di già in atto verso la sua persona e la repubblica romana, s'apparecchiava al minaccevole e sovrastante periglio. Or dunque al mirare gli empissimi Turchi di piè fermo all'intorno della Propontide, come abbiamo di sopra accennato, Solima, governatore di tutto l'Oriente e di stanza in Nicea (dov'era il Sultaniccio, che noi diremmo la reggia), con giornaliere scorribande per largo e per lungo mandare a ferro e fuoco tutta la piaggia di prospetto a Tinia e Bitinia, infino allo stesso Bosporo, nomato ora Damali, e quando con truppe in sella, quando con fanti e tranquillissima sfrenatezza mettere ogni luogo a ruba, e pronto non solo a travalicare lo stretto colle navi, ma, che più monta, ad assalire la città; i Bizantini poi, quantunque aventi il nemico sotto degli occhi, proseguire imperterriti lor dimora nelle terricciuole site intorno ai lidi, e ne' sagri templi, nessuno cercando intimorirlo e cacciarlo, pieni di spavento e costernazione eglino stessi per non sapere a qual partito appigliarsi. Il Comneno, ripeto, alla vista di così tremende sciagure e dopo essersi lungamente agitato in un mare di variati pensieri, si determinò infine per altro di essi, e tosto volle mandarlo ad effetto nel modo a un dipresso che prendo a narrare. Mette sopra navicelle i decurioni colle genti da loro comandate, scelte infra Romani e Comateni descritti ne' ruoli per l'imminente pericolo, ed armati parte alla leggiera di solo arco e scudo, e parte di lorica, celata ed asta, ordinando ai condottieri di girare nelle ore notturne intorno a' lidi, ed avvenendosi a qualche stazione di barbari superanti non di molto il numero loro, discesi alla coperta farebbonsi ad assalirli, quindi con pronta ritirata irebbe di nuovo ognuno al luogo di sua partenza. Avvertivali inoltre di eseguire cautamente l'impresa, estimandoli incapaci di tanto per sè stessi non essendo ancora esperti della tattica militare, d'ingiugnere ai nocchieri il dar ne' remi col minore strepito possibile, e di tener eglino medesimi ben

PONTUS
EUXINUS
*Cyaneæ*

*Lo*

PONTUS
EUXINUS

1
2
3
4
5
6
7
8
9
10
11
12
13
14
15
16
17
18
19
20
21
22
23
24
25
26
27

BOSPORUS

BERNICES

BOSPORI
THRACII
et
CONSTANTINOPOLIS
in XIV regiones divisæ.

BITH

d'occhio i barbari soliti ad ascondersi insidiosamente
nelle fenditure delle rocce. Ripetuti da costoro per
alcuni giorni siffatti scorgimenti ed assalti, piede innanzi piede i Turchi dalla marina riparavano nel-
l'interno della regione. L'imperatore avutane contezza ordina a' suoi di occupare le terricciuole e gli
edifizj non guari prima in mano de' barbari ed ora deserti e di pernottarvi, ond'essere pronti coi primi albori,
quando bisogno di vittuaglia o d'altro metta il nemico fuori del campo, ad attaccarlo, e rimasi vincitori, contenti
del primo riportato vantaggio, torneranno, sonato di colpo a ricolta, nelle proprie stanze, per tema non dandosi con qualche risico ad accrescere la conseguita vittoria, un piccolissimo tocco sinistro imbaldanzisca
gli avversarj soliti ad essere prevalenti. Nè da lungo
tempo e' aggiravansi in tali pratiche quando i barbari vie più allontanatisi giunsero a piantare sopra terreno maggiormente sicuro il campo. Alessio allora fe' comando a' suoi militi finquì pedestri di montare in arcione, vibrare l'asta, importunare e molestare con iscambievoli scorribande il nemico, non più cimentando-
si furtivamente nelle ore notturne, ma di pieno giorno
e provocandolo con arditezza. Ad aumentare poi il coraggio loro pone sotto i decurioni cinquanta individui in
luogo di dieci, a fine d'incutere maraviglia ne' barbari
al mirare quelli che testè in poco numero, pedoni e col
favor della notte eran paghi di rubacchiare lievissimi av-
vantaggi, ora surto l'astro maggiore, e perfin giunto alla metà del suo corso diurno, cercassero ani-
mosi di venire a battaglia campale. Non altrimenti

la turchesca potenza a poco a poco venendo meno, si
parea che la dignità e libertà del romano impero,
quasi da semispenta ed appena fumante scintilla tor-
nate a prendere vita, risplendessero con nuova e molto più diffusa fiamma. Poichè il Comneno allontanando
i barbari non solo dal Bosporo e dalla marittima regione, ma pur anche dai luoghi di contro alla Bitinia,
alla Tinia e dalle frontiere di Nicomedia a tale ridus-
seli che il sultano loro tutto impaurito fu costretto a
chiedere istantemente la pace. Alessio non vi si rifiutò,
obbligato a consentirvi dal crescere universalmente la voce, fondata sopra infallibili autorità, della venuta di Roberto, il quale, con immenso numero di truppe e con
impeto veementissimo inoltrando per guerreggiare l'impero, trovavasi non lontano dai lidi longobardi, e
di là pronto a movere alla volta de' Romani. Neppure
un Ercole invero, come suol dirsi, avrebbe da solo intrapreso a combattere due nemici, rinvenuto avendo in
ispecie il giovane imperatore negli stessi principj del suo
reggimento la repubblica in compiuta rovina, la quale
non più, come da lungo tempo, dechinava insensibil-
mente a morte, ma di carriera volgeva al suo ster-
minio, sembrando quasi agli estremi ed in assoluto
conquasso per mancanza di truppe e danaro, il tutto
divoratosi in addietro e prodigalmente consumato senza
ombra di pubblica utilità. Questa eccessiva e generale
diffalta sollecitò Alessio, quantunque mal suo grado e
tosto che rispinto ebbe i Turchi ben lunge da Damali
e dalle marittime piagge, di accettare i doni a que' dì esti-
mati di competenza nell' accogliere i supplichevoli bar-

bari, e conceder loro ad un tempo la pace sotto le condizioni seguenti : *Il fiume Draconte segnerà il termine de' possedimenti loro, nè da quinci in poi e' lo valicheranno con genti in arme, o commetteranno violenze sopra i confini de' Bitinj;* così ebbe fine l'orientale guerra.

XXV. Paleologo non appena giunto in Dirrachio spedì un corriero ad Alessio partecipandogli per lettera che Monomacato all'udire la sua andata erasi di fretta rifuggito presso Bodino e Michele, temendo non l'Augusto spedissegli Giorgio apportatore di qualche grave gastigo , memore di averlo gravemente offeso. Poichè allorquando il Comneno , scosso il giogo e aspirando al trono di Botaniate, diretto aveagli lettera con inchiesta di pecunia, e' rimandò indietro il messo a mani vuote. Ma in pena di tale azione l'Augusto unicamente lo rimosse con decreto dalla prefettura, e saputane la fuga accordògli , mediante aurea Bolla , piena sicurezza , e quegli ricevutala tornò alla reggia.

XXVI. Roberto di stanza in Idrunte, dopo avere commesso al figlio Rogerio la cura e tutto il reggimento dell'italica signoria, postosi alla vela afferrò a Brundusio. Avuta quivi notizia dell'arrivo di Paleologo a Dirrachio ordinò che venissero con prontezza costruite sopra i maggiori vascelli torri di legno ed accuratamente circondate e coperte di bovine pelli; indi fatto tradurre sulle navi con diligenza somma ogni articolo necessario alla espugnazione di fortificate mura, comandato ai catafratti in sella di ascendere co' loro destrieri i veloci legni appellati dromoni, e di fretta apprestato e provveduto il bisognevole ed utile ad imprendere una guerra, sollecita-

va a tutt'uomo il tragitto (1). Avea stabilito inoltre colle
terrestri e marittime truppe e con macchine d'inve-
stire da ogni parte Dirrachio, persuaso di atterrirne la
guernigione al primo assalto e ritrarla da ogni proposito di resistenza; chè s'ella proseguisse pertinace a non
cedere verrebbe certamente oppressa dal numero de'suoi
militi e soggiogata da forze di gran lunga maggiori. Vulgatosi dalla fama il suo divisamento gravissima fu la costernazione, al solo udirne, così degli isolani, come degli abitatori presso il marino lido. Compiuti finalmente
nella debita guisa tutti i necessarj preparativi, comanda, venuta l'opportunità di salpare, che si alzino
le ancore, e traendo in mare coll'arte ed opera de'nocchieri, disposte in elegante ordinanza non dissimile
a bellico schieramento, mirabile spettacolo da lunge!
le triremi, le uniremi ed i dromoni tosto corse, con
prospero vento navigando, la piaggia di contro ad Aulone e di là costeggiò infino a Butroto, dove unitosi al
figlio Baimundo, il quale, precedutolo nel tragitto, espu-
gnato avea col primo assalimento Aulone, forma di tutti
i suoi guerrieri due corpi, l'uno de' quali condurrebbe
egli stesso coll'armata di mare a Dirrachio, e l'altro,
datone il comando al figlio, procederebbe similmente a
quelle mura con marcia terrestre.

XXVII. Il navilio, con tale intendimento oltrepassa-
ta la piaggia di Corcira, nella giravolta verso Dirrachio

---

(1) Dromoni, specie di nave lunga e di velocissimo corso.
Il suo nome deriva dal greco verbo δρίμω, corro.

all' intorno del promontorio detto Glossa (1), venne sorpreso da repentina orribile procella. Impetuosi venti con grande e veemente pioggia di neve sconvolgevano fin da suoi abissi il mare, fuormisura e con immenso fragore elevandone i flutti. Rompevansi qua e là nelle mani de' remiganti i remi, le vele e le antenne di colpo fatte in pezzi cadeano sul tavolato, vascelli ed uomini eran lì per sommergere. Questo frangente accadde intempestivo, l' anno essendo nella state, ed il sole, di già trascorso in gran parte il Cancro, avacciavasi al Leone, il qual tempo diconlo principio della Canicola. Duci e soldati esposti a tanti e tali nemici di nuovo conio n'ebbero grave perturbamento vedendosi nè pari di forze, nè preparati alla difesa. Il perchè nella profondissima universale costernazione e mancanza di consiglio udivasi un confuso mormorio di mescolate voci, le une di pianto, le altre di lamentele, e terze venivan quelle invocanti Iddio salvatore, pregandolo che almeno si accordasse loro di mirare la terra. Ma esse tutte erano dal sordo mare ingoiate, per nulla rallentando la buffera, onde chiaro apparisse lo sdegno del Nume contro i superbi ed eccessivi attentati di Roberto, coll' attuale incontro di sinistro augurio nelle prime mosse avvertendolo il Cielo di non dovere attendere che perniciose conseguenze da una spedizione colpita nel suo principio da naufragio. Parte delle navi adunque co' loro naviganti erano assorbite dal mare, e parte infrante urtando nelle secche e nelle costiere. Di più le grandi pelli bovine ser-

(1) Lingua.

vite a covertare le torri di legno coll'ammollirsi per
la dirotta pioggia formato avendo larghi seni e svel-
to i chiovi che in acconci luoghi teneanle raccomandate all'edifizio, col ricevere il vento nelle vaste lor pie-
gature e coll'aumentato peso traevano agevolmente in
rovina le torri; e queste smisurate macchine sfracella-
vansi elleno stesse in cadendo, e colla propria mole e
coll'impeto della caduta sprofondavano le già oppresse
navi. Alla per fine si riuscì a stento e con molta fatica
a salvare, quantunque assai malconcia, la pretoria, ove
dimorava egli il duce Roberto, e così pure miracolosa-
mente fu il caso di parecchie altre da carico. Lugubre
spettacolo era poi su pe' lidi l'immensa strage de' cadaveri gettati fuori dalle onde, e le cinture e le borse,
e gli arnesi comunque delle genti in mare, sparsi qua e
là a catafascio per le arene; non la pietà de' superstiti,
non la premura destatasi in essi del sotterramento potea bastare alle morti. Poichè oltre l'insopportabile fe-
tore, la quantità de'cadaveri chiedenti sepolcro eccedeva
di molto ogni diligenza e potere de' seppellitori. Di più
stata essendo l'annona o guasta, o dalle onde ingoiata
i campati dalla procella vedevansi costretti a perire di
fame, se le campagne, propizia correndo la stagione,
coperte ovunque di bionde e pronte messi, e gli orti ed
i giardini pieni in generale pur eglino di maturi frutti
non avessero opportunamente supplito la diffalta del-
l'annona.

XXVIII. Chiunque non privo al tutto di senno avrebbe senza dubbio compreso l'opera del Nume in quel-
l'avvenimento, e profittando dell'avviso, ritratto sareb-

besi da un tentativo così temerario e in odio al Cielo. Ma Roberto non era di questa tempra, uomo di gigantesco ardire e pertinace nell'imprendere anche sotto il fulmineo colpo. Anzi mi do a credere che nello stesso punto di estremo pericolo i suoi voti mirassero unicamente alla conservazione della propria esistenza infino al punto di vedere il nemico per compiervi le divisate battaglie; il malvagio disegno intendomi dal cui solo pensamento eragli derivata così tremenda sciagura. Fermo adunque ognor più nel suo proposito di espugnazione raccolse tutti coloro che la divina onnipotenza sottratti avea dal naufragio, e con essi nel settimo giorno riposò in Glabinitza per ristorare sè stesso e la comitiva dai sofferti marittimi travagli, e per dare agio alle truppe lasciate in Brundusio, a quelle che in varj luoghi raccolte verrebbongli tradotte dal navilio, ed alle altre cui, da Butroto salpando, prescritto avea di procedere con marce terrestri verso Dirrachio, ed erano i catafratti, i fanti vestiti di lorica, e gli armati alla leggiera dell'intero esercito, di colà raggiungerlo. Arrivato questo rinforzo più non indugiossi a portare le armi, da mare e da terra di concordia, contro l'Illiria. Seguiva in allora l'esercito un Latino di nome, il quale partecipandomi le antedette notizie dichiaravasi legato del vescovo di Bari presso Roberto, e nella qualità sua, aggiungevami, eragli stato sempre al fianco durante il tempo che il duce campeggiato avea nella pianura, e quindi eretto le trincee sul tenere e fra le macerie del vecchio Epidanno, disponendo ordinatamente le sue legioni in mezzo alle vestigia e diroccate mura dell'altre volte città.

Ove chi un dì n' ebbe il trono, Pirro l'Epirota, dichia-
ratosi favoreggiatore de' Tarentini e fatta ostinatissima
giornata nell'Apulia co' Romani, soggiacque a grande
strage de' suoi, rimanendovi ad una spento l'intero popolo d' Epidanno, il perchè la città si ridusse in perfetta desolazione e rovina. Col trascorrere degli anni tuttavia (come narrano i Greci e rendonne testimonianza
i monumenti a vetusti caratteri scolpiti in essa) fu ristau-
rata da Amfione e Zeto nella presente forma , e cam-
biando colle sue triste vicende anche il nome venne Dirrachio appellata. Ma basti intorno alle origini di lei, e
sia pur qui meta al terzo libro, serbandoci a continuare la serie delle cominciate geste in quello seguente.

# ANNA COMNENA PORFIROGENITA
## CESAREA

---

## ALESSIADE
## LIBRO QUARTO

---

### ARGOMENTO.

ROBERTO combatte Dirrachio, e vince nella pugna Alessio Augusto.

---

### SOMMARIO.

ROBERTO *assale Dirrachio da terra e da mare con immense truppe. – Timore del presidio ivi entro. – Intrepido coraggio, esperienza e perizia nell'arte militare di Giorgio Paleologo, il quale, disposto l'occorrente per la difesa, fa noto all'imperatore il pericolo della città. – Roberto bramoso anzi d'imperio che di bottino; macchine e torri di legno da lui apprestate. – Sua risposta, interrogato del motivo* che lo incitasse a combattere Dirrachio. – *Mostra agli assediati Michele, che viene da essi beffato.* – *Gloriosa sortita de' Greci contro a' Latini.* – *Opinioni diverse intorno al monaco Rettore.* – *Angustie di Alessio udendo l'alto numero de' nemici; chiama in suo aiuto i Turchi, e con doni e promesse anima i Veneti ad accorrere in suo aiuto.* – *Questi con forte armata di mare gettano le ancore presso Dirrachio nel luogo nomato Pallia; nè a prima giunta osano misurarsi col navilio di Roberto, il quale spedisce loro Baimundo coll'ordine che venga salutato imperatore Michele.* – *Indugio da essi posto nell'eseguire il comando, e pertinace rifiuto dopo un migliore apparecchio.* – *Baimundo mal comportando lo scherno prende con suo danno a combatterli, messa in quella fazione a repentaglio la vita, essendo la nave di lui pertugiata e malconcia dai flutti.* – *I Veneti similmente contendono a Roberto il dar battaglia terrestre, facendo in pari tempo Giorgio una sortita, e quindi retrocedono guiderdonati e ringraziati da Alessio.* – *Roberto prosegue durante il verno l'assedio.* – *Ritorno de' Veneti ad un'ora e della flotta romana.* – *Fuga del nemico.* – *Roberto cacciato dal mare abbandona eziandio l'occupato suolo, negatogli il tributo dagli Epiroti sapendolo rimosso da quelle acque.* – *Nuova flotta da lui apprestata.* – *La diffalta d'annona sconforta l'esercito di Roberto e più an-*

cora la peste, mietendogli nello spazio di tre mesi dicci mila combattenti. – I cavalieri di Roberto afflitti da morbo gravissimo; questo e la fame danno morte a cinquecento conti e duchi del valoroso condottiero. – Artifizio trovato da Roberto per mettere di nuovo in mare le navi rimorchiate nel fiume addivenuto quindi privo d'acqua. – Alessio scrive a Paleologo di radunare truppe ed accorrere prontamente in suo aiuto. – Marcia egli stesso contro Roberto, fidando la città di Costantinopoli al fratello Isaacio, onde impedire le sedizioni. – Sua partenza. – Truppe e duci da lui comandati. – Violento assalto di Roberto contro Dirrachio. – Valore di Paleologo e sue ferite. – Alessio fa alto in Tessalonica. – Munitissimo e ben provveduto campo di Roberto a un tiro d'arco dalle mura di Dirrachio. – Stratagemma di Paleologo per rendere inutile ed incendiare la nemica torre di legno. – L'imperatore di contro a Roberto. – Paleologo, suo malgrado e renitente, riceve ordine di trasferirsi al campo romano. – Giuntovi dissuade co' più vecchi condottieri dell'esercito il venire alle armi, appalesandosi i giovani di contrario sentimento. – Roberto indarno offre pace ad Alessio; permette ai duchi e conti seco di eleggere altro condottiero dichiarandosi pronto a farne i comandi. – Vuole che s'incendino le bagaglie, e sommergansi nel mare le navi onde togliere ogni speran-

*za di fuga. − Passata quindi in preghiere la notte precedente la battaglia e partecipati i sagri misteri attela l'esercito. − Poste a simile dal Comneno le truppe in ordinanza si dà principio alla pugna. − Gaita consorte di Roberto distoglie i militi dalla fuga. − Tutti i barbari ausiliarj dell' imperatore cadon vittime delle armi nemiche. − Strage degli Alessiani. − L'Augusto, date nel combattimento luminose pruove di valore, è costretto a fuggir solo, ed il cavallo con incredibile salto lo sottrae mirabilmente dalli persecutori. − Dolore e risentimento di Roberto contro de' suoi per non avergli condotto prigioniero Alessio. − Questi non attristatosi, avvegnachè piagato e fuggiasco, ripara in Acride, ove tutto si dedica a cercar mezzo di salvare Dirrachio.*

# ALESSIADE QUARTA

I. ROBERTO cominciò ad occupare l'Epiro, accampatovisi nel decimo quarto giorno del mese di giugno e correndo la quarta indizione, con sovrabbondante numero di fanti e cavalieri, tutti maestrevolmente esercitati nella disciplina dell'arte bellica, e di terribilissimo aspetto; essendo che dopo il naufragio i militi da ogni banda raccolti raggiunto aveano lo stesso campo. Dal mare inoltre sopra navi senza numero di qual tu vuoi genere e forma, e fidate all'opera diligentissima d'innumerevoli nocchieri veniva condotto altro esercito di elettissimi giovani esperti della milizia navale. Di modo che il presidio esistente in Dirrachio alla spaventevole apparenza di tante navi e macchine e della infinita quantità de' guerrieri, vedendosi in procinto di essere da per tutto all'intorno assalito da cotanto grandi e potenti forze non poco s'attristava. Ma non così Giorgio Paleologo valorosissimo capitano, ed assuefatto ne' tempi andati ai guerreschi travagli e pericoli, avendo nella sua lunga militare carriera in Oriente spessissime volte impugnato le armi, e riportato l'onore di molte palme. Questi pertanto certo del suo valore tutto davasi ad afforzare la città, e memore di quanto eragli stato commesso in proposito dall'imperatore, lungo tutto il muro inalzava ripari non da chiovi fermati, ma tali che sospinti an-

dassero a cadere sopra gli ascensori; disponea parimente intorno alle mura ed a qualche intervallo tra loro
baliste ed altre macchine da lanciar sassi. Di più al mirare taluno de' suoi o preso da timore e poltroneggian-
te animavalo con generose parole, infondendo parte
della sua più che abbondante fortezza ne' petti de' codardi, senza trascurare intanto cautela e diligenza comunque portate dalla circostanza. Imperciocchè avendo
circondato il muro di sentinelle visitavale frequentemente notte e giorno egli stesso, e raccomandava loro di
tenersi vigilanti e pronti alla difesa. Inviò eziandio lettera ad Alessio annunziandogli la ostile comparsa di Roberto, i costui divisamenti e la deliberata espugnazione
ad ogni costo di quella città. Ed, in mia fe, e soldati e
comandante loro tutti ad un modo comprendevano quanto sarebbe per avvenire da quelle sì terribili ed effica-
ci moli di macchine, principalmente dalla immensa torre
di legno più alta delle stesse Dirrachiane mura, ed avente al di sopra baliste ed artifizj da lanciare sassi. Lo con-
getturavano pure dal vedere accuratamente da per tutto
chiusa la città con vallo, e l'affluenza continua da ogni
parte di truppe ausiliarie per istringerla ed appressarvi-
si di giorno in giorno vie maggiormente; in fine dall'a-
vere il nemico guasto, passando, le città ed i borghi
siti all'intorno, e dall'accurato trasporto di quanto uo-
p'era e potea cadere in acconcio per la costruzione
degli alloggiamenti castrensi e delle militari baracche,
come suol praticarsi negli assedj, e dall'essersi già con
questo materiale inalzate molte casipole, ed altre andar-
sene cotidianamente erigendo. Da tali argomenti, ripe-

to, avean tutti compreso che la cupidigia di Roberto
non mirasse, giusta il divulgatosi, in conto alcuno alla
sola preda, e quindi posta a saccomanno e rovinata la
regione, caricato di spoglie l'esercito, soddisfatto il capriccio e traricco di bottino e' ricalcherebbe la via del-
l'Italia; ma scopo di quella impresa doversi ritenere la
conquista dell'impero, ed in conseguenza aver egli stabilito di occuparne, non badando a spese e conati, la chia-
ve, quasi direi, e l'antemurale, Dirrachio, ed a compimento de' suoi disegni procedere di là, piede innanzi
piede, all'usurpazione del resto. Se non che Paleologo,
volendo piena confermagione dalle stesse parole di Roberto delle fatte conghietture, comandò a' suoi militi di
chiedere dall'alto delle mura ai nemici ed al duce loro
medesimo la cagione ond'e' venissero a combatterli?
ed ecco la risposta avutane per ordine di Roberto: essersi da lui impugnate le armi all'oggetto di tornare
nella primiera dignità il suo affine Michele, balzato giù
dal trono imperiale, e di prendere vendetta delle ingiurie e de'mali trattamenti cui egli soggiacque. Di rimbecco
i Dirrachiani risposero: aver eglino veduto Michele
Duca, il perchè loro mostratolo di tratto riconosciuto e
venerato lo avrebbero, e senza punto indugiare *cede-
rebbongli la città. Roberto, uditone, ordina di chiamare il falso Michele, ed abbigliatolo con vesti regali di
mostrarlo in magnifica pompa ed al suono di musichi
strumenti ai Dirrachiani. Tanto fu eseguito, e la guernigione vedendolo proruppe in ischiamazzi, fischj e die-
dési a beffarlo con mille improperj, aggiugnendo presentarsi loro uno scioperone plagiario, non Michele per

lo addietro imperatore , ch' e' benissimo conoscevano.
Ma Roberto nulla curante l' avvenuto era tutto nel proseguire l' impresa, affrettando con ogni sua possa il termine di quella espugnazione. A breve intervallo poi dal
prefato colloquio alcuni militi usciti armata mano della
città azzuffaronsi co' Latini, e danneggiatili retrocedet-
tero entro le mura.

II. Ora sebbene l' esposto da noi intorno al mo-
strato e schernito monaco sotto la mentita persona
di Michele sia in realtà così avvenuto, non di meno per
tutto Dirrachio e pe' luoghi all' intorno del romano impero circolavano discrepanti opinioni sul conto di esso,
le quali dividevano in isvariati pareri il mobile volgo.
Eranvi parecchi fermi nell' asserire, come di fatto loro
noto, essere colui il mescitore di Michele; altri dichia-
ravanlo con ostinata persuasione il vero Michele augusto, dalle cui sciagure commosso Roberto a difesa del diritto e dei legami di parentela, impugnato avea le armi. I
più tuttavia sostenevano volersi, a non dubitarne, ascrivere tutto quel maneggio a finzione ed astuzia del ma-
lizioso Roberto per ammantare di onesto titolo una
ingiusta guerra; nè aversi punto verisimiglianza che Michele Duca siasi colla fuga riparato presso costui; doversi quindi ritenere unico motivo di quella impresa l'a-
varizia dello stesso Roberto, la quale aescata dai primi
felici successi animavalo al rapimento d' una finora in-
tatta preda. Nè è da maravigliare ch' egli, dall' e-
stremo disagio di bassissima fortuna, spinto da naturale inquietudine e soccorso da non meno ardita che
prospera industria, diretta con singolare prudenza , sa-

puto abbia innalzarsi all' apice d' un regno, occupando
in prima tutte le città e tutto il suolo longobardico e
poscia l'apuliese, come scrivevamo. Ora poi, di conformità a quanto cotidianamente avviene, gustato il solletico del rapinare più non valga a mettere freno alla
cupidigia, e posti gli occhi sulle piagge dell' Illirico e le
circostanti città imprenda altro cimento contr'esse, onde appagare la sua rapace passione; deliberato, ove pur
di presente abbia seco propizia fortuna, d'inoltrare
sempre più colle distruggitrici armi in luogo comunque
gli si parerà innanzi, giusta la consuetudine e natura dell'avarizia, paragonabile meritamente alla gangrena.
Imperciocchè siccome tal morbo impossessatosi una
volta di qualche membro passa di volo ad assalire gli
altri tutti, nè si ristà che giunto a corrompere l' intero
corpo; così quel contagio dell'animo se vengagli fatto
di corrodere un che ovunque tu vuoi, prosegue con in-
cessante impeto ad afferrare ed ingojare il resto, quando non oppongaglisi forza maggiore, nè si ritrae dal
suo rosecchiare che vedutane la fine.

III. Pervenuto all'imperatore il foglio di Paleologo
anunziantegli il tragetto di Roberto, nel mese di giugno,
il naufragio, delusa manifestazione del celeste sdegno,
l' aver egli occupato in passando Aulone, il concorso
delle truppe, che da ogni parte a foggia di vernili nevi
fioccavano ad accrescere il nemico esercito, ed in fine
il rinvenirsi taluni perseveranti nel credere che il Michele
un tempo augusto in realtà dimori presso Roberto ed
abbia saputo indurlo a prendere le sue parti; Alessio,
ripeto, informato delle antedette vicende cadde in oltre-

modo serj pensieri, ravvolgendo e ben bene rimestando
nella sua mente il gravissimo pericolo sovrastante alla
repubblica. E poichè di leggieri ebbe osservato che le
sue pronte truppe e quante sperava di raccoglierne ag-
guagliato non avrebbero neppure una parte delle numerosissime guerreggianti sotto i vessilli di Roberto, statuì
chiamare in suo aiuto gli orientali Turchi, intavolando-
ne il trattato col sultano per via di messi. Addimandò
eziandio il soccorso de'Veneti (1) (derivato loro il nome
dal colore delle vesti indossate per notoria costumanza
ne' giuochi circensi, onde poterli distinguere dalle altre
fazioni) eccitandoli con doni e promesse a mettere in
mare tutto il navilio di che erano possessori, ed avviarsi a proteggere Dirrachio contro le forze marittime di
Roberto, assicurandoli che verrebbe conferito loro, qualunque fosse l'evento delle armi, il pattuito guiderdone;
il perchè o vincitori, colla grazia divina, o succumben-
ti, giusta la sorte delle umane vicende egli atterrebbe

---

(1) Davasi tal nome ad una delle quattro fazioni costantinopolitane, ed erano la veneta e la prasina (dette eziandio
veneta costantinopolitana, prasina costantinopolitana), la veneta peratica e la prasina peratica. Le due prime dimoravano
nella imperiale città, e le altre due in Galata, ora Pera, ed
in Asia di là dalla Propontide e dall'Ellesponponto di rincontro a Costantinopoli, in Casedone e Crisopoli ora Scutari.
Assise di variato colore le distinguevano, l'azzurro e turchino
appartenendo alla veneta, il verde alla prasina, il bianco ed
il rosso alle altre due. Il capo loro supremo appellavasi de-
mocrate, e demarco il secondo nel comando.

scrupolosamente le fatte promesse. Di più venendogli da essi appalesati altri desiderj, purchè non pre-
giudicevoli alla repubblica, di buon grado piegherebbe
a secondarli, ed anche delle sue concessioni avvalore-
rebbe l'eterna durata con aurea Bolla.

IV. I Veneti, estimando non meritevoli di rifiuto le
imperiali offerte, inviarono legati ad esporre le proprie
inchieste, ed all'annunzio che queste conseguito aveano per
intiero la sovrana approvazione mossero incontanente
verso Dirrachio traendovi una flotta non meno terribile pel numero delle navi d'ogni specie che per la militare disciplina di quanti eranvi sopra. Corso gran tratto di mare eccoli apportare ad un luogo nomato Pallia,
ove innalzavasi un tempio dedicato alla purissima e sempre immacolata Madre di Dio, lunge dal munito campo
di Roberto e dalla città cui tendevano quasi diciotto
stadj. Osservato di là il nemico navilio in ordinanza
contro quelle mura, ed avente a dovizia macchine ed
armi d'ogni maniera, acconce tanto alla offesa quanto
alla difesa, non osarono, provocandolo, cimentarsi ad
una battaglia. Roberto, uditane la venuta, spedisce loro
Baimundo seguito dall'armata di mare coll'ordine di
far riconoscere Michele augusto e sè stesso, dando in
segno di riverenza fiato alle consuete acclamazioni. I
Veneti differiscono alla dimane l'adempimento del comando, e nella notte, poichè cessato il vento non poteano accostarsi alla piaggia, disposte in lunga serie tutte
le navi maggiori e legatele insieme con funi, eseguisco-
no il cosiddetto *marittimo porto* mediante un curvo
schieramento protetto in ogni sua parte dai prefati va-

scelli. Ergono di poi lignee torri in luogo di vele, ed inalzanvi sopra ordinatamente a furia di corde tutti i paliscalmi, distribuendo in ciascheduno di essi un numero di militi, e copiosissimi dardi foggiati come prendiamo a dire. Segarono assai grossi tronchi d'albero in pezzi non più lunghi d'un cubito, e ad aumentarne la durezza ed il peso, di conseguenza la efficacia nell'offendere, vi conficcarono da per tutto grandi e acuti chiovi; dopo di che si rimangon tranquilli in attesa della flotta nemica.

V. Baimundo, aggiornatosi, fu pronto a rinnovare l'inchiesta dell'acclamazione il dì innanzi promessagli, ma non riportandone di presenza che grandi villanie, intollerante dell'offesa, con impeto gagliardissimo avventasi, traendo seco tutti gli altri legni, contro il costoro navilio, e tosto dà principio alla battaglia, essendosi l'innato suo furore per le sofferte ingiurie grandemente esacerbato. Nel mentre adunque sospinge a tutt'uomo con soverchia fidanza la nave pretoria contro il fermo navilio de' Veneti, questi lanciato dall'alto uno dei mentovati dardi la forano, e dall'apertura penetratavi tosto l'acqua se ne fa imminente la sommersione. Tutti allora di fretta, sollecito ognuno della propria salute, precipitarono lor fuga, incontrandovi non di meno la sciagura stessa che, allontanandosi, credeano evitare; poichè la tema di affondare colla nave feceli sommergere nel mare, non altrimenti rimanendo colpiti da morte quanti nella battaglia furono salvi dalle armi de' Veneti. Baimundo trovatosi in malissimo punto riparò sopr'altro vascello, e diede pur egli di volta. Sottrattosi l'ammiraglio di questo modo, i Veneti con maggior coraggio assalgono gli altri di già per l'avvenuto in grave costernazione, e tutti fugatili tengon loro dietro infino al padiglione di Roberto. Quivi calati d'improvviso a terra sfidano a battaglia il pedestre esercito nemico. Paleologo allora, osservatili dalle vedette della rocca, fece pur egli una imprevista sortita, combinando la sua impresa con quella de' Veneti, e combattuto valorosamente, pose in grave pericolo l'accampamento stesso del condottiero, sì grande fu lo scompiglio e il darla a gambe delle genti di lui, nè pochi ebbon morte di spada pe' campi. Terminata la battaglia i vincitori tradussero larga copia di bottino sulle proprie navi, e Paleologo retrocedette nella rocca. I Veneti soggiornato colà parecchi dì spedirono messi all'imperatore annunziandogli l'avvenuto, e dopo una graziosissima accoglienza, come era il caso, vennero accommiatati con sovrabbodanza di largizioni e con rilevante somma di pecunia, da partirsi infra il capo ed i principali di quella repubblica a lui soggetti.

VI. Roberto d'animo intrepido, d'invitta costanza e munito contro tutti i sinistri de'bellici eventi statuì di non deporre le armi che uscendone vincitore, e di sottostare, pertinace nel suo proponimento, a tutte le molestie del cielo e delle procelle, non meno che alle terrestri e marittime scorribande, intente ad impedirgli il trasporto della vittuaglia. E di vero egli non potea nelle fortune di mare condurre in salvo le proprie navi, essendo queste tutt'all'intorno rinchiuse da nemici, i quali contemporaneamente impedivangli il transito di

quelle italiche provenienti da suoi dominj onde recare
annona alle truppe. Le guernigioni a simile delle combinate flotte, romana e veneta, poste all'intorno di tutti
i porti, coll' attentissima loro vigilanza renduto aveano
anche vie meno valicabile il mare pe'bisogni di lui. Fattosi quindi più tranquillo il firmamento e surta la calma
nelle acque, i Veneti non paghi di tenere i Latini assediati, valendosi de' remi e delle vele, tornano a combatterli, ed essendosi loro unito Maurice colla romana
flotta, dopo ostinatissima battaglia costringonli a vol-
tare le spalle. Roberto allora deliberò di tirare le navi in secco, lasciando ai nemici libero il possesso delle
acque. Ciò fatto gli isolani, i terrieri presso la piaggia
dell'Epiro e le altre vicine genti da prima suoi tributarj, animati dall'infelice esito della pugna, si rifiu-
tarono di pagargli le consuete gravezze. Tanto bastò
ond'egli prontamente comprendesse il bisogno del marittimo impero, o almeno il poterne con libertà usare
non solo per tenersi in buona riputazione, ma ben anche per condurre a prospero fine le sue imprese. Deliberò pertanto di rinnovare la guerra così per terra come per mare, indugiando tuttavia a far vela, poichè i
gagliardi venti a que' dì padroni delle acque ivano ram-
mentandogli il sofferto naufragio, e mettevanlo in timore
d'altro consimile sinistro; quindi s'intrattenne due mesi
nel porto della città di Gerico, preparandosi con grandissima cura e diligenza a nuovi cimenti, come ho detto, per darvi a un'otta principio da terra e da mare.

VII. Fra questo mezzo le flotte, romana e veneta, proseguivano a custodire attentissimamente i valichi impe-

deudone il passo ai legni nemici, i quali appena calma-
tosi il firmamento e scomparsi i perigli della navigazione
facean tutto il possibile per indirizarsi dall'Italia verso
le genti loro, ma indarno a cagione dei nostri che asse-
diavanne i lidi. Neppure da terra le provvigioni di frumento e degli altri bisogni della vita avean piano il sentiero per giugnervi, poichè l'esercito accampato presso
il fiume Gluchen (1) era tenuto di vista dalla dirrachiese guernigione, soprastante quasi alle cervici loro,
e molestando colle sue continue sortite quanti ardivano
uscire del vallo a raccogliere grano ed altra vittuaglia.
Il perchè s'aggiunse la fame a tormentarli e poscia
dalle aumentate malattie, colpa la varietà del clima, surse una terribilissima pestilenza, la quale in meno di due
mesi portò il numero degli estinti forse a diecimila. Ora
siccome parve che il morbo pigliato avesse in ispecie ad
infierire con maggior violenza contro la cavalleria di Roberto, così disformò in lamentevol guisa la più eletta
parte delle sue truppe, se pur non giunse a distruggerla
interamente. E che ciò si fosse n'è pruova il sapere
spenti di moria ovver d'inedia, infra conti e ma-
gnati di questo corpo, da cinque cento individui; tutti
personaggi chiarissimi per natali e valore, nè l'essersi
potuto in causa della moltitudine stabilire il numero
degli inferiori di grado per discendenza, che giunta-
ronvi similmente la vita. Essendosi poi, giusta il detto,
rimorchiate le navi nel Gluchen si trovò questo al

---

(1) Dolce.

momento di ritrarnele così povero di acque, da poterlo
senza esagerazione comparare anzi allo squallido letto
di arido torrente che ad alveo di perenne fiume, non
racchiudendone tampoco la quantità solita a correre in
molti de' primi. Circostanza da senno importuna ai divisamenti di Roberto, il quale s'apprestava a ricondurre
in mare il suo navilio, nè poteane venire a capo, impaccia-
to dal guado, seguendo la corrente dell'acqua. La maravigliosa industria tuttavia ed il fecondissimo ingegno
di lui nell'escogitare artificii rinvennero mezzo di superare tanta difficoltà operando come passiamo a dire:
Nella più declive e bassa parte dell'asciutto alveo comandò che si conficcassero di qua e di là dal sabbione
ed in lunga continua serie molti palicciuoli, gli uni di contro agli altri, e si legassero strettamente insieme da
ambo i lati con grosso inviluppo di vimini; formato così
un vallo, fecelo rafforzare all'esterno verso le ripe ed
in tutta la sua lunghezza con grossissimi alberi, espressamente dal suolo divelti, e sopra di essi accumulando
intridendo e ricalcando sodamente copia d'arena ad ot-
turarne i fori. Ordinò da ultimo che entro all'augusto
e ritto canale si derivassero colla man d'opera i goc-
cioli tutti del quasi arido fiume e le vene di acqua spar-
se ed a vanvera discorrenti pel vastissimo alveo. Mercè
di che ben presto il fluido elemento ragunatovisi a poco
a poco crebbe infino ai margini, ed in tanta copia da
sollevare gli arrenati vascelli e sospingerli a dirittura nel
mare.

VIII. All'annunzio de'passati avvenimenti l'imperatore scrisse a Pacuriano esponendogli l'ostile entrata di

Roberto ne'suoi stati e con sì forte ed ostinato impeto
che nè il naufragio, nè le riportate sconfitte per terra
e per mare, nè la fame, la moria e tanti altri sinistri
d'ogni genere aveanlo potuto storre dall'intrapresa, o rivolgere a miglior consiglio inducendolo a più sicure ed
utili deliberazioni; significavagli inoltre il suo grandissimo
desiderio ch'egli ragunate con prontezza somma le genti d'ogni arma tosto raggiugnesselo, per unire tra via
l'esercito da lui comandato all'imperiale. Poichè lo
stesso mio padre correndo il mese di agosto della quarta indizione si partì da Costantinopoli fidando quelle
mura ed il palazzo al germano Isaacio, coll'ordine di
osservare, quasi da vedetta, se il popolo macchinasse
novità, com'è il caso d'un principato novello, onde perderne
a un tratto colla sua prudenza e bravura i semi al
primo germogliar loro; volle di più conferire tale incumbenza ad Isaacio ond'egli si rimanesse a consolare le
donne spettanti alla famiglia Comnena e le affini di lei
per tema non soggiacessero a troppo grave dolore a-
vendo lontani ed in periglio i mariti e gli altri congiunti.
Sebbene la fermezza del materno animo, la sua attitudine e perizia nel condurre a buon termine gli affari,
nulla d'improvviso avvenendole, nulla di così intricato
che non trovassevi pronta soluzione, rendessero vana
a suo riguardo la necessità di tale ajuto e provvedimento.

IX. Pacuriano disuggellato e letto il foglio di Augusto promulga suo vice-comandante Nicolò Branan,
uomo coraggioso e di molta esperienza nelle opere
guerresche, e quindi con tutti gli armati grevemen-
te e col fiore della nobiltà militante seco abbandona

di fretta Orestiade e va con passo accelerato a compiere
il ricevuto comando. Alessio al giugnere di lui schiera incontanente i militi di greve armatura, ordina la falange, e
ponevi alla testa nobili valorosissimi duci; poscia comanda
loro di procedere serbando mai sempre, tanto quanto
consentirebbe la natura del suolo che doveano calcare,
la disposizione, il luogo e la distanza infra l'uno e l'altro
stabiliti in quell'attelamento, volendo avvezzarli a conoscere e conservare i posti a ciascheduno assegnati, acciocchè
giunto il tempo di battagliare non si movessero all'azzar-
do e gissero qua e là vagando. Fidò parimente ad Opo
le guardie, ad Antioco i Macedoni, ad Andronico e ad
Alessandro Cabasila i Tessali. Faticio in allora gran
primicerio comandava i Turchi di stanza nei contorni degli Acridi; uomo animosissimo ed imperturbabile ne'
combattimenti, ma per verità nato da genitori di non
liberale condizione e fortuna; poichè il padre suo di
stirpe saracenica datosi ai latrocinj, giusta la consuetudine di quella gente, fu arrestato in altra delle militari
scorrerie, e ceduto come schiavo e parte del bottino al
paterno mio avo Giovanni Comneno. I Manichei, due
mila ed ottocento di numero, valentissimi armigeri, pronti,
occorrendo, a gustare il nemico sangue, ed in grado sommo coraggiosi e fieri ebbero a duci Xantas e Culeone,
professanti la stessa eresia. Panucomete in fine e Costantino Umpertopulo, derivatogli tal nome dalla stirpe,
capitanarono i famigliari e le franciche coorti. Ordinate
di questa guisa le schiere Alessio muove con tutto l'e-
sercito ad incontrare Roberto, fatto sapevole da persona capitata recentemente di là come v'andassero le fac-

cende. Vo' dire : tradotte da Roberto sotto Dirrachio
tutte le necessarie macchine per abbatterla , Paleologo
durante un giorno ed una notte v'oppose fermissima resistenza, ma disperando alla fin delle fini la vittoria in
cotal foggia di pugna , comandato avea che si aprisse-
ro le porte della città, e piombato precipitosamente sopra il nemico studiavasi allontanarlo da quelle mura ;
se non che nell' ostinatissimo conflitto il suo corpo soggiacque a gravi ferite, rimaso in particolare malconcio
da un dardo , il quale traforògli da banda a banda le
tempia, nè riuscito a trarlo fuori di per sè , il chirurgo
accorsovi lo avea mozzato laddove sogliono apporvi le
ali, abbandonandone il resto nella piaga. In cotal modo
egli, col capo bendato il meglio che si potè nel fragente,
precipitoso tornò altra fiata a misurarsi col nemico, sempre più dando pruove di grandissimo valore, infino a tanto che lo permisero gli ultimi crepuscoli del giorno , e
venne la notte a separare le due fazioni.

X. L'imperatore porto orecchio alla riferta e di leggieri compresa la necessità di recare pronto aiuto agli
assediati, affrettò il passo. Arrivato, cammin facendo, a
Tessalonica e quivi indagate con maggiore accuratezza
le nemiche bisogne ebbe a sapere che Roberto provveduto oltre misura di tutto il bellico gueruimento e menando seco elevatissimo numero di bravi guerrieri avea con
ogni studio afforzato il suo vallo ad un tiro d'arco dalle
assediate mura, traducendovi grande approvigionamen-
to di materiale da tutta la regione all'intorno ; che
occupava altresì con idonei presidj i circostanti poggi,
le strette delle valli e le rocche de'colli, A simile udiva da

molti diligenti narratori la viva opposizione di Paleologo,
avendo egli apprestato là entro, ad incendiare la nemica
torre di legno, e nafta e pece e copia di secco legname
e baliste, di maniera che fermo ed imperterrito stavasi
attendendo gli sforzi delle macchine ostili. Sapevole i-
noltre che Roberto accintosi ad espugnare quelle mura
poneva la sua maggiore speranza nella mentovata
torre, fatta da lui a grandissima spesa costruire, pur
egli volle erigerne altra consimile e di rispondente mole,
per collocargliela di contro; avea di più consumato
l'intera notte precedente l'assalto nel far esperienze e
pruove all'uopo di conoscere se il trave approntato
sulla più elevata parte di essa, e che direttamente
opporre si dovea alla porta costruita in cima di
quella nemica prossima ad arrivare, per impedirne l'a-
primento, fosse ne' dovuti modi sospeso e congegnato
onde ottenerne il pronto effetto. Accertatosi pertanto
che bene e con agevolezza questo artifizio compieva le
sue funzioni era colla massima fiducia in attesa dell'assalimento nemico.

XI. Venivagli di soprappiù manifestato che il dì seguente per ordine di Roberto le genti scelte a combattere da quella macchina, parte fanti armati alla greve,
parte cavalieri, ed in tutti cinquecento di numero, eranvisi
rinchiusi. Dopo di che appropinquata la torre alle mura, coloro i quali abbassar doveano la porta, costruita
espressamente in modo che dominasse i merli per valersene come di ponte a sorprendere la città, indarno affa-
ticaronsi, poichè nel tempo stesso Paleologo a furia di
congegni e braccia spinto innanzi il grosso trave della

sua torre contro la superficie esterna di quella porta ve
lo tenea a tutta possa irremovibile da qualunque impulso. Laonde tentatosi invano l'aprimento di lei quell'artifizio mancò per intiero del bramato effetto. Di più, non
pago dell'avvenuto, impose che senza indugio e con foltissimo saettamento si molestassero i Franchi nella sommità della torre, ed alla scomparsa loro, intolleranti di
reggere al continuo nembo di frecce, la si mettesse a fuoco
e fiamma; nè terminato del tutto il comando videsi la torre
convertita in terribile incendio e mandar chiarore da
ogni sua parte. In allora quanti aveanvi ne'piani superiori
a gara precipitaronsi abbasso, ed i rinchiusi nella parte
inferiore di fretta svellendone l'uscio d'ingresso con
velocissima corsa abbandonarono l'ardente stazione.
Paleologo intanto mirandone la rapida fuga manda
lor dietro valorosi armigeri, ed altri ne invia armati di
scuri a mettere in pezzi la torre, affinchè, arsane la parte superiore dalle fiamme, e l'inferiore distrutta ornai-
namente dal ferro e dalle braccia, nulla più fosse mestieri al compiuto successo della sua impresa. A tali nuove, ricevute dall'Augusto in Tessalonica, il relatore per
cumulo aggiunse che Roberto un vero nulla rattristatosi
dell'avvenuto avea ordinato si desse mano alla costruzione di altra torre uguale in tutto alla prima, e venissero
apprestate e condotte nuove macchine sotto le assediate mura, protestandosi deliberato a combatterle infinoattantochè giugnesse a riportarne perfetta vittoria.

XII. Alessio comprese di leggieri la necessità di
recare ai Dirrachiesi pronto e forte soccorso schiera le
truppe, intima la partenza, e si dirige incontanente alla

volta loro. Avvicinatosi al fiume Carzane spedisce depu-
tati a Roberto coll'ordine di chiedergli a suo nome lo
scopo di quella spedizione? e che pretendesse facendo
tanta mostra d'armati? Proceduto quindi al tempio intitolato al più santo de'pontefici, al grandissimo Nicolò,
distante quattro stadj da Dirrachio placidamente vi os-
serva la posizione de'luoghi più idonei alla futura pugna, stabilendo fin d'ora quale ne dovesse tosto occupare, e quale scegliere come più acconcio allo schieramento della falange; correva in questo mentre il giorno
decimo quinto del mese di ottobre. Or bene aveavi un
giogo ascendente dalla Dalmazia verso il mare ad una
elevazione alquanto maggiore della più alta terra, e da
ultimo terminante in promontorio, di forma simile a
penisola, ove ergevasi l'antedetta chiesa. Lo inalzamento poi non di seguito avveniva, ma con blando e in-
gannevole declivio intramezzato da pianura abbassavasi
verso Dirrachio, avendo il mare a sinistra ed un alto
poggio dominante lungo tratto di paese a destra.

XIII. L'imperatore soddisfatto del sito, vi raguna
tutto l'esercito, e comandato che si erga il vallo e mu-
nisca il campo premurosamente chiamavi Giorgio Paleologo dalla città assediata. Questi per lunga pratica
rendutosi intendentissimo di tutte le cose pertinenti alla
guerra ed in ispecie di quelle riguardanti la difesa delle
città, dichiarò intempestiva la uscita della rocca tanto fortemente dal nemico stretta, indicandogli coll'opera di fidato messo l'imminente pericolo nel darvi esecuzione. Alessio non di meno fermo nel suo proposito gli replicò l'ordine di venire comunque si fosse a lui. Ma Giorgio

irremovibile dalla esternata opinione prescrive al
messo di riferirgli a suo nome le seguenti parole: *Che
il comandante abbandoni una fortezza strettissimamente
assediata, col più grande furore assalita e ridotta all'e-
stremo, sembrami azzardosissimo cimento. Il perchè non m'indurrò giammai ad operare in modo
che altri possa incolparmi di così enorme delitto;
nè so pensare che un tale ordine sia in realtà proveniente dalla maestà tua, sebbene confermatomi da parecchi messaggi. Non mi allontanerò pertanto di qua
se non vengami prima rimesso l'anello della tua mano
regale;* ricevutolo si recò di subito all'imperatore coll'armata di mare. Questi avendogli fatto molte domande
intorno a Roberto ed agli assalti e schermi avvenuti, poichè ebbe udito il tutto diedesi a consultarlo: se fosse
d'avviso di venire alle armi, e se opportuno estimasse
il tempo ed il luogo a rischiare con diffinitiva battaglia
la sorte della repubblica. Giorgio rispose che nelle attuali circostanze non era prudenza il fidare nella
prospera fortuna della guerra. Consentivangli molti,
e quanto più ognuno di essi avea pratica ed esperienza nelle armi con vie più incalzanti parole dis-
suadeva il battagliare. Eran d'avviso inoltre tutti costoro
che si dovesse, per lo migliore de'partiti, rinchiudere con
ischermugj e frequente trar d'arco Roberto nel suo vallo,
ed impedirgli da ogni parte nuove provvigioni di grana-
glia e d'altra annona. Il che otterrebbesi, vo' dire il porre ostacolo alla introduzione della vittuaglia nel campo nemico, ingiugnendo a Bodino, ai Dalmati ed ai prefetti e duci della circostante regione d'at-

tendere con diligenza, ciascheduno dal canto suo, all'adempimento del comando avuto; così operando si riuscirebbe di leggieri e senza pericolo a riportare vittoria; tale opinavano i vecchj duci. Molti de' più giovani per lo contrario chiedeano, ed anche arrogantemente la guerra, sforzandosi a tutta pruova d'indurre Alessio ad accogliere la sentenza loro. E' s' aveano a capi Costanzo Porfirogenito, Niceforo Sinadeno, Nampite condottiere de' Barangi, ed i figli stessi, Niceforo e Leone, di Romano Diogene altre volte Augusto.

XIV. Nel mentre poi che la gioventù stimolava alla guerra tornarono i messi spediti dal campo di Carzane a Roberto, come in addietro narravamo, apportatori della seguente risposta alle imperiali interrogazioni: *Non ho pigliato a guerreggiare la maestà tua, bensì a vendicare di pieno diritto l'ingiuria cui soggiacque il mio affine Michele; se tu desideri pace meco, tanto pur io bramando, l'avrai, solo che veggati disposto ad accettare le proposizioni, che ti verranno fatte da' miei legati.* Or questi produssero articoli dannosi al romano impero, e quindi affatto immeritevoli di essere accordati. Il duca non di meno procacciava mitigarne l'odievolezza con sovrabbondanti ed assai larghe promesse, annunziandosi eziandio pronto, quando venissero accolte le sue proposte, a dichiarare la stessa Longobardia di pertinenza imperiale, e solo in virtù di prieghi e per favore averne egli ottenuto il possesso dall'Augusto. Ma chiaro appariva non essere i veri sentimenti dell'animo suo, nè mirare tanta generosità che a discolparsi presso del volgo, col fingere disposizione alla pace assoggettandosi a così nocivi patti; doversi in cambio aggravare il Comneno d'ogni cagione e di tutto l'odio della futura guerra. Surto dunque il sospetto del malvagio e doppio animo di Roberto coll'unanime voto degli ottimati fu rotto ogni trattato di pace. Il perchè quegli ragunati i conti seco in campo arringolli del tenore seguente: *Vi è nota l'ingiuria che ebbe a patire mio suocero Michele Augusto da Niceforo Botaniate e lo scorno da costui fatto a mia figlia Elena, mettendo entrambi fuor della reggia. Questa dolorosa passione d'animo, se ben vi ricorda, ci fe' uscir della patria, infin da quando regnava lo stesso autore dell'offesa, Botaniate; ma da quell'epoca preso avendo altro giro gli affari, di presente opponesi alle armi nostre, in cambio del passato un nuovo imperatore, fornito non meno di tutto il resto che di robustezza e fiorente età, giovinetto ancora, e pur, oltre quanto è lecito sperare da così verdi anni, esercitato per lunga esperienza ne' guerreschi cimenti. Ad esso pertanto è mio avviso di muover guerra, non già lentamente o ponendovi comunale applicazione ed impegno, ma con finissimo scaltrimento di militare perizia e disciplina. Il che dipende in gran parte dalla capitananza, esattissimamente osservata, di solo un duce. Poichè diviso il comando infra molti ne viene di necessità il conflitto degli opposti pareri, sorgente infallibile di confusione. Egli dunque è mestieri abbiavi appo noi un condottiere supremo cui gli altri tutti obbediscano, il quale astengasi non di meno dal soverchio fidare in sè stesso, ma degli uditi consigli profittando, accolga quelli che*

*ottimi gli si appresenteranno. A raggiugnere quindi co-*
*siffatto scopo dovrà ognuno manifestare con libertà e*
*schiettezza i suoi divisamenti, e posto fine alla consulta*
*sia la migliore sentenza, giusta il senno del supremo*
*duce, mandata infallibilmente ad effetto. Or bene si*
*passi ai voti, e scegliete chi di noi abbia, a parer vo-*
*stro, maggiori numeri per conferirgli un generale co-*
*mando. Sarò io il primo, rimossa ogni eccezione, a*
*riconoscerlo, ed a prestargli obbedienza.*

XV. Riscossero unanimi applausi non meno le parole
che la modestia di Roberto, e raccolti i suffragj fu egli stesso
anteposto d'universale accordo agli altri tutti, ed eletto
ad imperare con assoluta potestà l'esercito. E' nondimeno
fingevasi con mentita simulazione renitente all'aderirvi,
onde vie meglio accrescere il desiderio de'suoi partigiani, e venire al possesso col mettersi al niego più solida-
mente di quel dominio, che avea con lunga serie di fro-
dolentissimi artifizj brigato. Laonde poichè ebbe addotto
molte astute scuse per sottrarsi da tanto onore, scuse
a disegno ed arte esposte onde maggiori fossero i prieghi ad accettarlo, in fine allorchè opinò di mostrar
vinta la sua costanza s'arrese, quantunque a malincorpo,
al consentimento degli ottimati arringandoli di questo
modo. *Ascoltate, voi tutti conti e guerrieri, il mio con-*
*siglio. Dappoichè abbandonata la patria e fin qui per-*
*venuti stiamo per dare battaglia ad un imperatore va-*
*lentissimo nelle armi, e che, ben di fresco asceso il trono,*
*metterà a pruova conati ed arti anzi per ornare d'una*
*celebre vittoria il cominciamento del suo principato*
*che deturparlo con vergognosa strage. Nè voi ignorate*

*come siagli addivenuta usanza il vincere, avendo egli sotto
i precedenti Augusti condotto a felice termine molte e
grandi militari imprese, e non pochi tiranni, sconfitti in
campo, trascinati seco prigionieri. Trovandoci, ripeto,
in questa posizione, dobbiamo noi pure, se mal non mi
appongo, dar saggio di bravura ed ardire nelle armi,
nulla curando il resto salvo la vittoria; dalla quale, per
divin favore ottenuta, riporteremo abbondevoli ricchezze
e larga copia d'ogni nostro bisogno; e sì che imprudenza
e viltà sarebbe il voler provvedere in questo tempo ed in
tanta distretta a sè stesso. Il perchè non istarommi dal-
l'esporre quanto io mi voglia ed estimi necessario di
eseguire. Egli è assolutamente uopo, e quindi lo impon-
go, che si metta fuoco a tutto il vasellamento ed a tutte
le suppellettili di nostro servigio, e pertugiate le navi
da trasporto sospingansi con tutto il carico in alto mare,
acciocchè ne avvenga la sommersione. Di tal modo non
altrimenti faremo giornata con Alessio che ivi pur ora
nati e pronti a giuntarvi presto la vita.* Con generale
consentimento fu accolta la proposta. Tali i pensieri, i
consigli e le opere di Roberto.

XVI. Altri divisamenti e ben diversi, parto d'assai più
squisito ingegno, ravvolgevansi nella mente di Alessio.
Convenivano tuttavia ambedue nel rattenere per allora
gli eserciti a fine di conoscere in quel mezzo con ac-
curatissime indagini, ciascheduno a favore della propria
causa, qual si fosse la più sicura via conducente alla vittoria. L'imperatore fondava sue speranze in uno stratagemma, opinando riuscir con esso a travagliare di fronte e da tergo il nemico. Comandava, intendomi, a tutti

i suoi aiuti, come dire la milizia degli alleati, di proce-
dergli ascosamente dietro, trascorrendo con lunghissi-
mo giro il marittimo lido, per via meglio ingannar-
ne l'anteveggenza, infino al luogo da lui colla massima
segretezza determinato, e sorprenderlo dalle spalle
quando egli si presenterebbe loro di fronte sfidandoli a
guerra.

XVII. Roberto intanto abbandonati i vuoti militari
padiglioni, e passato a notte ferma il ponte, erasi trasferito coll'esercito ad un antico tempio non lunge dal
mare, ed intitolato al martire Teodoro; quivi durante
le ore notturne implorato con preci il favore del Nume,
tutti parteciparono gli immacolati divini misteri. Dopo
di che il duce, attelate le truppe collocossi, di proprio volere, nel centro loro, fidando il corno rivolto
al mare ad Amiceta, illustre personaggio infra' conti e
pronto di mano e d'ingegno, e l'altro a suo figlio Baimundo soprannomato Sanisco.

XVIII. L'Augusto conosciute le nemiche disposizioni
spiega pur egli, fornito a dovizia di assai penetrevole intelletto nel comprendere distintamente al primo sguardo
quanto era conveniente d'operare, e nell'acconciarsi di
colpo all'opportunità del momento, spiega, ripeto, laddove si rimanea, lungo la scesa del poggio e la marina, l'ordinanza, e bipartite le sue genti (non avendo
estimato di richiamare i barbari già in cammino per circondare Roberto ed assalirne il campo) ingiugne agli
armati in su gli omeri di spade a due tagli, unico
drappello di ausiliarj munito di scudo in allora seco, e
pur esso destinato per lo innanzi a circuire il nemico

schieramento, che balzati giù d'arcione precedano di poco, unitamente al duce loro Nampite, l'esercito. Ciò fatto dispose il resto delle truppe in falangi, occupandone egli stesso il centro, e dichiarando capi delle legioni a destra ed a sinistra Niceforo, Melisseno cesare ed il gran domestico nomato Pacuriano. Avea inoltre celato così nella più remota parte della sua falange, come nel mezzo della schiera di que' barbari, che discesi d'arcione ivan pedoni ad insidiare i nemici, a bastanza forti drappelli di ottimi arcieri coll'intendimento di spignerli all'imprevista lor contro; commette di più a Nampite che infintosi di voler tosto appiccar zuffa retroceda prontamente ed allarghi dall'una parte e dall'altra i suoi militi, onde possano gli arcadori procedere di tutta carriera innanzi, e quindi tornato a stringerle imponga loro, protetti dagli scudi a vicenda uniti, d'inoltrare. L'imperatore intanto di fronte alla celtica schiera intorniava la marittima piaggia. Ora i barbari da prima spediti a circuire la marina pervenuti allo stabilito luogo, ed unitisi ai Dirrachiesi, usciti d'ordine imperiale anch'essi a tal uopo colle armi in pugno, caricarono il campo nemico.

XIX. Di già ambo i condottieri dell'uno e dell'altro esercito moveano colle attelate genti a far pruova delle armi loro, e Roberto di tempo in tempo mandando sottomano turme di cavalleria leggiera dava con ischermugj principio ad una fazione generale, mirando soprattutto di potere in tal guisa trar fuori dall'intiero schieramento romano qualche numero de' più ardenti guerrieri. Ma la costui furberia non gabbò Alessio, il

quale spinti oltre gli armati di pelta onde resister
loro, esattamente provvide alla sicurezza della sua falange. Un saettamento dunque, nè dei più forti, infra'
nostri peltasti e la cavalleria leggiera di Roberto diede
principio e continuò la pugna infino a tanto che il condottiere nemico, a passo a passo inoltrando co' suoi, ebbe
di più in più ristretto il terreno che separava le due or-
dinanze. E già la falange d'Ameceto, percorso dai fanti
e cavalli tutto lo spazio, assalito avea le truppe di Nampite, ma, valorosamente facendo petto i Barangi, fu
volta in fuga, non componendosi per intiero di bellico-
sissimi guerrieri. Questi pertanto nell' evitare il pericolo avvenutisi al mare vi si affondavano insino al collo,
bramosi di raggiugnere il romano e veneto navilio, sperando vanamente di ottenervi con prieghi asilo. In quello
Gaita consorte di Roberto, sua compagna in campo e
giusta la narrazione di alcuni autori, altra Pallade avvegnachè non altra Minerva, osservati i fuggenti e mirandoli con fiero cipiglio vivamente garrilli usando patria favella e non l' Omerico detto: *Fino a quando voi*
*fuggirete? arrestatevi, e siate prodi guerrieri.* Nè ciò
bastando, impugnata una lunga asta con alte grida
tien dietro minaccevole a' codardi, i quali osservatala
tornano ad unirsi, e con iscambievoli esortazioni anima-
tisi a compiere il dover loro s' appresentano di nuovo
laddove ferveva il conflitto. Insiememente gli armati di
bipenne collo stesso duce Nampite, desiderosissimi di
combattere, stoltamente inorgogliti dal primo fortunato
scontro e divisi per gran tratto dalle romane legioni
avacciavansi ad appiccar mischia colla stessa celtica or-

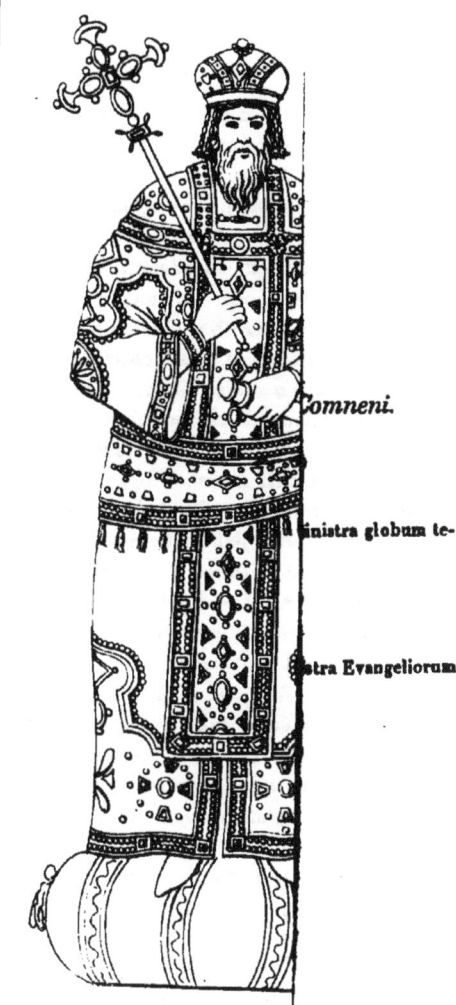

*Comneni.*

*inistra globum te-*

*stra Evangeliorum*

MICHA

dinanza, di cui a proprio ed a altrui giudizio sogliono
estimarsi nullamente inferiori nel guerreggiare.

XX. Roberto agguardatili, nel mentre venivangli di
contro, agevolmente conghietturò dal frettoloso passo,
dalla ben lunga calcata via e dal peso delle armi ch'e'
si fossero stanchi ed ansanti. Commette pertanto ad alcune pedestri coorti di gittarsi loro addosso. Queste
fattone esperimento e rinvenutili nel resistere molto più
deboli di quanto l'ardimentoso cammino parea si fosse
indizio, senza difficoltà con replicati assalimenti uccidono dal primo all'ultimo tutti coloro che davan segno
di maggiore ostinazione e coraggio nel difendersi di piè
fermo. Gli altri avviansi fuggendo al tempio del capo
della milizia celeste Michele, ove quanti racchiuderne
potea l'interno dell'edificio si affollarono, ed i rimanenti non trovatovi luogo ne ascesero con isforzi il tetto, o
ingombraronne il vestibolo, credendo i miseri di aver raggiunto inviolabile franchigia; ma incendiato dai Latini
vennero tutti nullamente al tempio dalle fiamme con-
sunti. In cotal mezzo il resto della imperiale falange
ributtò con valor sommo i Galli, infino a che Roberto, qual cavaliere alato, seco menando l'esercito pervenne a sconvolgere e mettere in pezzi il nostro schieramento. L'Augusto pure a guisa di solidissima torre per-
severava immobile sul campo tenzonando con impareg-
giabile valore, sebbene da per tutto a sè d'intorno mirasse la strage di personaggi chiarissimi vuoi per nascita, vuoi per esperienza di guerra. Annoveravansi tra questi Costanzo figlio di Costantino Duca, già tempo Augusto, generato, imperante il padre, nella porpora, e fin

ANNA COMNENA.    30

dai primi suoi anni dal genitore fatto degno della imperiale benda. Cadde a simile Niceforo cognominato Sinadeno, giovane di singolare avvenenza, e massime in quella pugna mostratosi con generose azioni d'aspirare sommamente alla gloria di eccellentissimo guerriero; ed avea
già tenuto l' antedetto Costanzo frequenti pratiche per
impalmargli la propria sorella. Ad egual fato soggiacque
Niceforo Paleologo padre di Giorgio, e seco lui altri
de' più illustri personaggi, tra quali Zaccaria morto non
appena trapassatogli da ferro il petto. Aspete anch'e-
gli con molti de' famigerati duci incontraronvi la medesima sorte.

XXI. Dopo tanta strage e proseguendo mai sempre
il combattimento con grande ostinazione, l'imperatore,
fin qui sano della persona e tenutosi nel suo posto, venne
assalito da tre Latini e furono il prefato Amecete, Pietro figlio di Alifa, così egli stesso annunziatosi, ed un
terzo per nulla ai detti inferiore, i quali allentate le redini
ai destrieri, ed armati di lunghe aste furongli addosso.
Ma falli ad Amecete il colpo voltatoglisi alquanto il
palafreno. L'Augusto ribattè da prima colla spada
l' asta del secondo, e stesi quindi i nervi del braccio con
forte percossa gli svelse dal corpo la mano ferendolo alla
unione di essa col carpo. Il terzo appena gli sfregiò la
fronte, poichè mio padre, di continuo presente a sè stesso, fermo ed intrepido, quantunque grande si fosse il tumulto ed il trambusto in ogni parte a lui d'intorno, pre-
veduto il colpo si lasciò andare supino all'indietro sul
dorso del cavallo, di maniera che la punta dell'asta nemica tocca appena la cute della sommità del capo venne

a ferire lo sporgente lembo della celata, e tagliatane la co-
reggia, che teneala salda girandogli il mento, a gittarla
in terra. Allora il Gallo nella persuasione di averlo stramazzato gli fu sopra colla speranza di farlo suo prigioniero. Ma l'Augusto rizzatosi di colpo e ben rassettato-
si in sella tornò a comparire quel di prima, armato intendomi della medesima foggia, vibrando la tremenda mano colla sguainata spada in pugno, sanguinante dalla
fresca piaga e colla bionda chioma ora esposta al sole,
avvegnachè scompigliata ed aombrante non senza molestia i suoi occhi, avendogli l'infuriato e strepitante destriero, nè più docile al freno, con violenta scossa rivolto
sulla fronte le pendenti chiome dagli omeri. Del resto
qual si trova, preso del suo meglio cuore e pieno della
consueta fermezza, si presenta al nemico; veduti poscia in fuga i Turchi, retrocedere Bodino schivo di partecipare la mischia (tennesi costui l'intero dì armato
e colle truppe in ordinanza mostrando la miglior disposizione di combattere animosamente, giusta gli accordi,
a pro della causa imperiale. Fatto sta che risoluto
avea di provvedere a sè stesso attendendo l'esito della
pugna, ed ove la vittoria piegasse in modo certo a favore di mio padre, unirebbeglisi a caricare i vinti Galli, de-
stando buona opinione di sè nei vincitori; in caso contrario, evitato ogni cimento, ricondurrebbe indietro sane e salve le truppe. E che tale infin da principio e' la
pensasse lo manifestò col riparare prontamente là donde era venuto, senza aver tampoco prelibato il certame,
non appena dichiaratasi la fortuna delle armi a lui
contraria), il triste andamento della battaglia e la sua

persona messa da tutti in abbandono voltò pur egli le
spalle ai nemici, i quali diedersi per ogni verso ad incalzare il romano esercito in compiuta rotta.

XXII. Roberto occupato il tempio di S. Nicolò, ove
esisteva la tenda imperiale col vasellame e le suppellettili dell' esercito, mandò le genti seco di specchiatis-
simo valore sulle tracce del monarca premuroso di averlo
in sue mani, rattenendosi egli intanto colà ad attendere il desiderato annunzio, e che fossegli presentato l'augusto prigioniero; così fantasticava nella sua mente avvezza a pascersi di elevatissimi pensieri e delle più grandi
speranze. Gli spediti adunque pronti ministri del ricevuto comando ritti sen vanno a briglia sciolta dietro le
orme del fuggitivo infino al luogo nella volgar lingua
degli abitatori detto Mala Costa, e tale n' è la posizione: il fiume Carsane vi corre al disotto, quindi sorge
alta rupe. Inoltratosi nel valico di mezzo, e seguendone
per la stessa via le orme i suoi persecutori, questi più
veloci nel corso da ultimo lo raggiungono, e portegli di
forza le aste contro il sinistro lato gli piomban impetuo-
samente sopra (nove di numero) facendolo piegare a destra. E di fermo avrebbonlo stramazzato s'egli poggiando sul duro terreno la punta del lungo acciaro che ar-
mavagli il braccio non si fosse rattenuto dal cadere. In
causa dell' urto poi l' estremità dello sperone sinistro
avviluppatasi nel lembo dell' efestride (1) mosso avealo

---

(1) Εφεστρις, nome applicato ad ogni soprabito ed equiva-
lente a paludamento o clamide, cioè veste da guerra. Xen., Symp.,
IV, 38; Luc., Dial., Meretr., 9, vol. III, ediz., Reitz.; Dial.,
Mort., 10, § 4, vol. I, pag. 366; Becker, Caricle, 11, pag. 358.

dall'arcione e costretto a penzolare dall'opposta banda. Egli non di meno afferrata colla sinistra la criniera del cavallo si reggeva del suo meglio valendosi d'un appoggio in vero di breve durata, se protetto dal Nume, nè v'ha da ripetere, offerentegli salvezza dalle stesse nemiche mani, altri Galli accorsi non fossero laddove era per traboccare in terra, e, dell'egual tenore de' primi dando colle aste loro addosso all'armatura di quel lato, sorretto non lo avessero e riposto in bella guisa nel mezzo dell'arcione, come appunto e'potea nella circostanza bramare. Imperciocchè sebbene questi adoprassersi come sapeano il meglio, animati dalla speranza e dal desiderio, nel gittarlo abbasso compiutamente dal sinistro lato, sol per metà conseguirono l'intento, opponendovisi gli stessi loro commilitoni da quella parte ardenti, in conformità del narrato, di sospingerlo e ributtare colle punte delle aste in senso contrario, vogliam dire verso il destro lato. Mentre poi sì gli uni che gli altri duravano pertinacemente nel darvi opera, ebbesi qualche tempo a mirare lo impensato e soprannaturale spettacolo dell'Augusto armato in sella, e tutt'all'intorno assalito da punte di nemiche aste, il quale secondava col suo corpo lo scambievole impulso loro, e sosteneasi ritto della persona in virtù unicamente degli sforzi di quella moltitudine solo ad atterrarlo intenta. Qui Alessio profittando con valor sommo dell'opportunità, dopo essersi ben rafforzato sul palafreno ed avere sviluppato l'efestride, condusse in alto le raccorciate redini, ed il generoso quadrupede, di sua natura ferventissimo, di robuste gambe, e nato per gli aringhi circensi e marziali, su piè deretani inalberatosi e sciolto il freno alla foga si lanciò con un salto, addivenuto altro Pegaso e traendo seco il cavaliere, in cima della prossima rupe già da noi rammentata. Ma sia pure che il cavallo soprastasse in vigoria gli altri tutti della sua specie, parve non di meno allora che senza il pronto soccorso d'un miracolo della Provvidenza divina a favore di Alessio vano riuscito sarebbe ogni conato. Fra questo mezzo parte delle galliche lance prementi il fuggitivo destriero scosse dall'impeto del salto uscirono di mano ai barbari, e parte conficcatesi qua e là nelle imperiali vesti seguirono lo stesso cavaliere, il quale pervenuto a salvamento le distaccò ad uno colle frange degli abiti donde eran pendenti. Con animo quindi assai tranquillo in così grandi traversie, e libero da ogni perturbazione di mente scelto il partito da prendere nella circostanza, con mirabile prontezza si levò di là. I Galli a bocca aperta volgendo gli occhi all'intorno si rimasero da prima oltre ogni credere attoniti, ed eravi ben ragione di stupire; osservatolo poscia da lunge in fuga gli tengon a corsa dietro, ma l'Augusto fattone accorto dallo strepito, allorchè il prolungato galoppo rassicurato avea del pericolo i vincitori, girate d'improviso le redini e portando un colpo d'asta contro il primo di essi, cui per fortuna s'avvenne, gli trapassò il petto e mandollo supino a terra; dopo di che rivolto novamente il destriero proseguì la battuta via. Corso breve cammino ecco appresentarglisi alcune coorti di Galli, che terminato di incalzare i fuggitivi Romani tornavano vittoriose al campo. Queste a molta distanza ravvisatolo fecero alto in mezzo del sentiero ch'egli di necessità dovea proseguire, ed insieme congiunti gli scudi a mo' di testuggine stavansi ad accordare, quetando, breve ristoro a sè stessi ed a cavalli prima di esporsi a nuovi cimenti, e così più di leggieri addivenirne padroni, bramandolo nelle mani loro anzi vivo che spento nel badalucco, per rendere il presente vie più grato a Roberto. Qui l'imperatore, sottrattosi a pena dalle molestie di numerosi persecutori al vederne altri accinti ad assalirlo di fronte, entrò in assoluta disperazione della propria salute. Desideroso pertanto di onesta e non invendicata morte, nè di meglio augurarsi potea, fatta breve pausa sprona contro la folta caterva de' nemici, ed apparsogli nel mezzo loro tal primeggiante individuo, creduto da lui vuoi per la taglia della persona, vuoi per le risplendenti armi Roberto stesso, va ritto ad investirlo; quegli con pari bravura protesagli l'asta accetta la disfida, e pigliato entrambi il galoppo scomparve di subito lo spazio che teneali divisi. Vengono i cavalieri alle mani e primo l'imperatore a portare il colpo trapassa al rivale il petto, spingendogli il ferro dell'asta infino al dorso; tanto bastò perchè il barbaro stramazzasse spento da mortale ferita. Dopo di che, spronato novamente il palafreno, riprende nel mezzo de'nemici il cammino abbandonandosi a libera fuga, gli altri Galli tutti accorsi ad assistere e curare il piagato; e queglino stessi che seguivanse da lungo tempo le tracce, giunti laddove si giacea l'ucciso, messo all'istante piede a terra e riconosciutolo ne lamentavano la trista fine con dirotto pianto e singulti. Non era costui per verità Roberto, ma uno de' più illustri capitani, ed unicamente a lui secondo. Il Comneno adunque mentre i Galli occupavansi del morto procedeva libero da ogni timore e non impedito da ulteriori traversie a luoghi di perfetta salute.

XXIII. Ora nella sposizione di questi avvenimenti parmi, onde non mancare alla storica verità, ed al pressante obbligo di esporre con tutta candidezza i fatti, ovvero trasportata dall' ammirazione di tante e così incredibili imprese, parmi, ripeto, di avere smenticato l'assunto impegno di tramandare alla posterità le geste di un padre. Conciossiachè per tema di rendere la mia narrazione sospetta d'infingimenti mi studio trascorrerle assai volte con grande brevità, e rattenuta da verecondia non attento coll'arte e colla favella di accrescervi interessamento e splendore, astenendomi per anche dal trattarle così diffusamente come si vorrebbe. Eh piacesse al Cielo che, sciolta da questo legame, potessi fuor d'ogni sospetto della mia filiale tenerezza valermi di tutta la forza dell'eloquenza nel discorrere cotanto ricca messe di commendevoli fatti, certa di convincere, la mercè d'una splendida locuzione, fornendomene l'argomento copia, e dalle agevoli passando alle più ardue sue intraprese, che non ebbevvi a memoria d'uomini altri le cui azioni riuscite sieno con maggior diritto meritevoli di amplissima lode. Il mio trionfante impeto della lingua e dello stile or dunque si modera ed infredda, per non sembrare a molti, seguaci della comune usanza nel giudicarmi, di avere troppo ascoltato l'affetto a danno della verità, e fatto riverberare sopra me stessa gli elogi a larga mano diffusi celebrando un mortale con istrettissimi vincoli alla mia persona congiunto; di avere inoltre le notizie di lui

anzi tratte da vane memorie e dalla mia stessa immagi-
nazione, che da genuini e provati documenti. Se poi dato ascolto ai teneri moti del mio cuore m' inducessi a
travalicare i limiti della storica ingenuità, col farmi lecito
di nulla omettere, a fè che l'esultanza de' trionfi andrebbe di pari al pianto ed a' singulti, per le mestissime
e spesso contrarie vicissitudini donde ripieni appresentansi alla scrivente gli imperiali fasti e la vita del suo
genitore. Il perchè applicandovi l'animo nel commen-
tarli ben di sovente bagno e stile e carta di lagrime, ed
in allora non di leggieri frenando queste ed i gemiti pro-
rompenti dal mio petto do tregua alcun poco al dolore
per isfogarmi in lamentele, che d'altronde, presto cessando, parmi dir non si possano intempestive. Se in
cambio adoperassi diversamente prendendo a trattare ad
occhi asciutti e senz'alcun segno di afflizione, come appunto una selce priva di sentimento ed un durissimo
diamante, così gravi e domestiche sciagure azzarderei
rendere tutta la istoria sospetta di finzione, di lavoro
fatto ad ostentamento d'arte ed emulo delle sceniche
rappresentanze, non già una veritiera narrazione delle a-
cerbità durate vivendo in causa d'avversa fortuna, ma
un composto di variati e tragici avvenimenti. Tali da
seuno e così grandi elle si furono che nel racconto loro
giurar debba, se voglio mostrarmi ed essere creduta a-
mante del genitore, di nullamente venire seconda a quel
giovane, cui Omero pone in bocca le seguenti parole:
*Per Giove il giuro, non i travagli di Agelae e di mio*
*padre*, ma sì che del mio Alessio le calamità e la valentia appalesata nell'evitarle e vincere sono lasciate a

ANNA COMNENA.                                               31

me sola da piangere privatamente ed ammirare. Ora torniamo a bomba.

XXIV. Terminate queste faccende i Galli recaronsi novamente presso Roberto, il quale osservandoli a mani vuote e porto orecchio al racconto degli ostacoli per loro incontrati forte sgridolli, e riprendendo un illustre guerriero infra essi d'imperizia nelle cose belliche passò alle minacce di farlo vergheggiare. Incolgami, aggiungeva, ogni male se posto nella medesima circostanza non avessi spinto il mio cavallo con egual salto sopra la cima della rupe ove riparò l'Augusto, e quivi o gittatolo da sella cadavere, o condottolo meco prigioniero. Nè v'ha dubbio che Roberto si fosse valentissimo, sprezzatore in grado sommo de' pericoli, ed in pari tempo quanto mai dir si puote adiroso, sbuffante ira dalle nari, ed al più lieve ostacolo nelle sue operazioni, o non andandogli queste a versi lo vedevi montare in collera e manifestarsi tutto bile ed asprezza. Nel fervore a simile della battaglia ove si fosse azzuffato con tale de' cavalieri nemici lasciava in balìa della sorte qual di loro giuntar vi dovesse la vita, tranquillo ed apparecchiato ad ambo gli eventi, e certo o dell'uno, o dell'altro. Ora il guerriero da lui fieramente sgridato esponendogli essere quella rupe e per la sua elevatezza, e per li grandi scoscendimenti da cui veniva attorniata così precipitosa, sdrucciolevole ed insuperabile che se il Nume non vi presti il suo aiuto colassù trasportando quasi con artificiosa macchina, per certo uomo al mondo non già fornito delle sue armi, catafratto, in arcione e combattente, ma neppure pedestre, a suo bell'agie, in perfetta calma e

mettendovi tutta la industria e forza raggiugnerebbene
carponi la vetta. Che, proseguiva, se nieghi fede alle mie
parole prova tu stesso, ed altri de'tuoi, imperterrito nelle
armi e di cavalli espertissimo maneggiatore, pongasi al
cimento, e se alcuno di voi si farà, pigliato un salto, colassù, purchè nè egli, nè il destriero abbiano sortito dalla
natura le ali, io non mi rifiuto di soggiacere a qual tu
vuoi acerbo supplizio, ed alla condanna di codardìa. Le
costui parole accompagnate da gesto ed atteggiamento
della persona manifestanti di leggieri lo stupore, vivo per
anche nella sua mente, dell' incredibile salto non guari
prima veduto placarono Roberto convertendone lo sdegno in ammirazione.

XXV. L'imperatore fatte lunghe giravolte su pe' monti
appresentatiglisi durante il cammino e superati i molti
ingombramenti del non battuto sentiero , speso avendo
in continue malagevolezze due giorni ed altrettante notti,
pervenne ad Acri ; valicato quindi nel procedere oltre
il fiume Carzane ristorossi con breve riposo in una quasi
impenetrabile foresta nomata Babagora, presente ognora
a sè stesso e pieno di coraggio nonostante l'agitazione derivatagli dalla sofferta grandissima strage, la stanchezza
delle sue membra, e tutta la sequela de'tollerati sinistri ;
nè impaurito nullamente pel dolore, addivenuto intanto
assai molesto della riportata ferita. Ed avvegnachè nel
cuor suo rattristatissimo per la perdita di tanti illustri
guerrieri morti sul campo eroicamente combattendo,
pure da quell' afflizione, giusta di vero ma nelle sue circostanze inutile, rivolgendo il pensiero ai necessarj provvedimenti del giorno tutto adoperavasi nel cercar mezzo

di salvare Dirrachio, sapendo non avervi più là entro
Paleologo, dal cui valore era stata fin qui difesa contro
le armi nemiche ; imperciocchè uscitone d'ordine imperiale non potè quindi, colpa della malagurata battaglia,
rientrarvi. L'Augusto adunque finchè n' ebbe il destro
procurò esortarne il presidio a non obbliare l'osservanza de' proprj doveri, e fidata la custodia della rocca ai
Veneti, aventi quivi una colonia, prepose al governo ed
alla conservazione della città Comiscorta, disceso dagli
Arbani, mandandogli per lettera accurate istruzioni sopra quanto estimava doversi in que' frangenti operare.

# ANNA COMNENA PORFIROGENITA
## CESAREA

———

## ALESSIADE
## LIBRO QUINTO

———

### ARGOMENTO.

ROBERTO, occupato Dirrachio, riprende la via dell'Italia, e fugatovi Enrico re d'Alemagna ne mette a bottino il campo. - Baimundo, rimaso nell'Illirico, espugna molte città, vince due volte in battaglia l'imperatore Alessio, ed una terza, combattendo vicino a Larissa, depone le armi non vittorioso, nè vinto. - È costretto non di meno a raggiugnere il padre in causa d'una cospirazione de' suoi fomentata occultamente dall'imperatore. - Italo, uomo sedizioso, viene obbligato a ritrattare pubblicamente in Costantinopoli alcune sue perverse dottrine.

SOMMARIO.

*DELIBERAZIONE di Roberto. - Entra in Dirrachio aprendogli le porte i cittadini. - Benevolenza mostrata alle truppe, e sua premura di rimettere a numero l'esercito. - Mestizia imperiale non disgiunta da generose speranze. - Parallelo di Alessio con Roberto, e superiorità del primo; zelo imperiale verso i feriti raccolti in Deaboli, e suo proposito di soldare nuove cerne. - Prodigalità di Botaniate. - Erario esausto. - Perchè Alessio non abbia rinunziato il trono. - I principi contribuiscono danaro. - Grandissime speranze de' militi. - Inchiesta di pecunia ai luoghi sagri. - Il sebastocratore convocati i principali del clero addomanda loro lo spoglio delle meno celebri chiese. - Metaxa francamente gli si oppone. - Leone da Calcedonia a tale inchiesta forte inveisce contro di Alessio, facendo mal uso della costui lunga pazienza. - Si torna a chiedere il sacro danaro. - Leone, addivenuto reo di sospetta dottrina, con licenziosissime parole insulta l'Augusto, e sprezzane la offertagli riconciliazione. - Viene deposto dalla sede calcedonese e mandato in esiglio. - L'imperatore esercita le truppe. - Col mezzo di legati induce il re alemanno a portare le armi contro Roberto; quindi torna a Costantinopoli. - I Manichei lo abbandona-*

no. - *Roberto, fatto sapevole della spedizione del re
alemanno contro la Longobardia, fida a Baimundo
il governo dell' Illirico raccomandandogli la romana
guerra. - Tornato in Italia raguna l'esercito in Salerno. - Prende la via di Roma, donde, unitosi al papa, muove contro Enrico, il quale preso da spavento
fugge. - Roberto abbottinato l'accampamento nemico
rientra in Roma, conferma nella pontificale sede il
papa, e di ricambio viene da lui salutato re. - Di
là passa a Salerno, dove gli si presenta il figlio Baimundo con rattristato volto. - Questi, partito il genitore, ed afforzato grandemente l'esercito co' romani
disertori, prende molte città, munisce le rocche, guasta il paese, vince due volte in campo l'Augusto, ed
evitandone le insidie mettelo in fuga. - Scuopre e pu-
nisce la congiura di tre conti. - Alessio invoca l'a-
iuto de' Turchi. - Baimundo strigne Larissa difesa
da Leone Cefala. - Accorre l'imperatore in difesa
degli assediati. - Sua apparizione dormendo, e suo
voto. - Appresta nuovi agguati. - Dal nitrito de 'cavalli trae augurio di riportar vittoria. - Mentita fuga
de' Romani. - Augusto occupa l'attendamento dei
Galli, e fa strage de' loro cavalieri. - Vana allegrezza di Baimundo; suo coraggio e sua costanza. -
Romani morti dalle armi nemiche. - Elogi di Michele Duca. - Stratagemma di Baimundo, e fuga delle
romane truppe. - Forza e coraggio d'Uza. - Coster-*

*nazione de' Latini per lo inchinamento del vessillo. -*
*Fedeltà dei conti de' Galli messa a prova con abboc-*
*camenti dal Comneno; e' rubellatisi contro Baimun-*
*do lo costringono a ritirarsi. - Amore di Alessio per*
*la religione e le sane dottrine. - Nascita e dottrine*
*del novatore Italo. - Le belle lettere fioriscono sotto*
*il Comneno. - Michele Psello ne' suoi studj assistito*
*dal Cielo. - Michele Duca augusto ed i suoi fra-*
*telli amanti delle lettere. Italo mandato in Epidanno*
*fugge a Roma. - Chiamato novamente in Costanti-*
*nopoli ottiene il primato nella scienza filosofica. -*
*Suoi difetti e sue lodi. - Dottrina da lui professata. -*
*Poco giova ai discepoli. - Digressione riguardante gli*
*studj di Alessio e d'Irene. - Questa amantissima*
*della lettura, ed in ispecie delle opere di S. Massi-*
*mo. - Italo convinto di false dottrine elude il giudi-*
*zio della chiesa. - I suoi dommi colpiti di scomuni-*
*ca; ritrattatosi vien rimesso nella comunione de' fe-*
*deli.*

# ALESSIADE QUINTA

I. ROBERTO dopo una cotanto segnalata vittoria non avendo più che paventare dalla guerra, occupati gli attendamenti e la salmeria del romano esercito, compresovi lo stesso pàdiglione imperiale, baldanzoso degli inalzati trofei e tutto gongolante di superba letizia si ricondusse nella pianura, dove prima della battaglia, nell'assediare Dirrachio, piantato avea il campo. In quella momentanea dimora iva ponderando se convenissegli accingersi novamente alla espugnazione della città battendone da capo le mura, o piuttosto, rimessa l'opera all'aprir della stagione, impadronirsi intanto di Glabinitza e di Giannina per isvernarvi, distribuendo l'esercito in quelle amene ed ubertose valli formate dai poggi all'orientale confine della piana e campestre dirrachiese regione. E' si parea che gli assediati fossero disposti, come abbiamo di già scritto, alla difesa; ma le persone tra essi aventi a cuore le proprie faccende e molti Veneti e Melfi, quivi di stanza, udita la rotta imperiale con istrage di tanti duci e ragguardevolissimi guerriéri, vedendosi inoltre abbandonati dall'armata di mare veneta e romana, principiarono a comprendere nell'animo loro quello non essere momento opportuno a far pruova di valore. E vie più si raffermavano in tal pensiero divulgato essendosi là entro che Roberto nel verno terrebbeli solo con largo assedio rinchiusi, indugiando a combatterli di tutta forza alla veguente primavera. Gli abitatori di Dirrachio, ripeto, commossi da queste nuove si diedero a più gravi considerazioni senza discoprirsi ad alcuno, ripensando se avessevi mezzo idoneo di provvedere alla propria salvezza e non esporsi una seconda volta ai mali e pericoli testè sofferti. Agitata lungo tempo entro di sè la faccenda e' vennero da ultimo ad unirsi infra loro, manifestando ognuno il divisato in sè stesso, e dopo non lungo dibattimento delle varie opinioni di buon grado convennero essere il miglior partito, onde torsi dalle presenti angustie, quello d'intendersela con Roberto e cedergli a determinate condizioni la città. Nel persuadere poi e sollecitare l'arrendimento ebbe molta parte in ispecie la continua insistenza d'un Colono da Melfi, il quale con molti ricordamenti ed ammonizioni fece al postutto accogliere la sua proposta, e decretare che spalancate le porte si mettesse Roberto al possesso di quelle mura. Questi, entratovi, chiamò dai quartieri d'inverno l'esercito per ristorarlo, mostrandosi premurosissimo non solo dei gravemente feriti, ma ben anche di coloro cui il ferro non avea che intaccato la superficie della pelle. Ricercò eziandio con accuratezza quanti e quali de'suoi rimanessero spenti nelle date battaglie onde supplirli, giudicando la disoccupazione del tempo vernile opportuna a soldare militi, ed unir a suoi vessilli nuove coorti di ausiliarj coll'intendimento, non appena spuntata la primavera e messo a numero l'esercito, di portare a dirittura le armi contro l'imperatore. Il vittorioso

Roberto tutto festante pel trionfo delle sue armi così la
pensava, e disponevasi ad operare.

II. Alessio al contrario vinto, fuggiasco e disforma-
to dal colpo ricevuto nella fronte, ma più acerbamente
piagato nel cuore, rammentando la funestissima e lagri-
mevole strage con perdita di tanti illustri e valorosi guerrieri morti in quel terribile conflitto, silenzioso, pien di
mestizia e quasi dalle sciagure smagato si tenea per iste-
rile ambascia inoperante. Se non che riavutosi ben presto da tale inopportuna stordigione tornò quel di prima;
ed elevato l'animo suo a grandi speranze, non che a provvedimenti di sè degni, volse ogni pensiero a cercar mezzo
di riparare i sofferti danni, per rendere generosamente
nella primavera il cambio dell'ontosa sconfitta ai nemici.

III. Ambo questi condottieri tanto assomigliavansi
in commendevoli doti quanto, sarei per dire, nella inten-
sità dell'odio infra loro e negli ostili risentimenti. L'uno
e l'altro prontissimi erano di mano e d'ingegno, e più
che idonei a tutte le fazioni e parti della tattica militare. Mostravansi a simile pieni di acume nell'antivedere,
destrissimi nel celare i proprj disegni, ed esperti nelle
guerresche bisogne, o fosse mestieri di espugnare una
rocca, di tramare insidie, o di venire a battaglia in campo aperto. Spediti li vedevi nel deliberare e così forti
di braccio, e d'animo intrepido e fermo che sembrava non
essersi posti giammai dalla fortuna, a maraviglia del
mondo, in altra guerra sì tanto bene appajati rivali.
Aveavi tuttavia un punto in cui era uopo accordare al-
l'imperatore la preminenza, il quale ancor gioviucello,
per non saprei qual precoce abbondanza di valore, su-

perava il suo antagonista nella età perfetta, e minacciante quasi di scuotere con un colpo di piede l'universo, e mettere in rotta con solo un grido le falangi.
Ma siffatte cose debbonsi riserbare ad altri luoghi, poichè avrannovi di quelli premurosi di commendare un
tanto ingegno impiegandovi tempo e studio corrispon-
denti al suggetto, e non trascurando nulla di quanto
a reciso noi abbiamo qui esposto.

IV. L' imperatore Alessio, dato con breve riposo
qualche ristoro alle durate fatiche, da Acri giunto a
Deaboli tutto si occupava nel raccogliere gli avanzi della
strage e nel soccorrere ed assistere i semispenti da travagli e dalle ferite quivi affollatisi; spediva inoltre per ogni
dove banditori all' uopo di avvertire il resto de' fuggitivi che si ragunassero in Tessalonica. Di più riandando,
ammaestrato da una triste esperienza, con quanto dispa-
ri mezzi si fosse cimentato coll'esercito di Roberto, e condannando affatto per l' avvenire ogni speranza da lui
antecedentemente riposta in cotal specie non dirò già
di militi, bensì di timidi bisogni e novissimi nell' arte
della guerra, prese attentamente a raccorre e soldare
aiuti esperti nelle armi. Se non che era di grave
ostacolo a questa esecuzione la mancanza di pronto danaro, nè aveavi in quelle angustie come pro-
cacciarne, a motivo dell' imprudentissimo ed inutilis-
simo spendio fatto dal suo antecessore Niceforo Botaniate, sotto cui narrano essersi trovato per modo esan-
sto il tesoro che infin le porte de' luoghi destinati a
custodire il pubblico danaro lasciavansi disserrate ed a-
perte a chiunque bramasse visitarli, non avendovi più

timore di aescarne menomamente la rapacità. Quindi il romano impero, oppresso da miseria e debolezza, era in grande scompiglio, non avendovi nè truppe sufficienti alla sua difesa, nè danaro all'uopo di reclutarne. A che dunque ricorrer dovea il giovine imperatore non appena messosi a trattare le redini di così grande e mal regolato dominio? Gli conveniva forse in quel disperatissimo trambusto di cose scendere dal solio regale e tornare ad una vita privata? ma facendolo come evitare la taccia di pusillanime ed infingardo? E sebbene tale deliberazione fosse avvalorata da onesti motivi, pure improntato avrebbe nota d'infamia eterna al suo nome, quasi per vile timore e indotto dalla coscienza d'un animo imbelle ed inerte, non già da commendevole divisamento preferisse la oscurità d'una oziosa quiete alla reggia ed al trono. Il quale disdoro, peggior della morte in personaggio così nato e cresciuto, determinollo a proseguire nella intrapresa carriera infino agli estremi; ad evitare poi ogni rimprovero di azioni men degne della trascorsa vita e delle precedenti geste risolvè di rinovare a tutto potere la guerra, ovunque levando truppe e chiamando in suo ajuto, colla speranza di amplissime largizioni, assai valenti guerrieri, incorandone la fedeltà mediante l'obbligatoria promessa di ricompense per lo avanti dichiarate.

V. Fermo in questa determinazione procurò innanzi tratto, mandati all'uopo da ogni parte abili messaggi, di raccogliere genti ausiliarie con isplendentissima proposta di assai larghi doni; poscia con lettere e pronti ministri sollecitò la madre ed il fratello ad inviargli tosto danaro in qualsivoglia modo raccolto; eglino avuto il comando unironsi a consiglio, ed esaminate e giudicate prive affatto di speranza le altre vie di compiere l'inchiesta ricorsero alla volontaria contribuzione dei loro particolari effetti. Mercè di che la totale argentea masserizia della madre, del fratello e della imperiale consorte venne tradotta alla pubblica zecca per essere convertita in moneta. E qui bellamente apparve lo zelo della mia genitrice, la quale prima d'ogni altro e senza il menomo indugio spogliossi per intiero e con liberalità somma del prezioso metallo derivatole a titolo di eredità da suoi parenti. Grande esempio da lei dato, come opinavasi, onde animare altrui in così grave universale disagio alla non curanza delle possedute ricchezze. Laonde presala a modello tutti coloro, che per consaguineità o per amicizia univansi ai Comneni, a misura ciascheduno dei legami verso di essi e delle proprie facoltadi, offerirono maggiore o minor copia d'oro e di argento. Parte della quale pecunia in questo modo raggranellata fu partita in appresso tra socj addimandanti i meritati stipendj, e il di più se l'ebbe Augusto, in quantità non di meno ben minore de'suoi urgenti bisogni. Imperciocchè ed i volontarj concorsi nella malaugurata pugna attendevan il guiderdone de' prestati servigi, pronti a ritirarsi non riportandolo giusta le concepite speranze, e le genti stipendiate non solo chiedevano che venisse loro snocciolato il soldo, ma eziandio aumentato. Laonde speso di colpo il raggruzzolato danaro vuoi nel saziare, vuoi nel calmare alla meglio le brame de' petenti, nè la cupidigia di molti essendo ancor satolla, appariva un vero nulla il fatto, ed a chiare note si vedea la fedeltà dell'e-

sercito vacillare quando non gli si dessero più copiose
largizioni; l'imperatore adunque costretto da sì grave
pericolo sollecitava di più in più l'invio di maggiori somme. Cosa per verità molesta, poichè ove dare del capo
giunti di là dagli estremi? o a che rivolgersi dopo il vo-
lontario spoglio de' preziosi metalli fatto dalla casa imperiale? I doviziosi a ripararvi teneano senza profitto alcuno lunghe consultazioni, e pur queste avean luogo non
meno tra' privati che nel senato all'uopo raccolto. Cre-
scendo alla fine di giorno in giorno il timore di Roberto e la disperazione d'ogni altro mezzo si opinò di aiutare la naufragante repubblica ponendo mano, quasi direi, alla sacra àncora degli ecclesiastici tesori. A non
mettere pertanto il piede in fallo trattandosi d'inchiesta a maliucorpo intesa dal volgo, e' rammentavano gli
antichi canoni, dai quali veniva stabilito potersi valere
della sacra pecunia e del sacro vasellame convertito in
danaro pel riscatto degli schiavi, essendo pur troppo
quello il tempo. Conciossiachè giacevano per l'oriente
in miserabile cattività sotto infedeli padroni con rovina
dell'anima ed imminente pericolo dell'eterna salute innumerevoli cristiani. Ai quali agevol cosa era di por-
gere soccorso addimandandone il prezzo del riscatto non
ai più frequentati e celebri templi, ma bensì ai deserti
ed oramai di nessun profitto; templi che ricolmi d'anti-
che offerte attendevano solo ed aescavano i repentini sacrilegj de' ladri notturni. Quanto meglio dunque
e più vantaggiosamente adoprerebbensi di tali ricchezze, fattone danaro, nel condurre un esercito d'imperiali e di confederati a sciogliere una volta i cristiani dalle
catene de' Turchi?

VI. Convenuti di battere questa via il sebastocratore Isaacio si reca nel gran tempio della Sapienza divina, e convocatovi il sinodo de' sacri ministri fu accolto con sorpresa dai patriarcali assessori paventando ove
andasse a finire quell' improvisa comparsa. Quindi alla
costoro spontanea interrogazione sull' oggetto della sua
visita, egli rispose: Vengo a manifestarvi una grave urgenza nell' attuale deplorabilissimo stato della repubblica, dovendo noi riporre unicamente in voi la fiducia di
conservare l' esercito. Ricordò poscia gli antedetti canoni, ed espose come, giusta il suo pensamento, e' non
ostassero al toccare senza il menomo disagio qualche
parte delle ricchezze possedute dai templi meno frequentati dal religioso concorso de' fedeli. Molto disse in proposito; avvalorando poscia coll'autorità del regno la sua
facondia non dissimulò che all' uopo torrebbe di forza
quanto fin qui studiavasi ottenere col discorso. A
mitigare tuttavia l' odievolezza della tenuta favella ne
accagionò la necessità e la mala fortuna. Vi costringo,
soggiunse, costretto in prima io stesso ad usare modi
violenti colpa del calamitosissimo stato dell' impero e
dell' assai grave pericolo sovrastante al nome romano.
Egli di questa guisa ora con prieghi, ora con voce im-
periosa giunse a guadagnarne il numero maggiore; non
per certo Metaxa, il quale mai sempre gli si oppose con
molte commendevoli ragioni, e così alla libera da recargli offesa, ma il tutto fu vano dichiarandosi i voti a favore
del sebastocratore. Dalla esposta domanda nulladimeno
surse motivo di gravi lagnanze contro gli imperatori (vo'
dire i fratelli Comneni, non dubitando rendere parte-

cipe Isaacio, dalla porpora infuori, di tal nome); rancura
non di que' dì unicamente o del vicin tempo, ma ben
di più lunga durata, ed a fomentarla non fu inerte
un Leone da Calcide in allora vescovo di mediocre
dottrina ed eloquenza, ma virtuoso e di rigidissimi costumi. Questi mirando svegliere dalle porte de' templi ne' Calcoprati (1), discosti dalla popolare concorren-
za e quindi poco frequentati, lame d'oro, di argento
ed emblemi vi si oppose, intramettendosi agli operai, con
liberissima voce; nè udir volle scusa di necessità o ci-
tazione di antichi canoni. Di più ebbe in costume da
quinci in poi d'inveire oltraggiosamente e senza ritegno
contro l'Augusto sgridandolo presente ogni qual volta vedevalo comparire in Costantinopoli, baldanzoso per
l'incredibile pazienza e soavissima piacevolezza, abusan-
done, d'un principe sordo a cosiffatte villanie.

VII. Di più, ottenuto avendo Isaacio, all'epoca della
prima spedizione d'Alessio contro Roberto per giuste
cagioni la facoltà con senatorio decreto, e con assenti-
mento de' prelati di chiedere pecunia dalle chiese, in-
dispensabile per la conservazione dello stato, questi sver-
gognatamente rifiutandovisi ne riportò coll'ardir suo il
forte sdegno di lui. Negli anni appresso l'Augusto sofferto
avendo qualche scacco da parte de' Galli ne fece quindi
con mille vittorie pagar loro il fio; talchè venne coronato
ed introdotto trionfante nella città regale. Ma suscita-
tasi di poi nuova e gravissima perturbazione dall'inoltrare

(1) Nome d'una contrada, ove erano le botteghe de' lavoratori in rame o bronzo (χαλκοπράτης ramaio).

armata mano degli Sciti su quel dell'impero, in pericolo
non dissimile ricorrendosi coll'universale approvazione
all'eguale provvedimento, lo stesso Leone, sempre ad un
modo caparbio, non arrossì villaneggiare di presenza
l'Augusto bramosissimo che si aderisse all'inchiesta.
In allora poi caduto il discorso, come suole avvenire,
sopra i sacri templi, le statue e le pitture, il prelato si
diè a sostenere essere il culto da noi prestato alle imagini anzi assoluto e loro inerente che di semplice relazione. E quantunque molte cose fossero da lui dette e
rappresentate lodevolmente giusta i canoni e la dignità
sacerdotale, in altre non di meno cadendo in fallo
venne giudicato di professare poco ortodossi principj,
nè saprei se la cagione dell'error suo attribuir mi debba al fervore dell'inattesa disputa, il più delle volte
trascorrendosi oltre i giusti limiti, o alla volontà di
opporsi ad Augusto portandogli da pezza malevoglien-
za, o pure al non conoscere il vero, e qui fondo
particolarmente i miei sospetti. Poichè egli non avea
molto studiato nelle lettere, ed inespertissimo era nel-
l'arte di ragionare, onde può congetturarsi che nella
contesa gli uscissero di bocca parole meno conformi alle
teologiche dottrine. Di giorno in giorno poi al ritorno delle circostanze medesime, prendeva in lui vigore quell'audacia manifestata in parecchi incontri col man-
car di rispetto senza proprio danno all'imperatore, a-
vendo soprattutto incitamento questa sua naturale disposizione da non picciol numero di spensierati, cui non
attalentava il governo della repubblica. Egli dunque inet-
to a moderare cotanto disconvenevole contegno, sfoga-

vasi incessantemente colle sue intollerabili ed intempestive soperchianze ed ingiurie contro mio padre, il quale
cercava in cambio ogni mezzo di placarlo, e persuadere
ne' più affabili modi a correggere in tempo l' asserito
sconsigliatamente intorno alle sacre imagini, e deposta
ogni odievolezza a rimeritare la sua grazia, essendo egli
pronto alla compensagione degli arredi levati alle chiese, anzi promettendo fornirle di più splendide suppellettili, e ad espiazione di tal colpa non si rifiuterebbe sottostare a qualunque legittimo soddisfacimento; aggiugneva altresì di aver già compiuto la sua promessa co'
principali vescovi, di maniera che annoveravali tra'
più zelanti patrocinatori della sua causa, come testi-
moniar lo poteano gli stessi in addietro di lui pro-
seliti; ma sordo il prelato alle affettuose dichiara-
zioni proseguiva ostinatamente a mostrarsi quel di prima. Fu dunque uopo ricorrere da ultimo, qual rimedio
necessario, ad una condannagione canonica privandolo,
avvegnachè fornito di molti numeri, dell'occupata sede.
Nè valse il gastigo a piegarne l'indomito animo, intento mai sempre a macchinare nuovi garbugli e, provo-
cando nel clero fazioni, a trarre dalla sua non piccola quantità di sacri ministri. Durando così la bisogna
per molti anni egli rendè all' universale ampla testimonianza di mal talento e della inflessibile sua capar-
bieria, mercè di che venne finalmente a pieni voti condannato all' esilio in Sozopoli presso del Ponto, dove
per comando imperiale fu accolto con sommo rispetto
e provveduto in copia d' ogni agiatezza; se non che
afforzando egli ognora la sua ostinazione e vie più in-

durando l'animo nello sdegno una volta concepito verso l'Augusto non volle menomamente profittare delle generosissime cure; ma intorno a ciò basti.

VIII. Alessio intanto era assiduo nell' esercitare in
tutte le militari funzioni le numerose truppe di fresco tor-
nate sotto gl' imperiali vessilli ( poichè non appena divulgatosi il salvamento di lui molti vi accorsero), ammae-
strandole nel maneggiar bene il cavallo, nel trarre d'arco a segno, nel procedere colle armi in pugno contro
i nemici e nel fare opportune imboscate. Avea inoltre
spedito nuovi ambasciatori al re d'Alemagna, sotto gli
ordini d' un Metimne con lettera ed ammonizioni tendenti a indurlo, troncato ogni indugio, di muover
contro alla Longobardia, giusta le convenzioni infra di
loro stipulate. Di colpo adunque porterebbe le armi su quel
di Roberto, onde, ritratte le costui forze dal romano
impero per la necessaria difesa de' proprj stati, e' potesse respirare alcun poco, ed assoldate genti ausiliarie
prepararsi a respignere da tutta la regione illirica il nemico. Che se il re alemanno aderisse a prestargli in questa facilissima guisa il suo aiuto obbligerebbelo sommamente, e ne avrebbe in compensagione ogni maniera di
servigi e benefizj; innanzi tutto stringerebbesi quell'affinità che i legati suoi aveano manifestato graditissima
alla regal persona, e della quale partendosi recarono
seco la speranza.

IX. Disposte così le faccende e lasciato quivi il gran
domestico Pacuriano, Alessio prende la via della metropoli per raccogliervi con più agio da tutte le parti ausiliarie truppe, e mettere in assetto parecchi affari addi-

mandati dal tempo e dalle presenti circostanze della repubblica. Intrattanto Xanta e Culeone, manichei, unitamente ai loro militi, due mila e cinquecento di numero, a capriccio e senza addurne motivo abbandonano
l' esercito, e richiamati più e più volte per lettere dal Comneno promettono bensì di raggiugnerne
le bandiere, ma prolungano all' infinito lor tornata,
avveguachè sollecitati premurosamente dal sovrano
coll' offerta di largizioni ed onoranze; tutto fu inutile,
neppure a tai patti curandosi di mantenere la data
parola. Mentre poi nell' antedetto modo l' imperatore
dispone gli affari contro Roberto, ecco giugnere a costui
un trepidante messo colla notizia che le armi del re Enrico erano per entrare nelle terre de'Longobardi. Egli
allora seriamente occupatosi del ricevuto annunzio,
e rimaso qualche tempo nell' alternativa di contrarj
pensieri, colla massima diligenza esaminando il partito
migliore da prendere, al postutto rimembrò che fin da
quando si pose a capitanare la spedizione verso l' Illirico fregiato avea dell' italiana signoria il figlio Rogerio, e
non assegnato regione alcuna a Baimundo, sulla quale
potesse questi esercitare un supremo dominio ; il perchè
ragunati a consiglio i conti e gli illustri personaggi di
tutto l' esercito, ascese più elevato luogo per arringarli
del seguente tenore:

*Voi ben sapete, o conti, che al passar nell'Illirico*
*fidai al carissimo e primogenito mio figlio Rogerio un*
*assoluto potere sopra tutti gl' italiani miei possedimen-*
*ti, non estimando conveniente di abbandonare, al di-*
*lungarmene per così grande e periglioso intraprendi-*

mento, il proprio e quasi natale suolo privo di custode
o capo, ed esposto alla cupidigia di chiunque osato a-
vesse, non altrimenti che ad apparecchiata preda,
volgervi il piede. Or bene, con tale speranza il re alemanno accingendosi di presente ad occupare con poderosissimo esercito i nostri possedimenti, come ci viene
confermato da incontrastabili pruove, noi al certo dobbiamo procurare di antivenirne i tentativi. Imperciac-
chè quale scusa potremmo addurre se mentre siam tutti
nel conquistare l' altrui, comportassimo con vile infingardaggine di essere spogliati del fatto nostro? Io adunque mi assumo questa laboriosissima parte dell' opera; io sì, io stesso m'affretto a portare le armi contro
l'Alemanno, ed affido al mio più giovane figlio, che qui
vedete, Dirrachio, Aulone, e le rimanenti città ed isole,
di già in nostro potere, quantunque non ancora condotta a fine la guerra, come anticipati premj e favorevoli
pronostichi di maggiori in avvenire. E qui, ad assicu-
rare il prospero e compiuto loro avveramento, prego e
scongiuro voi tutti che vogliate ritenerlo un altro me
stesso, e vi adoperiate, del pari che vi comportaste meco,
a proteggere colla massima valentia dell'animo vostro
la sua causa e salvezza. A te poi, carissimo figlio (voltosi a Baimundo), con autorevole e paterno affetto ordi-
no e raccomando di trattare con ogni onoranza e rispetto i conti, valendoti de' loro consigli per modo
che nulla tu imprenda senza avere da prima richiesto il parer loro, e voglio, in virtù di tal precetto,
che non abbi giammai da posporne i divisamenti ai
tuoi, comunque opportuni ed accorti sieno da te reputati.

*Ma soprattutto raccomandoti quanto so e posso di at-*
*tendere alla romana guerra, non istancandoti in alcun*
*tempo e per qualunque motivo di pensare ad essa; ri-*
*peto alla romana guerra da noi già condotta a buon*
*porto, ed a te ora commessone il fine. Qui sta l'opera*
*tua, poichè il Comneno vinto in una grande battaglia,*
*campato a stento dalla gravissima e quasi generale stra-*
*ge de' suoi militi, opina di aver molto guadagnato col-*
*l'essersi potuto sottrarre, in mezzo a cotanto scompi-*
*glio, dalle nostre mani salvo da morte, o prigionia. Non*
*rallentare no la foga e l'impeto della guerra, solcita,*
*avventati contro lo sconfitto nemico, paventando non*
*egli, avuto campo di rafforzarsi, torni frodolente a mac-*
*chinare vendetta del sofferto rovescio, e dallo stesso*
*duolo e sentimento del proprio scorno prenda con mag-*
*gior furore a combatterci. Egli non è, credimi, uom co-*
*munale o da vilipendersi impunemente; cresciuto da fan-*
*ciullo infra le guerre e le battaglie scorse vincitore l'o-*
*riente e l'occaso, nè ignorar devi quanti potentissimi*
*tiranni sotto i precedenti Augusti fossero dalle sue ar-*
*mi e dal suo braccio vinti e menati seco in catene. Ora*
*se tu non tieni ben d'occhio sì forte rivale, se non lo*
*guerreggi con ogni tuo mezzo in breve l'operato da me*
*a grande fatica e travaglio di mente si ridurrà con tuo*
*danno e per tua colpa in nulla; ripeto con tuo danno, poi-*
*chè adoperando altrimenti, che Dio non voglia, assapo-*
*resti lungo tempo gli acerbi frutti della tua pigrizia.*
*Saluto con queste parole ed ammonizioni te, o figlio, e*
*voi tutti, o conti, di fretta incamminandomi a nuovi pe-*
*rigli ed a nuova guerra, bramoso di respignere l'Ale-*

*marino dai nostri confini, e di mantenere e raffermare nel mio carissimo figlio Rogerio i possedimenti da me in addietro ricevuti.*

X. Terminata l'aringa e' monta su d'una felucca, e navigando alla opposta longobardica piaggia approda in brev'ora a Salerno (città molto prima dagli aspiranti al comando sopra quel tratto di paese scelta a stanza della curia e della corte ducale, quasi diremmo a metropoli di tutto il principato); quivi attese in quiete a far leve di militi, ed a raccogliere ovunque per entro i suoi confini ed infra le genti da lunge gran numero di valentissimi guerrieri. Enrico intanto per non fallire di fede a mio padre si disponea a metter piede in Longobardia; Roberto, informatone, corse a Roma coll'intendimento di unire le sue truppe alle papali, e quindi procedere con maggiore speranza di felice successo a tenere indietro da' suoi confini il nemico. Aderitovi il pontefice muovono ambedue coll'esercito all'uopo d'impedire gli assalimenti del re, alle cui minacce tuttavia non corrisposero i fatti, perocchè l'annunzio delle orientali notizie riguardanti il mal fine dell'imperiale battaglia (da cui Alessio, perduta la massima parte delle sue genti ed in più luoghi ferito, erasi appena sottratto la mercè del suo coraggio e d'un eroico valore non disgiunto dall'assistenza del Nume e di tutti i santi), avealo per guisa raffreddato, ch'e'risolvè darsi a migliori consigli, non estimando necessario o prudente lo incontrare sì grave aringo privo d'una idonea malleveria di speranza o di evidente buona riuscita in esso. Laonde rivalicò di fretta i proprj confini, ascrivendo a mezza vittoria l'essere tornato indietro sano della persona.

XI. Roberto impossessatosi de' regali accampamenti non mise gran conto nel seguire egli stesso le orme del fuggitivo, ma fattone il comando a guerrieri scelti da tutto l' esercito e posto a sacco il campo nemico pigliò ad uno col pontefice la via di Roma, donde, confermato in prima il suo alleato sul trono papale, e da lui novamente riportato il regal titolo, fe' ritorno a Salerno ristorandosi quivi con breve riposo dalla fatica di tante guerre.

XII. Baimundo poco stante presentasi al genitore manifestando coll' abbattimento del suo volto la rancura d' un malaguato successo, riserbandoci ad esporre in seguito come andasse la bisogna, e qual si fu l'esito della guerra da lui capitanata. All'orgoglioso giovine rimaso nell' Illirico, meno per gli ordini paterni che per secondare il violento suo naturale, parean mille anni venisse il momento di battagliare coll' imperatore. Pigliate dunque seco le truppe, i romani disertori (gente non tutta del volgo avendovi gran numero di chiari personaggi, i quali usciti di speranza sull' avvenire delle imperiali faccende abbandonaronsi alla sorte del vincitore passando a militare sotto i latini vessilli) ed i prefetti delle città venute in poter di Roberto, si diresse, per la via di Bagenezia, a Giannina, ove circondati di fosso gli adiacenti vigneti distribuì l' esercito in adatte stazioni e piantovvi entro le tende. A simile rinvenute le mura e la rocca della città poco solide, e mezzo distrutte pose ogni studio nel risarcirle; costruì di più altro ben munito fortilizio iu quella parte della cinta da lui ritenuta di preferenza idonea all'uopo, mettendo intrattanto a

ANNA COMNENA. 34

ferro e fuoco le città e terre all'intorno col mandarvi di continuo predatori.

XIII. L'Augusto a tali nuove raccolto senza perder tempo e con diligenza somma l'esercito abbandona di volo, correndo il mese di maggio, Costantinopoli, ed arrivato in un subito a Giannina ebbe dal nemico pieno agio di appiccare battaglia, ma prima di esporsi ad una impresa da cui dipenderebbe ogni sua fortuna, volle con ischermugi tastare il valore e la bellica perizia di Baimundo. Era poi venuto a questa risoluzione considerando il piccol numero delle sue truppe a petto del nemico esercito di gran lunga maggiore in ogni arma, e quanto occorsegli di vedere nell'ultimo conflitto con Roberto, vo' dire l'irresistibile urto della cavalleria gallica nel dar principio alla zuffa. Scelti però da tutte le sue genti, drappelli di coraggiosi guerrieri spignevali tratto tratto ad arcare da lunge contro il nemico, a fine di pronosticare in qualche modo e col minor pericolo dall'evento dei singolari badalucchi la speranza e la sorte d'un generale conflitto, e così prendere con più sicuro e prudente consiglio a far giornata. Ordinatisi dunque ambo gli eserciti di fronte ed infervorati l'uno e l'altro di combattere, Alessio intento mai sempre ad escogitare opportuno mezzo di render vano il primo impeto del gallico assalimento immaginò resistervi del suo meglio collo stratagemma seguente. Approntati leggieri carri e conficcatevi falci in minor quantità della comune usanza, vo' dire non più di quattro ad ognuno di essi, li fa montare da genti loricate, ammonendoli che sì tosto veduto il nemico inoltrare a fiacca colle, e' movessongli contra, il che necessariamente romper dovea l'unione della falange, e lo stretto collegamento delle truppe.

XIV. Il sole infra le nubi ferendo co' suoi primi raggi l'orizzonte segna l'ora della battaglia. L'imperatore schierato l'esercito va ad occuparne il centro. Baimundo pronto a ricevere la sfida e ben esperto nell'evitare le insidie, quasi in piena saputa degli ostili macchinamenti dispone l'esercito come addimandavan le circostanze. Divisolo pertanto in due corpi, e lasciato vacuo nel mezzo lo spazio che percorrer doveano i carri, assale da ambo i lati le romane forze. Nasce mischia tra falangi e falangi, oste con oste viene alle prese, molti da quinci e da quindi traboccano spenti a terra. Da ultimo dichiaratasi per Baimundo la vittoria, intrepido l'Augusto a mo' di torre, avvegnachè tutto all'intorno assalito da frecce e dardi, ora spronava, infesto cavaliere, a combattere i Galli di contro, lottando seco loro, uccidendone e riportandone di rimbecco percosse; ora chiamava indietro con alte grida i fuggenti. Se non che mirate alla fine le sue falangi battute ed in pezzi, risolvè di provvedere a sè stesso, non già per vile timore della morte, o, come è agevole di supporre in così grave trambusto, per turbazione d'animo indocile ai suggerimenti della ragione, ma per avveduto e generoso consiglio di conservarsi a nuove speranze e maggiori perigli. Imperciocchè nell'attuale sua posizione ritirandosi concepiva fiducia di assalire con miglior sorte dopo qualche tempo i Galli, e ricambiar loro le sofferte stragi. Ora nell'arretrarsi con pochi de' suoi, gettato lo sguardo sopra alcuni Galli, ratto dimentico della mala fortuna, da perdente addivenne risoluto aggressore, ed a riciso incorati i compagni conduceli a quella volta, sia per incontrarvi pronta morte, sia per averne gloriosa vittoria. Fattosi adunque innanzi atterra piagato da mortale colpo uno di essi, e quanti eran seco medesimamente, ciascheduno a tenore delle proprie forze, mettono a pruova il coraggio loro nel combattere gli altri tutti che poterono arrivare, imbuondato ferendone, e costringendo il resto a precipitosa fuga.

XV. Di questo modo l'imperatore superate molte e gravissime traversie libero da offesa nella persona, giunse per le Strughe in Acri. Quivi raccozzato sufficiente numero di fuggiaschi, e datone il comando al gran domestico (1) procede a Bardare, non indottovi da bramosia di riposo e quiete, alienissimo dal porre i vantaggi del supremo comando nel cessare dalle fatiche e nell'abbandonarsi largamente ai piaceri della vita, ma per riparare le sofferte perdite e supplire l'esercito di nuove reclute scelte infra' cittadini e confederati, colle quali riprendere di colta e meglio agguerrito novamente la guerra, come fu il caso. Nell'apprestarsi poi alla battaglia escogitò un che idoneo a comprimere l'insuperabile impeto della cavalleria gallica, onde più di leggieri uscir del campo vittorioso. Al qual uopo nella notte precedente alla pugna fe' spargere sul terreno destinato all'aringo ferrei triboli (2), sperando che le piante de'

_____

(1) Capo de' militi pretoriani appellati domestici. V. Niceta. - Vita di Giovanni Comneno, cap. 11.

(2) Così nomavansi anticamente alcuni ferri con quattro punte, che seminati per le strade trattenevano il passo alla cavalleria nemica.

palafreni montati dai Galli, addivenuti costoro giusta l'u-
sanza impetuosi aggressori, vi si dovessero impacciare e
ferire, tenendosi fra tanto gli imperiali, consapevoli del-
l'insidia, lunge di là e fermi nell'ordinanza, nè s'avvierebbero a combattere se prima non vedessero il nemico in confusione per lo impensato stratagemma. Di più
il Comneno disposto avea che venendo il destro alle sue
milizie, travalicati i proprj limiti, di rendere operose le
armi loro si dividesse lo schieramento in due parti,
le quali pe' lati dell'insidioso campo, senza mettervi
piede sopra, moverebbero a battaglia. Ingiunto avea del
pari ai peltasti (1) di avventare a tutta pruova foltissimo
nembo di freccie contro a'Galli, nel mentre che il destro
e sinistro corno, serbando ciascheduno il suo posto, ireb-
bero di foga ad assalirli.

XVI. Ma che giovarono ad Alessio trovati di sì grande
sapienza, avendone tosto avviso Baimundo, presso cui
aggiravasi occulto stuolo di traditori perfidamente dili-
gentissimi nel renderlo, scomparse appena le tenebre,
consapevole dello statuito da lui nella precedente sera;
nè il duce vi negava fede, o rimaneasi in forse nell'evitare le udite insidie mutando a vista l'ordinanza. Laonde
schiera l'esercito per venire alle armi in parte e modo
ben diversi dal fin qui praticato, poichè noto essendogli l'animo di mio padre forma pur egli delle sue truppe
due corpi e comanda loro di attaccare gli imperiali;
ordina eziandio al centro ed alla fronte dell'ordinanza di

_____

(1) Militi che riportavan questo nome dal piccolo scudo
di cuojo (πέλτη) proprio dell'armamento loro.

non mover piede, quasi in aspettazione che il nemico, inoltrando per la malconcia pianura, traesse lor contro; tali furonne i provvedimenti. Più non vi volle perchè le romane truppe, illuse e dichiaratesi vinte dall'impeto latino, dessero volta, non osando, sbigottite dalla tema di nuova strage, cimentarsi col nemico a furia in cammino per combatterle. Va dunque in iscompiglio l'imperiale schieramento, l'Augusto indarno mostrando la consueta fermezza, e col braccio e colla mente operando mirabili cose; nè pago di rimanersi intrepido sfida chiunque gli si para innanzi, feritore e ferito ad un tempo. Al vedere infine sciolto l'esercito e sè stesso da ben pochi difeso, giudica officio suo il non pericolare da vantaggio senza profitto alcuno, irrazionabile essendo il pretendere che stanco, privo affatto di speranza e di aiuti si ostinasse, ponendo la propria salvezza a tristissimo partito, di far petto a vittoriose genti. Laonde osservato in piena rotta il destro e sinistro corno de' suoi, e sostenuto alquanto da solo tutto il peso e l'urto delle schiere latine, risolvè dare ascolto ai suggerimenti della sua prudenza col sottrarsi dal pericolo, a occhi veggenti vano addivenuto essendo il concepir speranza di miglior fortuna, per tornare quindi a nuove battaglie ed a nuovi rischj. Non ristava poi in quella penosissima ritirata di formare sublimi pensieri tendenti a riprendere con miglior sorte la guerra per costringere Baimundo a pagare il fio di tutte le sofferte stragi, talchè appariva in certo modo vinto ad un tratto e vincitore, anzi persecutore che fuggitivo, incapace di bandire dall' animo una generosa fiducia, o abbandonarsi alla disperazióne. Era per verità grandissima la sua fede nel Nume, avendolo nell' oprare di continuo presente.

XVII. Uscito di speranza, come scrivea, della vittoria, nel dare le spalle a briglia sciolta osservando alle sue peste i Latini con parecchi valentissimi conti, voltosi a Gulen (da molta pezza suo fido paternale servo) ed agli altri ben pochi militi seco: Donde mai, disse loro, e insino a quando fuggiremo? Proferite queste parole gira il cavallo, ed impugnata la spada ferisce nel volto il primo spintosi innanzi ad affrontarlo. I Galli testimonj del fatto, vedendolo nulla curante la propria vita e memori della impossibilità di vincere chi nutre pari coraggio, dimesso il pensiero di tenergli dietro, sostarono lor via; l'Augusto opportunamente profittandone continuò ad allontanarsi con animo sempre così imperturbato e tranquillo che al rincontrare drappelli de' suoi fuggiaschi parte ne richiamava a sè, parte ne sgridava, sebbene le molte volte e' fingessero di non udirle. Trattosi la Dio mercè da cotanto scabroso impaccio raggiugne la città regale, costante nel suo proposito di mettere a numero l'esercito e quindi rinnovare la guerra.

XVIII. Baimundo, nella persuasione di aver pienamente soddisfatto al comando paterno d'incalzare colle armi Alessio, estimò propizio il tempo di accingersi alla espugnazione delle fortezze. Conferita adunque la capitananza d'un sufficiente numero di militi ai duchi Pietro d'Alifa e Puntese mandolli per differenti vie ad occupare le città, volendo contemporaneamente in più luoghi far pruova delle sue armi. Pietro d'Alifa in un subito conquistò i due Poleobi, e Puntese ridusse in suo potere Scopia. A Baimundo stesso, chiamato di moto proprio dagli Acriesi vennero aperte le porte della città; se non che resistendo il forte vegliato da Ariebe, egli dopo fattovi non lungo soggiorno colla vana speranza di espugnarlo passò ad Ostrobo. Respinto pure di là giunse per Sosco ed i Servii a Berrea, e tentativi a simile indarno molti luoghi, da ultimo pe' Bodini avviossi a Moglena, ove fortificò un castello ab antico smantellato, e postovi di guernigione idoneo presidio sotto gli ordini d'un conte nomato Saraceno gl'ingiunse di non perder d'occhio il paese infino a Bardare. Di poi camminò alle così dette Aspere Chiese, rimanendovi pel correre d'un intiero trimestre.

XIX. Fu scoperta in quel mentre una congiura di tre illustri conti, Puntese, Reboldo e Guglielmo, i quali, comunicatisi a vicenda i loro disegni, statuito aveano di favorire le parti imperiali. Puntese udita la tradigione del segreto loro con precipitosa fuga riparò presso l'Augusto, e gli altri due ebbero comando in conformità della gallica usanza di purgare lor colpa duellando; Guglielmo uscitone colla peggio fu ritenuto confesso e sentenziato alla perdita della vista. L'altro venne diretto a Roberto nella Longobardia, ove soggiacque all'eguale supplizio. Partitisi in seguito i Latini dalle Aspere Chiese pervennero a Castoria, ed il gran domestico avutane contezza occupa Moglena, ove spento Saraceno abbatte dalle fondamenta il castello. Baimundo, informatone, da Castoria passò nelle vicinanze di Larissa col proposito di svernarvi le truppe.

XX. L' imperatore messo piede, giusta il narrato, nella città regale senza requiare un istante, così portando la vigile ed attivissima sua indole, diedesi tosto a raccorre truppe, come divisato avea nell'affrettare il passo verso la capitale. Chiese pertanto al sultano aiuti retti da condottieri non meno periti nella tattica militare che di lunga pratica nelle guerresche fazioni, ed ebbene sette mila Turchi sotto gli ordini di valentissimi duci, nel cui numero Camire superava ogni altro per età ed esperienza nelle armi.

XXI. Intanto poi che egli si applicava ad apprestare la guerra Baimundo staccata una punta di armati dall'esercito, riduce con iscorrimento di tutti i Galli catafratti seco militanti in poter suo Pelagonia; riunitili poscia alle altre genti ed impossessatosi di Tricala spedisce eletta schiera, fior di guerrieri, ad occupare con repentino assalimento Tzibisco. Di là condotte le truppe verso Larissa e tornato a raccogliere l'esercito rizzò le tende presso la chiesa del gran martire S. Giorgio, da dove, cinte le mura di vallo, cominciò ad assediare la città. Era questa sotto il reggimento di Leone Cefala, il cui padre da gran tempo dato avea pruova di onoratezza e di molto acume d'ingegno nel maneggio degli affari domestici al genitore di Alessio, ed il figlio, non tralignante in conto veruno dalle paterne virtù, era pervenuto a difendere con sommo valore durante un semestre quelle mura dagli assalti e dalle macchine ostili. Egli infin da principio inviava messi apportatori di lettere annunzianti con precisione l'arrivo e le ostilità de' nemici ad Alessio, il quale avrebbe con

ANNA COMNENA.          35

ardore bramato di correre subito ad aiutarlo. Giunto
non di meno il senno a moderarne la foga, estimò avviso
migliore l'attendere innanzi tratto al riordinamento del-
l'esercito levando ogni dove mercenarie truppe, e non
appena giudicatolo a bastanza forte, armati ed agguerriti quanti per lo addietro e di fresco militavano sotto
le sue bandiere, eccolo da Costantinopoli ed alla testa
di nuove milizie avvicinare Larissa battendo la seguente
via. Disceso il colle nomato de'Cellj, a destra lasciando
la pubblica strada, il poggio dai nativi detto Cissa-
bo Exeban ( borgo Blachico situato presso Andronia )
e passato altro borgo avente nome Plabitsa, vicino
ad un fiume egualmente detto pose il campo, munen-
dolo, come si volea, con fossa e steccato; quindi par-
titone si trasferì negli orti di Delfina.

XXII. Giunto di là a Tricala riceve lettera del prefato Leone scritta in questi liberi termini: *Sappi, Augusto, aver io fin qui, come potea il meglio e con sommi sforzi, salvato la rocca da te commessa alla mia
custodia. Ora siamo agli stremi; poichè mancata la
vittuaglia comune ai cristiani, e voltici ad abbiettissi-
ma e fuor d'uso, pur di questa al dì d'oggi patiamo
diffalta. Se dunque hai mezzo e volontà di farti pronto
nostro aiutatore ne renderemo infinite grazie al Nume;
altramente dichiaro compiuto il dover mio. Vuol giustizia del resto che siamo da te autorizzati ad eseguire
quanto in forza delle circostanze andiamo pensando (Iddio il dica per me, a qual pro ostinarci in una lotta contro alla possa ed al volere della natura? ) Divisiamo,
ripeto, aprire le porte al nemico, bersagliati da lui*

*non solo cogli assalti, ma col toglierci, fuor di ogni esagerazione, lo stesso respiro. Veggomi pur infelice! poichè discendendo a così grave sciagura e disonoranza vo in fè mia ad incontrare maledizioni, la grandezza dell' infortunio avendo a confine l'astio della colpa. Ma come sottrarmi da così penoso frangente? se non per ventura, condonami l' ardimentoso detto, aggravando la maestà tua di cotanto sinistro, dacchè tuoi essendo e per cagion tua e colla speranza in te ridotti alla massima fievolezza e logorati dai lunghi disagj della fame e della guerra, se rotto ogni indugio non t' affretti, potendolo, di sollevarci, a stento eviteremo la macchia di traditori».*

XXIII. Di tali annunzj, avvegnachè tenessero in profonda agitazione l' animo dell' Augusto non seppero indurlo a correre precipitosamente il rischio d' una battaglia, poichè sperimentato avendo più e più volte ed oltre il bisogno il valore latino, concepir non potea molta speranza di riportar vittoria in regolare e semplice giornata campale. Rivoltosi pertanto ad implorare l' aiuto divino, e tutto un dì passato in altissime considerazioni, si diede nel suo interno a indagare se fossevi mezzo di vincere con agguati e stratagemmi. Preso dunque a compagno un Larisseo profittava de' costui lumi onde conoscere distintamente i luoghi che lo sguardo esploratore a cagione dell' intervallo non potea di per sè stesso conoscere. Proseguendo poi a ragionare seco lui, e additando là dove gli occhi d'entrambi eran volti, diligentemente addimandavagli se in qualche parte avessevi spelonche, o valli, od altre non conosciute latebre;

tramontato alla fine il sole si abbandonò, stanco dei lunghi travagli del giorno, ad un placido e profondo sonno, durante il quale ha da visione felice presagio della vittoria. Stare gli parve nel tempio del gran martire Demetrio e udirne queste parole: *Non ti penare, non piangere, domani vincerai.* E sembravagli che la profetica voce alle sue orecchie pervenisse da altra delle imagini sospese in elevato luogo del tempio, e rappresentante il prelodato martire. Destatosi ricolmo di gioja per così lieto augurio indirizza ferventissimi prieghi al Santo, botandosi che se col patrocinio di lui, giusta le concepite speranze, riportasse vittoria di subito n' andrebbe al tempio, ed alquanti stadj lunge da Tessalonica balzato giù di sella procederebbe pedone a ringraziarlo dell'accordatogli soccorso.

XXIV. Ragunati poscia e duci e tribuni, e tutti gli aventi seco legami di parentela richieseli di consiglio intorno alle presenti bisogne, e portovi orecchie espose da ultimo quanto ritenea per lo migliore. Essere, vo' dire, ottimo divisamento ed al buon esito della guerra idoneo l' affidare a' suoi propinqui il governo di tutto l' esercito, sommettendoli non di meno a Niceforo Melisseno ed a Basilio Curticio, detto esiandio Gioannace, originario d' Adrianopoli, ed annoverato infra gl' illustri e famosissimi duci per valentia e perizia nelle armi. Nè verrebbon loro consegnate le sole truppe, ma in uno con esse le insegne dell' impero e dell' imperante. Feceli di più accorti che nel mettere in ordinanza l' esercito e' dovessero compiutamente seguire le forme e guise da lui praticate nelle antecedenti battaglie, principiando in lontananza gli arcadori ad avventare frecce, per ispignere quindi a suon di tromba l'intero esercito contro a' Latini. Avvicinati di poi gli scudi e venuti alle prese e' volterebbero d'improvviso gli omeri simulando precipitosa ritirata verso Licostomio. A tali disposizioni fecero impensato plauso co'nitriti loro i cavalli tutti a servigio delle truppe, eccitando generale stupore, ed avendosi incontanente dall'Augusto e dai più versati nella divinazione quale propizio augurio delle cose avvenire.

XXV. Sul calar delle tenebre il Comneno, alla testa di valentissimi guerrieri espressamente eletti, partitosi dal campo a destra della rocca di Larissa e messo piede nelle gole del Libotanino si recò, valicando il Rebenico e battendo la via d'Allage, nome del luogo, a sinistra della prefata rocca. Quivi nell'esaminarne la regione aocchiatovi un basso terreno quasi valle, statuì di profittarne per rimanervi in agguato. I duci del romano esercito poi, ond'e' riuscisse con maggior sicurezza e senza darne il menomo sentore ai Latini ad eseguire il divisato proposito, al momento di sua andata verso la foresta del Libotanino conducente all'insidioso luogo inviarono più coorti ad assalire il nemico, e fattosi questo ad incontrarle si venne alle armi nella pianura, nè ebbe termine il battagliare infinoattantochè la sovrastante notte costrinse le due fazioni a retrocedere nelle proprie trincee. L'Augusto giunto ove tendea ordinò alla gente seco di scavalcare, e tenere, posto il ginocchio a terra, le briglie nelle mani, dandone egli stesso l'esempio, accostatosi ad un arbusto di camedrio foltamente rinvenuto, ove colle redini ravvolte al pugno si giacque genuflesso e boccone il resto delle ore notturne.

XXVI. Baimundo all' apparir del sole mirando il romano esercito in ordine di battaglia, ed i segnali tra le schiere indicanti la presenza del sovrano ed il posto da lui occupato, le aste intendomi dagli argentei chiovi, ornamento sol proprio alle guardie del corpo, ed i cavalli con purpurea bardatura, fermo nel credere che ivi stesse mio padre, v'attela di contro le sue truppe, formatine due corpi, l'uno da sè medesimo capitanato ed eletto a duce dell' altro Briennio, originario del Lario, d'illustre schiatta e pur detto conostaulo. Ordinato non altrimenti l'esercito procede egli stesso qual igneo turbine, giusta la maniera sua, e tutto baldanzoso per la speme di ricco bottino ad assalire la fronte delle romane falangi, ove caduto in inganno per la bugiarda apparenza de' segni, credea in allora trovarsi l'Augusto.

XXVII. I Romani memori degli ordini avuti pigliam tosto la fuga, ed egli con fierezza somma ne calca le orme punto non rallentando l'impeto usato nel dar loro addosso fermi in ordinanza. Mio padre spettatore delle nemiche mosse non appena congetturò il rivale ben lunge dal campo salta in arcione e comandato a' suoi di fare altrettanto sorprende gli steccati de' Galli, ed uccisene le numerose guardie pone il tutto a sacco. Rivolto quindi il pensiero e lo sguardo all'esercito vedelo sempre fuggiasco e con Baimundo e Briennio l'un dopo l'altro alle spalle. Fida allora subitamente a Giorgio Pirro, celebratissimo arcadore, numerosi e scelti cetrati perchè di corsa inoltrino a combattere Briennio, guardandosi non di,

meno dall' appressare i Galli e dall' appiccarvi zuffa a
breve distanza, ma solo da lunge ed in ispecie contro ai
loro cavalli avventerebbero denso nembo di strali. E-
glino adunque venuti a tiro d'arco ne percuotono con
fortissimo saettamento i destrieri apportando grave pericolo e danno alle genti in sella. E per verità come
nulla havvi di più terribile a vedersi, nè di più invitto
durante la foga del combattimento d'un Gallo sul generoso e nerboruto suo destriero, così rimanendone privo cangiasi nel più debole ed imbarazzato mortale, sentendosi per modo abbattuto dalle pesanti armi e dal grandissimo scudo che indarno cercherebbe opporre qualche resistenza o difesa. Volendo inoltre sottrarsi dal pericolo colla fuga, trova forte impedimento nella mole
de' militari stinieri, e se non havvi di peggio i pungoli
stessi degli speroni rendutolo mal atto al correre lo e-
spongono così pedestre a divenire pronta e certa nemica
preda. Narrasi da ultimo che il feroce e marziale suo
animo regger non possa ai colpi di avversa fortuna, e
la sofferta perdita ne ammorzi tutto il coraggio e la fermezza del consiglio, rendendo l'offesa della caduta, direi quasi, zoppicante il valore. Sono pertanto d'avviso
che l'Augusto prevalendosi di queste osservazioni ordinato abbia agli arcadori d'indirizzare lor colpi anzi ai
cavalli che ai cavalieri. Spenti così operando molti qua-
drupedi, gli altri ferocemente impennavansi e davan di
volta sollevando gran polverio, che alzatosi infino alle
nubi ingombrò tutto l'aere all'intorno di quelle palpa-
bili tenebre proprie all'Egitto, di maniera che i combattenti più non vedevansi intra loro, e vie peggio distin-

guevano donde e da quali mani fossero avventati gli
strali.

XXVIII. Briennio di colta manda tre Latini a Baimundo
apportatori delle presenti occorrenze. I messi lo rinven-
gono con pochi de' suoi in tale isoletta del fiume nomata Salabria gustando qualche uva, e con isfrenata boria
profferente parole, che volte quindi al ridicolo passarono a formare presso del volgo una cantilena, iva dirò, la
barbarica sua bocca più e più volte ripetendo con poca
decente esultanza, e preso argomento dall'etimologia
del nome Licostomio (1) *di aver gettato Alessio nelle
fauci del lupo.* Ve' come il cieco orgoglio vela a molti
d'altronde scaltrissimi ciò che avviene dinanzi agli stessi lor occhi e piedi. Baimundo portovi orecchio e compreso l'inganno che diede origine alla frodolenta imperiale vittoria ne fu, com'è da supporre, commosso; ma
non perduto un vero nulla del suo coraggio, tanto erane
forte e pertinace l'indole nello sperare, invia qualche
numero di Galli catafratti da lui trascelti ad occupare
il poggio rimpetto a Larissa. Gli imperiali miratili surgono domandando istantemente ad una voce l'ordine
di combatterli; ma l'Augusto fermo nel niego fatta cer-
na di militi dai varj corpi mandali a quella volta. I Latini vedendoli v'appiccan zuffa con sì grande animosità
che gettaronne morti a terra da cinquecento. Alessio di
poi congetturando nella sua mente la via che terrebbe
il nemico vi spedisce col duce Migideno, coraggiosissi-

---

(1) Parola composta da λύκος (lupo) e στόμα (bocca).

mi guerrieri ed i Saraceni ad occuparla, ma pur questi al venirvi da presso furono subitamente investiti, vinti, sconfitti, sbaragliati, messi in fuga e dalle spalle insino al fiume perseguitati.

XXIX. Ai primi albori del vegnente giorno Baimundo in compagnia dei conti e dello stesso Brieunio traghetta quelle acque, ed appresentatoglisi non lunge da Larissa un palustre terreno infra due colli ratto vi dirige il passo marciando per boscosa pianura terminante in istrettissima gola, detti questi luoghi Le Clissure o più spezialmente il palazzo di Domenico. Piantatovi e munito il campo viene ai primi albori del nuovo giorno sorpreso dall'intero esercito di Michele Duca, mio zio maternale, personaggio di elegantissime forme e per taglia superiore fuor d'ogni esagerazione a tutti i contemporanei ed a quanti furonvi ne' tempi andati, di maniera che volgendogli lo sguardo estimavasi un vero portento. Era poi sua maggior virtù l'antivedere con assoluta certezza il futuro, l'indagare e tosto conoscere a perfezione le occorrenze del momento, il dare ottimi consigli e del miglior modo riparare ai pressanti bisogni, ne' quali pregj cercato indarno avrebbesi chi lo pareggiasse. Al partirsi, mio padre ammonivalo di non menar entro quella strettura tutto il novero de' militi seco, tenendone al di fuori i legionarj in lunga serie ordinati; ma solo vi penetrerebbero pochi e scelti Maomettani e Sarmati, valentissimi arcadori, nè questi si varrebbero di altre armi che delle idonee a colpire da lunge. Fattesi là entro le comandate genti e dato principio con equestri scorribande a molestare il nemico, gli schierati al di

fuori presi da veementissima brama di combattere, e
tale da porre in oblio l' osservanza dell'ordine avuto,
s' accinsero alla spicciolata, di lor volere e senza cam-
biarne verbo con alcuno, ad inoltrarvisi. E' si parea
corressero a ben certa vittoria sedotti dalla persuasione
che il nemico avvezzo a battagliare di piè fermo tentato avrebbe, quantunque vanamente, di salvarsi colla fuga. Lo scaltrissimo Baimundo allora con pronto consiglio intimò a' suoi di non muover passo ai primi colpi
de' Romani, opponendo loro i soli scudi, infino a che
li vedessero ivi accorsi in foltissime schiere.

XXX. Il protostratore(1) Michele intanto mirando i suoi
a poco a poco e nell' antedetto modo battere quella via
tenne pur egli lor dietro. Baimundo osservatolo con
tutte le coorti là entro *ne gode*, per dirla con Omero,
*non altramente che il rapace leone avvenutosi a grassa
preda*, e dalla gioja incerto se prestar debba intera fede
agli occhi suoi vedendo il nemico esercito giuntogli così bene a tiro, mette a pruova nel caricarlo tutto il proprio valore e quello dei militi seco, ed i Romani costretti a cedere volgonsi in precipitosa fuga. Ma Usa tratto
dalla stirpe il nome, uomo di sorprendente forza e pronto *a girare lo scudo a destra ed a sinistra*, come l' Et-
tore di Omero (2), nel sottrarsi di là ove per fortuna
maggiore s' appresentava la foga de' concorrenti, volto-

---

(1) Dignità corrispondente a quella di gran maresciallo
presso le corti europee de'nostri tempi.
(2) Iliade, II, v. 238.

si d'improvviso piombò addosso al più vicino de' suoi
persecutori ed avventatogli potentissimo colpo in sul
capo lo rendè incontanente cadavere. Baimundo poi
tenne dietro agli imperiali sino al fiume Salabria. Lo
stesso Uza inoltre nella fuga ferì d'asta il banderajo
del condottiero nemico, e strappatagli dalle mani l'insegna ed aggiratala un poco a tondo chinolla da ultimo
a terra. Il fatto pose in costernazione i Latini soliti pronosticare calamità dallo abbassamento dello stendale
precedente il duce supremo, e distolseli dal proseguire
l'intrapreso cammino; abbandonate così le nemiche peste
avviansi per altro sentiero a Tricala, ov'erano di già
capitati parecchi loro commilitoni diretti verso Licostomio, e dopo breve dimora prendono la via di Castoria.

XXXI. Mio padre da Larissa trasferitosi a Tessalonica e
mandato in occulto, qual prudentissimo inventore di artifizj contro de' suoi avversarj, tale fermamente essendo,
a tentare maneggi coi conti de'Latini, riuscì a persua-
derli mediante l'offerta di premj quanto mai e' si volessero generosi ad insistere presso Baimundo per ottenere
il pronto sborso de' convenuti stipendj, obbligandolo e-
ziandio, quando venisse pretestata ristrettezza di
pecunia, a raggiugnere di là dal mare il proprio genitore onde avere di che sdebitarsi con essi; nè indugerebbe, condotta a buon fine la sua proposta, rimune-
rarli con ogni maniera di onoranze e beneficj. Di più
verrebbero con generosissime paghe accolti tutti coloro che fossero disposti a seguire le parti romane, ed
i bramosi di ripatriare ne avrebbero per l'Ungheria a-
perto con piena sicurezza il sentiero. I conti aderitovi

levansi tutti ad uno contro Baimundo chiedendogli con
prieghi e minacce il pronto sborso degli stipendj portati dai quattro anni di servizio pur dianzi trascorsi, ed
egli vanamente procaccia indugj ponendo sue speranze
nell'eludere di questo modo la inchiesta. Ma gli altri
fermi ed ostinati nella presa risoluzione non concedean-
gli tampoco il differire d'un'ora. Come dunque trarsi
d'impaccio e compiere la giustissima dimanda? Incapace di miglior consiglio e' fida a Briennio Castoria, a Pietro Alifa la difesa della rocca de' Polibi e dirizza i suoi
passi alla volta d'Aulone. L'imperatore avutone accer-
tato annunzio torna vincitore in Costantinopoli, ove
grand'era l'agitazione de' fedeli colpa d'un Italo intento
a disseminare nuove eresie. Ma egli sotto l'augustale porpora fornito di apostolico petto, senza prelibar quiete, av-
vegna chè necessaria dopo tante militari fatiche, differì
ad altri tempi le belliche cure, sia come si vuole pressanti, onde cacciare Briennio da Castoria, e tutto dedi-
cossi a combattere l'introdotte scisma e dar pace alla
chiesa.

XXXII. Ora di ben serio momento stata essendo l'ac-
cennata trambusta non fia disutile esporre con qualche
esattezza, prendendone le mosse da suoi principj, quanto
riguardane l'autore. Questi di nome Italo sortì i natali
in Italia, ma fe' quindi lunga dimora in altra delle isole
a lei di contro, la Sicilia, i cui abitatori scuoter volendo il giogo del romano impero trattisi addosso la guerra, chiamar dovettero ajuti dalle vicine e lor favorevoli
italiche genti. Annoveravasi tra esse il padre d'Italo
conducente seco un bambolino, anzi molestia che nelle

armi compagno, molto al disotto dell'età voluta per intraprendere la militare carriera, quantunque fin d'allora, giusta la capacità della puerile sua mente, pieno di guerresche idee seguisse le orme paterne, avvezzo tenerello com'era secondo l'italiana costumanza a dura vita, ed avente a maestro nelle armi il proprio genitore. Tali furono i primi e fanciulleschi principj d'Italo, posto avendo fondamento di lettere e scienze non già in Atene o nella scuola, ma in Sicilia e negli accampamenti. Sotto l'impero di Monomaco poi venuta l'isola in potere dell'inclito Giorgio Maniace, il padre d'Italo, a malincorpo e con trepidante fuga partendone, riparò nella Longobardia ligia tuttora de' Romani. Di là nel tempo avvenire, nè saprei addurne il perchè ed il come, si trasferì in Costantinopoli città non manchevole di erudizione e di loichi ammaestramenti, quantunque in epoche anteriori dal principato di Basilio Porfirogenito sino a quello del prefato Monomaco, fosse da molti trascurato, non già posto compiutamente in oblio, lo studio delle più nobili dottrine. Il quale surse poscia a maggior splendore incoraggiato da eccellenti ingegni accorsivi in molta copia negli anni che precedettero di poco l'imperatore Alessio. Dieronsi allora costoro a battere fermamente il sentiero delle vere scienze, frascheggiando per lo innanzi la gioventù solo intenta all'oziosa cacciagione delle cotornici e ad altri vie meglio riprovevoli sollazzi, consumando l'età di coltivare lo spirito in vani passatempi con dispregio sommo d'una più accurata educazione, e d'ogni liberale scienza.

XXXIII. Italo adunque vi trovò già bandito il torpore e

di molti individui fiorenti negli elevati studj, coi quali postosi a contatto, frequentando le giornaliere scolastiche
disputazioni, le forensi, e quelle de' pertinaci difensori
delle proprie opinioni (nè di cosiffatti spiriti era a quei
dì basso il numero in Costantinopoli) addivenne loico.
In processo di tempo ebbe eziandio a maestro Michele
Psello uomo assai illustre ed inalzatosi al più eminente
apice d' ogni sapere meno per l' accurata assistenza di
sapienti precettori, le cui scuole non avea lungamente
frequentato, che per l' ottima sua indole ed elevazione
di mente soccorsa dall' alto (grazia procacciatagli dalle
ferventissime preghiere e spesso accompagnate da ben
calde lagrime indirizzate dalla genitrice, nel tempio di
Ciro e durante le ore notturne, alla santa imagine della
Madre divina). Certo si è ch'egli ad una profonda cognizione delle greche lettere e di tutte le arti aggiugnendo le caldaiche discipline era celebrato dalla fama il
dottissimo de'contemporanei. Italo dunque uomo di ben
minori facoltà mentali e di violenta e rozza natura, si pose
a udirne gli ammaestramenti, se non che riuscirongli per
la ottusità del suo intelletto impenetrabili gli aditi della
filosofia. Laonde incapace di comportare più a lungo le
dottrine di tanto maestro cominciò tosto prosontuosis-
simo di sè stesso e fiero per istolida arroganza a fargli
contro, eziandio che vedesselo sorretto dall'autorità del-
l' ufficio e del luogo, con frivoli dibattimenti, credendosi dagli stessi principj di molto superiore a tutti nella erudizione. Formando il suo più valido appoggio la
dialettica, nella quale riposto avea ogni studio, in lei
fidato promovea nel foro e ne' circoli dei concorrenti

i meridiani garbugli intessendo con sofistiche cavillazio-
ni furiose dispute, e proferito ad altissima voce, qualunque si fosse l'argomento, il detto : *se così va la bisogna*,
deduceane le annesse o simiglianti seguenze.

XXXIV. Di questo modo egli riscuotea gli applausi e
l'ammirazione degli uditori, fossersi della plebe o de'più
ragguardevoli ordini, e fin quelli dello stesso imperante
Michele Duca e degli augusti germani. I quali avvegnachè accordassero a Psello il primato nella estimazione
e dottrina, provavan impertanto diletto ascoltando Italo,
e nelle dispute loiche aveangli ricorso. Imperciocchè i
Duca tutti, ed in ispecie l'imperatore co' suoi fratelli e-
rano amantissimi delle lettere e d'ogni foggia di sapere.
Italo dunque alimentando per cotanto favore l'audacia
sua, guatava sempre con furibondo e torvo occhio Psello, il quale di leggieri stricavasi dalle costui insidie, e
coll'aquilina prontezza del suo ingegno sorvolava le
avviluppate astuzie dell'importuno sofista facendolo in
pria entro sè stesso ribollire di sdegno e digrignare,
quindi contorcere e montare in aperta collera.

XXXV. Trascorsi di corto questi tempi e tumultuando
l'Italia, i Romani irritati dalle costei nimicizie opinarono
propizio il momento di unire, come ne'tempi andati, al-
l'impero la Longobardia e con essa da l'un capo al-
l'altro la penisola. Mercè di che Alessio tutto fiducia
in Italo, reputandolo affezionatissimo alla sua persona
e sapendolo, unitamente ai pregi di fedeltà e bravura,
pratico delle italiane faccende lo invia ad Epidanno. Tron-
cherò qui la narrazione de'posteriori avvenimenti aggiugnendo solo che rendutosi traditore delle cose nostre

fu tosto mandato chi lo rimovesse da quelle mura. Se non
che l' accorto sofista avutone sentore e con pronta fuga
riparatosi entro Roma evitò il meritato gastigo. Da quivi, costante nella sua incostanza, fingendo o provando
in realtà rancura dell' operato dirige suppliche all'Augusto e si procaccia intercessori presso del trono. A dir
breve torna per ordine imperiale a Costantinopoli, fis-
satogli a dimora il monastero Pege (1) col tempio dei
Santi Quaranta. Partito in fine dalla città Psello ascende la cattedra di generale filosofia dichiarato essendone
maestro per eccellenza. Passato in seguito ad esporre
con istudio sommo le Aristoteliche e Platoniche dottrine s' appalesò nel ragionare agli aditori uomo di molta erudizione, spiegandole con tanto acume d' ingegno quanto occorreane per essere di leggieri tenuto
versatissimo in tutte le parti loro, ed in preferenza nella
dialettica. Se non che meno generosa la natura nell'accordargli doni per le altre discipline poco sapea di gra-
matica ed un vero nulla di eloquenza. Erane pertanto
il discorso mancante d' ordine, difettosissimo nella scelta delle voci e privo di rettorici abbellimenti, quindi rozzo,
squallido, sempre intralciato e come spirante l' acerbità
della frode. Questa gramezza appunto formava il pretto
carattere del suo favellare, ed era sorgente di quell' attitudine disdegnosa verso de' suoi nemici. Avvegnachè
poi nello scrivere, cangiato a quando a quando stile,
s' innalzasse con dialettici assalimenti molesti e tumultuosi

(1) Πηγη, fonte.

appalesava non di meno parlando maggior prontezza negli epicheremi, di maniera che nello dispute ben pochi regger poteano alla violenza del precipitoso ed insuperabile torrente delle sue argomentazioni, riducendo alle strette ed al silenzio chiunque prendea a fargli contro. Imperciocchè usava interrogazioni avvolte da ogni lato in doppia frode coll' intendimento di gettar l'avversario, comunque fossene la risposta, in un pelago d'inestricabili difficoltà, sì tanto erangli preste ed alla mano tutte le dialettiche sottigliezze. Ma di preferenza rendeasi terribile per quel vicendevole accozzamento di contrarie voci nel formare dimande e risposte, soffocando e, quasi direi, strangolando il suo oppositore cogli intortigliati lacci de' frequenti e maliziosi quesiti; nè aveavi mezzo nel contender seco di ritrarsi da cosiffatto labirinto. Qui avea principio e fine il saper suo accompagnato da grande inclinazione allo sdegno, vizio in lui dominante e struggitore di tutti gli altri pregj, se pur dallo studio e dalle naturali disposizioni riportato aveane alcuno.

XXXVI. Ricordami parimente di avere in posteriori tempi veduto molti frequentare la reggia privi affatto di elegante loquela e fondamento di verace dottrina, ma solo, rozzi imitatori del dialettico maestro loro, ponendo ogni studio nell' eseguirne gli sconci gesti ed appalesantisi colla grande agitazione delle membra orgogliosi ad una e villani. E' ragionavano sulle idee, possedevano poche ed oscure nozioni riguardanti la metempsicosi, ed altro che di simile farneticavano proscritto dal cristiano dogma.

ANNA COMNENA.                              37

XXXVII. Non desterà poi maraviglia il mio detto che assidui costoro visitavan la reggia, se pongasi mente all'amor sommo da quell'augusta coppia (i miei genitori)portato alle lettere ed ai letterati ; il perchè addivenuta palese questa loro affezione, quanti aveanvi iniziati in esse calcavano di continuo le imperiali soglie, ove impertanto gli augusti anzi attendevano a coltivare il proprio spirito che non ad animare altrui allo studio. E per verità erano da entrambi consumati i giorni, vegliate le notti meditando i sacri Libri. E qui abbia luogo senza offesa della rettorica una breve digressione. Ben di sovente l' augusta mia genitrice allorquando apprestate sul desco le imbandigioni, ricevea l' invito di recarsi a desinare, solo a malincorpo intralasciar potea la lettura de'sacri Libri, da lei ardentissimamente studiati, e delle opere de' santi Padri, dando in ispecie la preferenza a quelle dell' inclito martire e filosofo Massimo, recandole sommo diletto la spiegazione delle naturali quistioni, sommissimo poi l' accurata indagine de' soprannaturali dogmi, nel cui intendimento cercava e sapea riposto il vero frutto d' ogni sapienza. Empievami, lo confesso, di stupore il mirare tali cose, ed osava tratto tratto manifestarlene il mio pensamento. Come mai, diceale, puoi tu di quaggiuso elevare così alto lo sguardo? Io, credimi, nel dirizzarvi le mie luci tremo, e neppure a fior d' orecchio ardisco udir verbo di cotanto sublimi arcani, correndo la fama che lo stile del Santo, altissimo senza pari e superiore ad ogni umano intendimento, colle incessanti e dilicatissime sue contemplazioni renda vertiginoso il cervello de' lettori. Ed ella, compiacendosi delle mie paro-

le, rispondeami: Ben comprendo questa tua lodevole temenza, trepidando io medesima nello svolgerli; ma at-
tendimi un poco: non appena giunta sarai a gustarne
sufficientemente gli altri scritti, sopra cui è uopo da principio informare la nostra mente, perverrai quindi a partecipare la soavità di questi. Al rimembrare di cosiffatte
voci sentomi piagato il cuore e tradotta quasi in altro
pelago di narrazioni, se non che la storica legge mi fre-
na ed obbliga di tornare in cammino. Si prosegua dunque il racconto intorno ad Italo.

XXXVIII. Costui fidando nella prefata quantità de' suoi
discepoli e fermo nel reputarsi a tutti superiore avea in dispregio chiunque si fosse; nè pago ancora, tendea co'
suoi discorsi ad eccitare gli incauti alle sommosse, addivenuta essendone la scuola vero semenzaio di non pochi tiranni, i cui nomi di obblivione degni potuto avrei
di leggieri qui riferire, se la distanza del tempo non si
fosse interposta a cancellarli dalla mia memoria senza
grave scapito della presente narrazione diretta solo ad
esporre l'avvenuto sotto l'impero di Alessio e nulla,
quasi direi, curante le anteriori vicende, nel novero delle quali si convien mettere l'operato da Italo.

XXXIX. Mio padre dunque amantissimo delle lettere,
al prendere il governo dell'impero vedendole pressochè in
abbandono, e generalmente sbandeggiate le norme d'un
esatto ragionamento iva ripensando se avessevi mezzo di tornarne in vita, con molto profitto della città e dell'universo intero, le molto scarse faville qua e
là sotto la cenere sepolte. Era pertanto assiduo nell'e-
sortare ed incorare i talenti inclinati allo studio (pochi

a fe, nè per grandi progressi meritevoli d'elogio, trapassato non avendo il limitare dell'aristotelica filosofia) persuadendoli ad accordare il primo luogo di onore e di estimazione sopra ogni altra dottrina a quella de' sacri Libri, e quindi agli ammaestramenti de'Greci.

XL. Considerato poi che Italo era tutto nel promovere tumulti e discordie fidò al proprio germano Isaacio sebastocratere la cura di vegliarne le azioni; uomo costui sufficientissimo all'incarico, essendo pieno di amore per le lettere, non privo di cognizioni, d'animo forte e certo di superare gli ostacoli cui s'avvenisse nel condurre a buon fine i suoi intraprendimenti. Di fatto c'trovò Italo quale mio padre, fondato sulla pubblica opinione, lo avea in sospetto. Laonde obbligollo di comparire alla sua presenza nel mezzo di numeroso consesso, e quindi per ordine dello stesso augusto fratello si rimise il reo unitamente al processo di lui nell'ecclesiastico tribunale. Quivi il forsennato vie peggio infuriando per essergli troncata ogni via di occultare più a lungo la propria ignoranza, e vanamente adducendo in sua difesa dogmi contrarj ai sacri canoni ed altre mille bazzecole, nè meno di prima fiero mai sempre, petulante e maledico nel citare al cospetto de' padri e capi della Chiesa documenti di umana ed abbominevole natura, per comune sentenza fu consegnato ad Eustrazio Garida, presule del sinodo, dell'adunanza e sede, onde persuaderlo, mediante l'istruzione, a professare più sane dottrine. Ma egli correndo i pochi giorni di sua dimora col prelato negli edifizj sovrapposti a gran tempio, con fittizie parole e fallaci argomentazioni lo aggirò per modo, esperimentatolo men dotto di quanto era mestieri, che da censore e giudice il fe' difensore e seguace de' suoi errori, ed avvocato dell'iniqua sua causa e persona. Divulgatasi la faccenda tutte il popolo, tumultuariamente accorso nel tempio, addimandava con alte grida nelle sue mani Italo; questi allora vedendosi nell'imminente pericolo di essere precipitato abbasso dalla sommità del sacro luogo, ascesane la più elevata parte vi si ascose laddove a nessuno cadde in pensiero d'instituire diligente ricerca.

XLI. Andò quindi la grida che i suoi perversi dogmi disseminatisi per la città giugnessero a sedurre molti chiarissimi personaggi della stessa corte imperiale cagionando non lieve travaglio all'animo del religioso principe, il quale addimandatane la tavola contenente quindici capi ordinò che si dovessero dall'eretico, asceso a capo nudo il pulpito, ritrattare, condannare e ferir d'anatema, ripetendo gli uditori per singulo la condanna proferita contro di essi. Ma non guari dopo corrucciatosi egli dell'operato e furente per la sofferta ignominia eccolo di nuovo mettere in campo nelle adunanze gli errori da lui medesimo testè abjurati e proseguire sconsigliatamente, privo d'ogni riguardo alle ammonizioni d'Augusto, ne' suoi falsi principj. A reprimerne dunque la ognor crescente alterigia il nome e la persona di lui soggiacquero allo stesso anatema per lo innanzi contro agli scritti fulminato. Se non che dati poscia nuovi segni di pentimento vennegli rimessa gran parte della meritata condanna, ferma tuttavia contro le sue dottrine, rimanendone il nome solo di celato e di tra-

verso, pochi avendone contezza, esposto all'antedetta
censura. Tornato in sè di fermo, come narravamo, abju-
rò le precedenti eresie, tali che la migrazione delle a-
nime da uno in altro corpo, e il disprezzo e la riprovazione del culto prestato alle sante imagini, ed ammendò
giusta le norme dell'ortodossa dottrina i suoi ragionari
sulle idee, mostrandosi veracemente pentito, riprensore di
tutte le insegnate opinioni contrarie alla fede, e non più
incitatore di tanti e così forti scombugli.

DI

# ANNA COMNENA PORFIROGENITA
## CESAREA

---

# ALESSIADE
## LIBRO SESTO

---

### ARGOMENTO.

SECONDA spedizione di Roberto. - Sue battaglie contro de' Veneti, e sua morte. - Felici imprese co' Maomettani. - Costoro guerre civili e principio della scitica.

---

### SOMMARIO.

RISOLUZIONE di espugnare Castoria ed apparecchio; assalimento della rocca; imperiale stratagemma; fatti gli accordi n'esce il presidio. - I Pauliciani con graziosa lettera invitati alla reggia. Prigionia, e confiscazione de' beni loro. Sentenza, ed

alleviamento di pena verso i colpevoli. - Mormorio contro l'imperatore per le cose tolte ai sacri templi. Giudizio del sinodo sopra i tesori levativi ed apologia fatta
in proposito dall' Augusto. Sua umile confessione e
giusto risarcimento. - Disvelata congiura ; imperiale
clemenza nell' incamerare i beni de' rei. - Il manicheo
Bleso corrucciatosi con Augusto sen fugge, ed occupata Beliatoba legasi cogli Sciti. - Alessio rappattuma-
tosi co' Manichei lo richiama indarno. - Tornata di
Baimundo al padre. - Mestizia di Roberto e suo generoso divisamento ; apparecchi per nuove imprese. -
Gida, prole di Roberto, non tentato in fallo dall' imperatore. - Aulone e Botrento occupati dai figli di
Roberto, il quale da Idrunte mette alla vela per Aulone. - Alessio chiede soccorso ai Veneti, appresta
un' armata di mare e fornitala di tutto l' occorrente
ne ordina la partenza. - I Veneti riportano due vittorie sopra Roberto, ed una mal fondata sicurezza e-
sponeli a grande strage. - Insigne vittoria di Roberto
contaminata da barbarie. - Illirica fedeltà verso A-
lessio generosissimo co' Veneti. - Cefalenia occupata dai Latini. - Falsa interpretazione d' un vaticinio
antico riguardante la morte di Roberto avvenuta in
seguito presso Gerosolima deserta città d' Itaca. - Ritorno di suo figlio nell' Apulia. - Seppellimento di
Roberto nel monistero della santissima Trinità. - Dir-

rachio novamente città imperiale. - Vaticinio del-
l'astrologo Seth intorno a Roberto. - Digressione riguardante gli ammaestramenti de' genetliaci. - Onde
Anna tratto abbia le costoro notizie, e perchè le scri-
va. - Motivi di Augusto nel contrariarli. - Varj e-
sperimenti dell' arte genetliaca. - L' alessandrino ge-
netliaco sbandeggiato. - Eleuterio e Catanange famosi genetliaci. - Morte d'Alessio due volte erroneamen-
te predetta. - Perchè non esigliato Catanange. - Elogio di Roberto. - Difesa delle accuse fatte dai calun-
niatori contro Alessio. - Porpora, luogo destinato ai
puerperj delle Auguste. - Natività d'Anna Comnena
illustrata da miracolo, e sua affezione ai proprj genitori. - Popolare letizia al nascere dei principi, e
speciale nella famiglia dei Duca al natale di Anna. -
Il costei nome e quello di Costantino, prole di Michele, proferiti di seguito nelle acclamazioni. - Secon-
dogenita sorella d'Anna. - Quanto si fosse il giubilo popolare al nascimento d' un principe; descrizione del fanciullo. - Stato dell' impero turco. - Compendio delle cose da narrarsi. - Disperazione di Filareto, ed atroce proposito del figlio. - Antiochia in
possesso di Amere Solima. - Caratice mette a bottino
Sinope. - Tutuse vincitore di Amere Solima, il quale si uccide. - L' imperatore nulla si cura d' un' ambasceria inviatagli dal gran sultano, e l'interpetre di essa

*prende a seguire le parti romane. - Caratice paga il fio delle ribalderie commesse nel tempio intitolato alla santissima Vergine. - Le rocche marittime dal sultano restituite all' impero. - Siaois riceve il Battesimo. - I satrapi delle rocche date loro in custodia rendonsene padroni. - Apelcasemo aspira alla sovranità maomettana; scorrazza la Bitinia e gli vien mandato contro Taticio. - A Nicea i Galli fugano le schiere turche. - Taticio retrocede perseguitato sempre da Apelcasemo. - Combattimento a Preneto uscendone, coll' ajuto de' Galli, vittoriosi i Romani. - Apelcasemo divisando costruire vascelli da corseggiare prende Chio. - Manuele Butumite e Taticio spediti a combatterlo ne incendiano le navi. - I Latini ottenuto a forza il permesso di far giornata lo vincono, ed egli fuggendo ripara a Nicea ove riceve graziosa lettera dell' imperatore coll' invito di venire a lui; passato quindi a Costantinopoli vi è regalmente accolto, ed intanto Eustazio edifica una marittima rocca di fronte ai Turchi. - Apelcasemo dimorando nella città regale ha titolo di Sebastotato (1), ed ottenuti ricchissimi doni si parte. - Parallelo di Alessio con Temistocle. - Pixosuch assale Nicea, e l' imperatore, avutane domanda, soccorre Apelcasemo. - Ri-*

---

(1) Augustissimo.

*strettezza dell' impero a confronto della sua primiti-*
*va estensione, ma Alessio ne dilata i confini e pensa*
*ricondurlo all' antica grandezza. - Il nemico per te-*
*ma de' Romani si ritira da Nicea. - Puzano desti-*
*nato a combattere Apelcasemo. - Il sultano brama*
*imparentarsi coll' Augusto. - Nicea più volte battuta,*
*ma sempre vanamente, da Puzano. - Ad Apelcase-*
*mo, venuto con doni ad ossequiare il sultano, è ne-*
*gata la facultà di accostarlo, nè guari dopo è frodo-*
*lentemente strangolato. - Alessio nell' animo suo non*
*vuol sapere di affinità col turco, mostrando tuttavia*
*il contrario a parole. - Tutuse coll' opera di dodici*
*sicarj uccide il fratello sultano. - Setta de' Casii. -*
*Puzano sfidato a battaglia Tutuse è vinto ed ucciso,*
*e questi è superato in campo e morto da Spargiaruch. -*
*Pulcase comandante in Nicea è tentato dall' Augu-*
*sto. - I figli di Solima accolti in Nicea. - Clitziasthlan*
*creato sultano rimove dal comando Pulcase. - Stra-*
*ge de' Romani capitanati da Alessandro Euforbeno,*
*vendicata poscia da Opo. - Satrapi appaciatisi con*
*Alessio. - Pacuriano, domestico dell'occidente, e Bra-*
*na vinti ed uccisi dagli Sciti, e questi di ricambio da*
*Taticio sconfitti.*

# ALESSIADE SESTA

I. L'IMPERATORE a malincorpo vedea Castoria
in mano de' Galli aventi a duce Briennio come altrove
si è detto. Stabilito adunque di riprendere, cacciati i
difensori, la rocca, raguna ed arma l'esercito proveden-
dolo di tutto il necessario per venire alle armi col nemico e battere quelle mura. Compinti gli apparecchi ed intimata la partenza marcia a quella volta, e passo a descriverne la posizione. Larga palude inondala
traente dal fortilizio il nome; estendesi dal continente
in essa una punta di terra angusta da prima, allargan-
tesi nella più elevata parte e terminante in iscogliosi
poggetti. Sulla strettura dell'istmo poi sorge un edifizio a mo' di castello circondato da mura ad intervalli
munite di torri, e Castoria n'è il nome. L'imperatore
assediando là entro Briennio, uomo risoluto di non cedere infino agli estremi, opinò volersi di primo lancio
battere colle macchine la cinta e le torri. E poichè uo-
p'era di apprestare alle truppe un campo donde avvi-
cinassero il nemico e giunto il bisogno rinserrarvisi,
commette a' suoi d'ergere il palancato, rincalzarlo di
terra all'intorno e costruirvi ad eguali distanze lignee
torri rendute stabili con lame di ferro e chiovi nelle
giunture e commessure loro. Da quivi non altrimenti che

da città o rocca moveano a schiere, presentandosi la opportunità, per guerreggiare i Franchi. Accostate poscia
le macchine e rallentate le baliste si diè principio a batterne senza tregua le mura, che malmenate di questa foggia minacciavano pronta rovina. L' imminente pericolo tuttavia non iscemò nè punto, nè poco la gallica
fiducia e costanza nel difendersi combattendo; chè anzi
diroccatane già parte mostravasi il presidio vie più lontano da qualunque arrendimento.

II. In tale stato di cose l' imperatore comprendendo non potersi che pochissimo ripromettere d'un felice
successo dalla forza aperta, venne ad una risoluzione
generosa in pari tempo e scaltra. Comandò, intendomi,
che alla coperta de' nemici fosse condotto per la palude qualche numero de' suoi militi dagli omeri de' Galli,
ov' e' teneansi più sicuri, per sorprenderli quando egli
stesso dal continente col resto dell' esercito accingereb-
besi ad attaccarli di fronte. Se non che al consiglio di
lui opponendosi l' assoluta mancanza di barche nel ma-
rese fe' comando alle sue genti di porre sopra carra paliscalmi in buon dato e condottili per la spiaggia varar-
li in quelle acque. Avea inoltre per lo innanzi osservato
che i Galli agevolmente e lesti ascendevano da una parte la sommità de' monticelli siti, giusta il detto, al termine del promontorio verso il lagume; se poi volessero
intraprenderne per altra esterna la discesa non potrebbero venirne a capo senza consumarvi lungo tempo. Ar-
gomentò pertanto che questi scogli di facile salita inte-
riormente, ed inaccessibili e scoscesi dal lato di contro
alla palude fossero con qualche verisimiglianza dal pre-

sidio mal guardati , com' è il caso di soperchio fidando nella posizione del luogo:

III. Fatto entrare adunque Giorgio Paleologo con
eletti guerrieri ne' paliscalmi ordina loro di approdare
all' estremità della palude vicino alle radici de' rialti sco-
gliosi, e dato in terra da lui attendessero il concertato
segno, alla cui vista ratto aggrapperebbonsi per que' di-
rupi onde raggiugnerne le più elevate cime. Dopo di che
s' avvierebbero con passo accelerato , percorrendo un
suolo piano ed interamente privo di fabbriche, ad assalire col massimo coraggio i nemici, nel momento stesso
ch' egli giugnerebbe a guerreggiarli di fronte; mentre
così operando i Galli mancanti di forze per sostenersi
da ambo i lati ceder dovranno laddove il numero dei
combattenti fia minore. Paleologo ricordevole degli ordini ricevuti approda ai piè delle collinette, e quivi in-
dugia attendendo che la veletta da lui mandata su d'un'
altura per tenere di vista il campo al mirare l'imperiale segno lo avvisi d' imprendere.

IV. Ai primi albori i Romani dimoranti nelle trincee
con Augusto dando a tutta possa nelle trombe annun-
ziano ai Franchi l'imminente attacco , ed intanto che
questi del miglior animo persistono a respignerlo, Paleologo avuto dall' esploratore il concertato segno ed asceso velocemente il colle mostrasi in armi co' suoi aventi
gli scudi uniti e disposti a far giornata. Briennio li aoc-
chia e quantunque di già molto imbarazzato nel difendere le mura dagli assalitori, vedendosi gravitare di sopra il capo nuove schiere apparecchiate con braccio
forte a pugnar seco dagli omeri, anzi che sbigottire, ani-

ma i conti ad una valorosa resistenza. Ma costoro fatti
dal pericolo dimentichi del rispetto dovuto al comandante con libero discorso ritraggonlo dal proposito dicendo:

« *Egli non è affatto permesso al mancare ogni
speranza di vincere il mettere a soqquadro le umane
vite. Vedi a fe del Nume aggiugnersi male a male e
sovrastare un pericolo d'insuperabile grandezza. Lascia pertanto che del suo meglio ciascheduno provegga
a sè stesso o. passando nelle imperiali truppe, o per
via d'accordi ottenendo il ripatriare.* »

V. Alle parole segue tosto il fatto. L'Augusto im-
pone che un militare vessillo ergasi presso il tempio di
S. Giorgio (avendovi non lunge di là questo edifizio dedicato al santo Martire) ed altro verso Aulone promettendo che tutti coloro i quali avvierebbonsi al tempio
del martire illustre viverebbero di poi in perfetta pace
sotto l'impero; ed a quelli direttisi all'opposta insegna
d'Aulone verrebbe accordato di restituirsi liberamente
alle patrie terre. Approvate le condizioni seguono i conti
le imperiali parti; ma Briennio, fermo nel credere di recar onta alla onoratezza sua imitandoli, non volle nullamente aderirvi; giurò solo di guardarsi nell'avvenire dal
portar le armi contro l'impero se con idonea scorta di
sicurezza fossene tradotto ai confini, donde riparerebbe
nel suolo natale; Alessio, consentito largamente alla proposta, corse ornato di splendente vittoria la via di Bizanzio.

VI. Qui siami concessa altra breve digressione per

narrare il gastigo da mio padre dato ai Pauliciani (1);
ribellatisi costoro, come altrove notammo, egli mal volentieri comportava di metter piede nella reggia vivendo tuttavia impuniti gli autori della gravissima fellonia.
Passato adunque da una in altra vittoria compie e corona le sue illustri imprese coll'aggiugnere alla gloria
della cacciata de' Galli da Castoria, l'ornamento d'una
segnalata punigione de' fuggitivi Manichei. Imperciocchè
la grandezza dell'animo suo non comportava che dopo
avere inalzato così magnifici trofei degli occidentali nemici le pubbliche esultanze fossero disturbate dal non
avere fin qui purgato quasi direi col fuoco la disubbi-
dienza de' Pauliciani. Non volle tuttavia ricorrere al ferro ed all'aperta guerra per conseguire il divisato scopo,
abborrente dallo spargere il sangue come de' suoi, così
degli stessi ora nemici, ma di ritorno tra poco nella sua

---

(1) Discepoli d'un Armeno appellato Costanzo e favoreggiatore de' Manichei, il quale per evitare l'odio portato a costoro nomò, verso l'anno 788, i seguaci suoi Pauliciani, come dire, all'intutto professanti le dottrine di S. Paolo. Protetti dall'imperatore Niceforo e' crebbero molto in numero;
fattisi quindi loro capi altri due Armeni Paolo e Giovanni
ebbero da questi la denominazione di Paolo-Giovanniti.

Essi pretendevano consistere la validità del Battesimo nelle
parole: *Ego sum aqua viva*; e che per la consecrazione ba-
stasse il profferire: *Accipite, manducate et bibite.* Proibivano
di più il fare elemosina onde non fornir di cibo creature
derivanti dal principio malefico. V. Sander. Haer. 132;
Baron. A. C. 535, n.° 14; 745, n.° 37; Bossuet, Hist. de
variat., lib. II.

grazia. E per verità chi non accagionerebbe di soverchio ardire il provocamento di armati resi forti dal numero, fin qui tranquilli, sebbene a cognizione della reità loro, entro le proprie abitazioni e terre, schivi dal molestare o predare i vicini, e che ridotti dall'orrore delle armi alla disperazione potrebbero forse recare sinistri e ben di peso alla repubblica? Scrisse dunque loro, di ritorno a Costantinopoli, invitandoli con belle promesse ad un abboccamento seco, ed eglino fidando in queste e tuttora conturbati per l'annunzio delle galliche sconfitte risolverono dopo lunga ripugnanza di consentirvi.

VII. Alessio fa alto a Mosinupoli mentendo cagioni d'indugio, ma in realtà per quivi attendere i Manichei. Arrivati, finge desiderio di volerli tutti per singulo conoscere. Chiede il nome di ciascheduno e lo fa scrivere. Conformato quindi il volto a severità ordina che siengli presentati per decine soltanto divisi, volendo imprima così intertenerli onde agevolare il colloquio intorno alle private faccende, volgerebbe poscia il discorso a quanto riguardava la chiamata della pubblica ambasceria. Fatto il comando, erano a nome introdotti giusta il catalogo. Entrati, pronte guardie, tolti loro i destrieri e le armi, conduconli nelle prigioni assegnate ad ognuno di essi. All'udire in seguito il proprio nome appresentavansene altri non sapevoli affatto della sorte de' precedenti e dovendola tosto partecipare. Di questo modo egli ebbe in sue mani i capi della ribellione, e pubblicatine gli averi guiderdonò i coraggiosi e fedeli militi che pieni di costanza e valore prestato aveano, affrontando pericoli e battaglie, la fer-

ma e laboriosa opera loro. Spedì parimente a rimovere
dalle proprie abitazioni le mogli de' prigionieri ed in-
camerarne le facultadi, intanto che i mariti rinchiusi
in munite rocche pagavano il fio delle abbandonate bandiere. Secondando tuttavia l'indulgente sua natura a poco a poco ne mitigò di molto la pena, ed ammise pur
anche alla grazia del Battesimo chi di essi, invitato a riceverlo, non fuvvi renitente. Non ommesso in fine mezzo alcuno per indagare apertamente la verità, diede bando nelle isole ai soli principali autori della perfida tra-
ma, consentendo agli altri di stabilire ovunque bramassero la propria dimora; il perchè profittando ciascuno
dell' accordatogli favore punto non si ristette dall' anteporre la patria, ove ratto incaminossi per accudire
alle sue private bisogne.

VIII. L'Augusto di ritorno alla città regale sapea
con grandissima agitazione dell' animo suo il perfido
borboglio, circolante pe' trivj e chiassi, della mal dispo-
sta plebe verso di lui. Travagliavalo per certo il vedere
da tanti pericoli pur ora incontrati e da così grandi e
numerosi intraprendimenti non essergli derivato altro
frutto che gli oltraggi e le ingiurie uscenti dalle bocche
di quelli stessi ingratissimi cittadini vie meglio suoi de-
bitori della propria salvezza. Riducevansi poi le tumultuanti voci all' aver egli anzi spogliato i sacri templi che
ornatili ed arricchiti giusta il dover suo. Il quale spinto
da fatale necessità onde abbattere l'impeto fierissimo
d' inevitabile procella quasi dal mondo intero suscitata
contro il nome romano, e addimandandolo le pubbliche faccende, trovandosi affatto vuoto l'imperiale te-

soro, ebbe ricorso all' estremo rimedio col procacciarsi una prestanza dai sacri luoghi. Dico prestanza, poichè, ben lunge dal rapire · in tirannesca guisa, non appena · cessato l' imminente pericolo, cagione del por mano alle ecclesiastiche suppellettili, procedere doveasi ad una generosa loro compensagione. E quantunque vivo ognora alla sua mente il retto proposito di rendere ai templi, tosto ultimate le guerre, il prezzo degli ottenuti arredi, non tralasciò nelle attuali circostanze di provvedere alla pericolante sua fama studiandosi rintuzzare a tutt' uomo la cagione delle propalatesi dicerie.

IX. Al qual uopo riunito nel palazzo alle Blacherne un consiglio divisò alla presenza di esso confessarsi da prima reo, e quindi prendere egli medesimo la difesa della propria causa. Accorsovi l' intero senato, i capi della milizia ed il clero appalesavansi tutti premurosissimi di conoscere lo scopo di quell' adunanza; nè aveavene alcuno salvo il rammentare le querimonie del volgo contro il sovrano, e quindi costituirli giudici del suo operato. Presenti gli amministratori de' sacri luoghi si producono i libri (soliti chiamarsi in volgare favella Brevi) contenenti il catalogo di tutto il vasellame, e degli ornamenti proprj di ciaschedun tempio. L' Augusto sedea sopra alta scranna, preside in apparenza e direttore di tutto il concistoro, ma in realtà meglio diremmo sommesso ed obbediente all' esame ed arbitrato de' giudici. Teneasi conto esatto e noveravansi i doni già tempo fatti alle chiese dalla generosità di molti fedeli. Si ponea a riscontro del primo un secondo catalogo delle cose pigliate dagli stessi donatori, o dall'ivi assiso imperante. Per così diligente ricerca si chiarì non essersi da mio padre levate che le sole decorazioni d'oro e di argento poste al sepolcro dell'imperatrice Zoe con ristrettissimo numero di altre suppellettili di poco servigio nel sacro ministero. Indagato pubblicamente di questo modo il tutto egli si confessò reo, e consentì che il consiglio passasse a dar sentenza.

X. Cangiato quindi a poco a poco il piano del discorso ed il tuono della voce: « *Al mio ascendere al trono, ei disse, voi ben sapete da quanti barbari fosse guerreggiato l'impero, e come grande in esso la mancanza de' necessarj mezzi onde preservarlo dalle armi loro; voi, ripeto, ben lo sapete e molto più di voi lo so io stesso, il quale per sì grave cagione e per attendere alla pubblica salvezza mi vidi costretto ad esporre il mio capo a terribili ed innumerevoli pericoli, essendomi le tante volte e così lungamente raggirato infra le costoro spade e frecce, donde ho potuto a stento campare la vita. Giovami similmente credere che sieno tuttora impresse nelle menti vostre le armi da Persiani portate contro di noi, le scitiche scorribande, e quelle aste fabbricate ed affilate nella Longobardia per trafiggere i nostri petti e fianchi. Mancavano armi e danaro, e la circonferenza dell'impero toccava il suo centro. Ricordivi infine che in tante malagevoli circostanze si fecero leve di truppe, venne aumentato ed agguerrito l'esercito e tutti fummo nell'accudire alle belliche imprese. Or dunque non temo di esporre con verità, e come Pericle dicea in simile circostanza, che il tolto venne da me profittevolmente speso. Imperciocchè per l'onor vostro, cui*

*parlo, per la comune salvezza e libertà fu consumato.*
*Nulla è tuttavia da maravigliare che odansi querule vo-*
*ci incolpandoci di avere così operato contro l'autorità*
*de' canoni antichi; poichè da cosiffatte censure neppu-*
*re lo stesso real profeta David potè in eguali urgenze*
*andare esente. Il quale costretto, secondo la storia, da*
*estrema necessità di cibo non titubò di accostare alla*
*sua bocca, laico essendo, unitamente ai proprj militi i*
*sacri pani, vietato a chiunque, de' sacerdoti in fuori, il*
*mangiarne; arbitrio meno scusabile di quello sopra cui*
*aggirasi la nostra difesa. Poichè l'antica legge non ad-*
*duceva caso onde potessero i laici usare di questi pa-*
*ni. Quando invece dai santi canoni medesimi che gli astio-*
*si oppongonci vien permessa chiaramente la vendita*
*de' sacri vasi all'uopo di redimere gli schiavi. Ora ver-*
*remo noi con giustizia incolpati di grave loro trasgres-*
*sione se per liberare molte città grandissime, infra le*
*quali Costantinopoli, e sarei per dire l'universo intie-*
*ro dall'imminente pericolo di cattività, pigliato abbia-*
*mo ad imprestanza non già sacri vasi, bensì ornamen-*
*ti ed accessorj degli ecclesiastici arredi, pochi e di non*
*molto valore in confronto de' non tocchi, a riparo di*
*cotanto infortunio? Il perchè la mia coscienza mi ras-*
*sicura di non paventare in causa di ciò giudizio co-*
*munque, neppur quello d'ingiusti e maligni arbitri, sal-*
*vo e' non sieno all'intutto ciechi, a bastanza certo di*
*nulla aver commesso nel tenore del reggimento nostro*
*da essere con diritto biasimato. "*

XI. Dopo queste parole con basso tuono di voce
confessandosi non di meno reo e condannando sè stes-

so umilmente si protestò meritevole di gastigo. Impose
quindi ai conservatori de' registri di svolgerli onde conoscere il numero ed il valore delle cose tolte, disponendo subito che ogni anno dai curatori del fisco si consegnasse al foro di Antifoneto (1) rilevante quantità d'o-
ro come insino ad oggi fedelissimamente si è praticato.
Imperciocchè erasi levato, giusta il detto, qualche ornamento posto al sepolcro della rammentata imperatrice. Fe' comando eziandio che tutti gli anni i Calcoprati ricevessero una somma d'oro ad alimento degli individui soliti celebrare le divine lodi nel sacro edifizio dedicato alla Madre di Dio.

XII. A breve intervallo di tempo fu scoperta una
congiura contro l'Augusto parteggiandovi i principali se-
natori, duci e tribuni dell'esercito, nè poggiava sopra
mal fermi indizj, poichè, alla comparsa di fedeli accusa-
tori, tutti coloro in essa comunque avvolti o fattine per
qualche indizio sapevoli, da pruove fuor d'ogni opposizione convinti, furono costretti a confessare il proprio
delitto. L'imperatore non di meno per tratto di sua clemenza volle che i soli capi soggiacessero alle pene dalle
leggi prescritte, condannandoli alla confiscazione delle
sostanze loro ed al bando; tale ebbe fine la congiura.
Ma è tempo di riprendere la interrotta narrazione su
de' Manichei.

XIII. Allorchè mio padre da Niceforo Botaniate fu

---

(1) Eranvene parecchi in Costantinopoli, gli uni secolari,
gli altri ecclesiastici, ed a questi presedevano le principali
dignità del clero.

assunto alla dignità di gran domestico annoverò un cotal Bleso manicheo infra suoi famigliari ministri, e reso
meritevole di accostarsi al sacro Fonte lo congiunse in
matrimonio con altra delle imperiali ancelle. Ora costui
vedendo complici dell'antedetta cospirazione le quattro
sorelle dimoranti in patria, prigioniere e spogliate
d'ogni loro sostanza, abbandonatosi a tristezza somma
opinò il sinistro maggiore di quanto ei potesse comportare. Andava quindi in traccia di qualche spediente
per sottrarsi dalle mani imperiali; se non che la sua donna da manifesti indizj argomentandone la fuga, presen-
tatasi all'incaricato della custodia de' Manichei appa-
lesogli quanto erale noto intorno al consorte. Bleso, a-
vutone sentore, e pensando alla necessità di eseguire
tosto il fatto divisamento, ragunò all'istante tutti i par-
tecipi de' suoi consigli e chiunque avea seco legami o di
sangue o di stretta amicizia e condusseli ad occupare
Beliatoba. Sorge la terricciuola su di elevato e forte luogo occupando la cima d'un poggio dominante la forra
postane alle radici. Impadronitosi delle case rinvenute
deserte ivane devastando le terre vicine con giornaliere
scorribande, spignendole talvolta infine alla natia città
di Filippi, e retrocedendone poscia carico di preda; nè
pago di questi ladronecci fece lega cogli Sciti a dimora nelle vicinanze dell'Istro. Conciossiacosachè seppe
talmente conciliarsi i reggitori de' popoli domiciliati
in Glabinitza, Distran e prossimani luoghi che persuaseli
ad accordargli di pieno volere in matrimonio la figlia di
un illustre concittadino loro. Di questo modo lo sdegna-
tissimo fuggitivo era tutto, come si pretende, nel fabbri-

care contro l'imperatore mali gravissimi, intendomi uno
scitico assalimento.

XIV. L' Augusto colla sua connaturale sapienza an-
tivedendo e considerando il peso del sovrastante pericolo, mandogli frequenti lettere piene di amorevolez-
za e promesse onde richiamarlo. Inviogli a simile un'
aurea Bolla per assicurarlo del suo intero perdono e
d'una libertà senza limiti; ma quando mai seppe il granchio muover passi a dirittura? Egli punto non cangiossi
da quel di ieri o di ier l'altro. Fattosi di continuo ad
incitare gli Sciti contro ai Romani con ischiere di armate
genti andava per lo largo e lungo malmenando tutti que'
dintorni. Alessio poi non gittò fatica e tempo co'Manichei suoi popolani, tornati avendoli a segno e resi obbedienti e fedeli al trono.

XV. Baimundo intanto (ed è ben ora di tornare a
lui) dimorava in Aulone; qui pervenutegli le nuove riguardanti Briennio e la risoluzione de'conti, postisi gli
uni sotto le imperiali bandiere ed il resto qua e là di-
sperso; tornato di fretta alla patria si presenta al genitore in Salerno. Questi dall'aspetto e dalla mestizia
del figlio presentì un disgraziato annunzio, ma allorchè
dal colloquio ebbe vie meglio compreso ove andassero a
terminare le grandissime speranze, capovoltesi tutte a mo'
di embrici, da lui risposte, abbandonando l'Illirico, in
Baimundo e nell'esercito fidatogli, come al primo rimirarlo coprì il suo volto di pallore, quasi tocco da fulmine,
così uditone per intiero il tragico racconto cadde in
somma tristezza, avvegnachè ben lontano dall'abbandonarsi a vili concepimenti o ad azioni sconvenevoli alla

generosità dell' animo suo ; elevossi piuttosto a marziali divisamenti e ad eroiche minacce di far pagare ben caro al nemico i sofferti rovesci. Diedesi pertanto a macchinare entro sè nuova guerra , e ad escogitare gli opportuni mezzi di mettere in punto eserciti più forti dei primi. Fervente di natura nel condurre ad effetto le stabilite imprese nulla potea indurlo a ritrarne il piede quantunque gravi si fossero i pericoli e i disagi che andrebbevi ad incontrare. Uomo per verità superiore ad ogni temenza , e così affidato in sè stesso che reputava dover tutto cedere al primo comparire delle sue falangi. Di colpo adunque, dato bando al torpore prodottogli dalla rancura de' tocchi sinistri , manda ogni dove annunziando un secondo tragetto ed una seconda guerra contro l' Illirico, e presso di sè chiamando tutti i provetti nell' arte bellica e la gioventù bramosa di gloria. Ed ecco dopo non lungo tempo venire a lui altissimo numero di militi, fanti e cavalli, splendidamente armati, ed, a mirarne l'occhio ed il volto, spiranti marziale furore. Tal moltitudine detta sarebbesi da Omero

*Folta come delle api il picciol volgo*;

accorreanvi poi nè più nè meno dalle regioni e città vicine che da luoghi lontani e posti sotto differente cielo. Di questo modo pertanto agguagliando il tenore degli apparecchi alla grandezza del suo scopo apprestavasi alla guerra con tutto il corredo necessario a vendicare le sofferte stragi da Baimundo.

XVI. Apprestato l' esercito, chiama a sè i figli Rogerio ed il nomato Gida che mio padre con maneggi tentato avea di unirlo in matrimonio al suo sangue, pro-

mettendogli, aderitovi, onori sommi accompagnati da
liberalissimo dono d'immenso danaro. Il giovane di buon
animo udivane, e dichiarò fin d'allora obbligata la sua
parola e prestatovi il proprio consenso, celando tuttavia
con iscaltrissimo infingimento il fallo commesso, onde
non giugnessene alle orecchie paterne e de' fratelli indizio alcuno.

XVII. Roberto ragunati presso di sè i figli e conferita ad ambedue la capitananza di tutte le genti in sella
mandolli innanzi coll'ordine di occupare immediatamente Aulone, il che riuscì loro, valicato il mare, al
primo comparirvi in armi. Postovi quindi sufficiente
presidio si diressero colle truppe a Butroto imposses-
sandosi agevolmente anche di questa città. Egli trat-
tanto avviatosi con tutto il naviglio alla opposta piaggia,
di là marina marina pervenne a Brontesio divisando poscia
entrare nell'Illirico; se non che riferitogli essere da I-
drunte più breve il tragitto, fattosi indietro mise alla
vela coll'esercito per Aulone, e di qui salpando con le
navi e costeggiando il lido si riunì alla prole in Butroto. Ma poichè eragli ribellata Corifo, da prima caduta
in suo potere, lasciati i figli ove stanziavano e seguito
dall'armata di mare avviossi a Corcira bramoso di riconquistare la perduta rocca.

XVIII. A tali imprendimenti di Roberto non ista-
va ozioso l'imperatore, nè si conturbava punto all'u-
dire così grandi e minaccevoli apparati. Scrisse dunque
innanzi tutto ai Veneti persuadendoli come potè il meglio a spiegare novamente lor forze marittime contra
di lui, e promettendo loro che ne avrebbero copio-

sissimo danaro così per le spese occorrenti al naviglio, come pe' militari stipendj. Egli poi spedì contro il nemico biremi, triremi e piratiche navi d'ogni guisa e forma, postovi a bordo gran numero di genti espertissime nelle marine pugne. Il sempre audacissimo Roberto non rifiutossi di venire a battaglia, estimando anzi dicevole al suo valore il porsi in cammino spontaneamente ad incontrare il periglio. Annunziatagli pertanto la venuta delle combinate forze navali ad assalirlo, e' partitosi co' suoi vascelli in ordinanza gittò le àncore nel porto di Cassope. In quello di Passari fu la prima stazione de' Veneti, i quali saputo l'inoltrar di Roberto veleggiano a dirittura con tutto il guerresco apparato per venire a battaglia. Vivo fu il conflitto non solo colle armi offensive da lontano, ma vie più ancora giunti che furono in vicinanza. Da ultimo ne uscì colla peggio Roberto; se non che l'animo suo indomito, alieno dal confessarsi vinto, raccolte le poche forze rimasegli si dispone a nuovo cimento e più fiero del primo. Nè giùnse a gabbare i duci delle nemiche flotte, poichè questi, fidando nella fresca vittoria, il terzo giorno gli si presentano, e venuti coraggiosi alle mani tornano a riportarne segnalati vantaggi, dopo di che riparansi nel porto di Passari. Quivi o presumendo troppo di sè stessi, come frequente è il caso, per gl'inalzati trofei, o tenendo a vile il nemico quasi fosse appieno sconfitto, diedersi ad operare con maggiore trascurataggine e sicurezza di quanto si convenia avendo tuttavia in armi e da presso il valorosissimo duce latino; e, passando con silenzio le altre negligenze, rimandano a Venezia le navi celeri componenti, senza tema di errore, molta parte dell'armata di mare, come fosse mestieri l'invio di cotanti nunzj a bandirvi la nobilissima ottenuta vittoria sopra l'antedetto condottiero.

XIX. Roberto fattone sapevole da un Pietro Contarini veneto disertore, pervenuto non guari prima sotto i latini vessilli, quantunque in preda ancora all'incredibile ambascia e tristezza accagionatagli dalla reiterata sconfitta, destatosi non di meno a nuove speranze risolvè di affrontare a tutta possa il nemico. I Veneti con istupore e perturbamento venuti a saperne la inopinata comparsa legano insieme i maggiori vascelli rimpetto al porto di Corifo e fatto il cosiddetto pelago-limene (1) introduconvi nel mezzo le piccole navi e si rimangon tutti armati ad attenderlo. Giunto in breve comincia l'aringo e con vie più di furore che non si fosse nelle precedenti battaglie praticato, mettendo a pruova tutta la fermezza ed il coraggio loro. Da ambe le parti valorosamente si resiste, da per tutto ferve la pugna, nè havvi chi pensi a volger le spalle. Se non che terminata ai Veneti, per la diuturnità della guerra, la vittuaglia, donde eran colme le navi, queste col solo carico delle genti ed armi galleggiando oltre il bisogno leggiere, non arrivandovi l'acqua tampoco alla seconda cinta, si rendettero malagevolissime da governare. Al premersi dunque dal corpo de' militi il lato di contro al nemico, tutte, piegando lentamente al peso, affondarono in mare, ed eranvi in esse forse tredici mi-

---

(1) Disposizione imitante la forma d'un porto di mare.

gliaia di combattenti; il perchè le campate dall'a-
cqua caddero in potere dei Latini.

XX. Roberto profittando barbaramente di così illustre
vittoria cercò nella vendetta di alleviare il suo dolore
pe' sinistri da prima sofferti, ordinando che si tormen-
tassero e disformassero molti de' fatti prigionieri; a chi
pertanto furono cavati gli occhi, a chi divelto il naso,
ed a chi mozzate le mani o vero i piedi, nè mancarono
di quelli che soggiacquero alla perdita delle une e degli
altri. Spedì similmente banditori ne' luoghi vicini ad
annunziare che senza tema di patir danno e con piena
sicurezza potea ognuno venire a lui per redimere a prezzo i suoi; oltre di che ingiugnea loro d'indurne gli a-
nimi a contrarre pace seco; ma funne la risposta: « Sappi, duce Roberto, che neppur vedendoti lì per trucida-
re e mogli e prole di nostra pertinenza ci potresti sedurre a rompere la giurata fede all'imperatore, o a
distoglierci dall'incontrare qual tu vuoi pericolo all'uopo di proteggerne i diritti ».

XXI. Trascorso breve tempo i Veneti apprestati
dromoni (1) e triremi con altro piccolo e veloce naviglio
ed afforzato assai più di prima l'esercito mossero di
nuovo contro Roberto a dimora non lunge da Butroto,
ed appiccatavi fiera battaglia ne escono compiutamente
vincitori, occidendogli molta gente colle armi e pur molta sommergendone; per poco altresì non caddero nelle
mani loro il figlio Gida e la consorte Gaita. Della quale solenne vittoria l'imperatore avutane dai loro messi

_____

(1) Navi di velocissimo corso.

notizia largamente con doni ed onori guiderdonolli, al
duce veneto conferendo la dignità di protosebasto annes-
sovi il competente annuale soldo. Comandò inoltre che
dall'imperiale tesoro si sborsasse ogni anno molto danaro alle venete chiese, e fece tributarj i Melfii aventi
botteghe in Costantinopoli del tempio magnificamente
eretto ed intitolato all'apostolo ed evangelista Marco.
Largheggiò a simile in doni co' lavoratori e bottegai a
dimora dall'antica ebraica scala (1) alla nomata Bigla e
con le altre scale comprese in questo intervallo. Nè pago ancora aggiunsevi quantità di beni stabili così in Costantinopoli come in Dirrachio, ed ovunque n'ebbe da
loro inchiesta. Ma più che tutto si fu il rendere nel
romano dominio ogni maniera di merci ad essi spettanti per sempre immuni da qualsivoglia dazio o gravezza,
di guisa che poteansi quinci trasportare altrove ed in-
trodurre senza pagare neppur un obolo a titolo di tassa
commerciale o di tributo agli appaltatori del fisco, ai
gabellieri o ad altri cosiffatti raccoglitori del regio danaro. Godettero in fine d'un assoluto libero traffico
ed esente da ogni giurisdizione de' magistrati romani.

XXII. Roberto (per compiere quanto rimane a narrarsi di lui) neppure dopo tale sconfitta potè starsene
queto; ma di già spedito avendo parecchie navi, capi-
tanate dal figlio, alla volta di Cefalenia colla brama di
occupare la città posta nell'isola, egli stesso colle rimanenti apprestate ed all'àncora nel porto di Bonlitza,
dove accampato era eziandio tutto l'esercito, asceso

_____

(1) Luoghi in Costantinopoli così nomati. V. Meursio.

una galea tenne lor dietro. Giunto ad Atere (promontorio di Cefalenia) prima di unirsi alle truppe che seguir lo doveano, ed al figlio mandato innanzi fu incolto da gagliarda febbre, e non comportandone l' ardore chiese dell' acqua. Alla dimanda, quanti lo attorniavano corsi tosto in traccia di qualche fonte, uno degli indigeni rispose: Là in quella isola di nome Itaca ergevasi ab antico una grande città nomata Gerusalemme, distrutta poscia dal tempo. Stavvi non di meno tuttora una perenne sorgente di limpida e potabile acqua. Roberto alle costui parole cadde in gravissimo turbamento comprendendo all' udire il nome del luogo ove infermava e la vicinanza di Gerusalemme rimanergli solo ben poco a vivere. Poichè ricordava un pronostico fattogli da uomini dediti con tal foggia di vaticinj a sostentare lor vita, e soliti con simiglianti piagenterie a procacciarsi il favore de' grandi, ammonendolo essere egli per estendere il suo dominio ovunque infino a questo Atere, ma da qui prendendo la via di Gerusalemme pagato avrebbe l' estremo tributo alla natura; nè mi saprei dire asseverantemente se ammalasse di ardente febbre, o di dolore ai fianchi; certo si è che mancò ai vivi nel sesto giorno delle sofferenze sue. La consorte Gaita lo raggiunse spirante col figlio tutto in lagrime, come è il caso alla vista di cotanto lugubre spettacolo. Partecipatane quindi la morte a Rogerio prescelto dal padre vivente a succedergli nel principato, questi all'udirne oltre ogni credere attristossi, preso non di meno del suo meglio animo ragunò l' esercito per manifestargli con assai dirotto pianto la gravissima perdita del genitore, dopo di che fattogli sacramentare fedeltà lo ricondusse nell' Apulia. Durante il tragitto, sebbenè corresse la state, i vascelli ebbero molto a soffrire da gagliardissima tempesta venendone alcuni sommersi ed altri spinti ne' guazzi. Quello destinato a tradurre il cadavere di Roberto fracassatosi nel mezzo, i curatori della cassa ove giacea il defunto trattala dalle onde poterono con difficoltà, seco trasportandola, metter piede sani e salvi in Venusio. Quivi il cadavere fu deposto vicino al monistero intitolato alla santissima Trinità nel sepolcro de' fratelli precedentemente partitisi di questo mondo. Egli cessò di vivere l' anno ventesimosesto del suo ducato e nell' età di anni settanta.

XXIII. L'imperatore alla nuova della inopinata morte di Roberto respirò, quasi alleviato finalmente d' un gran peso che premeragli da lungo tempo il dorso, e statuendo opportuno il momento di troncare ogni indugio non omise artifizj per seminare discordie infra le genti di presidio in Dirrachio onde tornarne di leggieri al possesso. Chiamati pertanto i Veneti di piè fermo in Costantinopoli esortolli a persuadere con lettera quelli di Amalfi ad assisterlo nel riconquistare la città, attendendovi senza posa egli stesso col far loro continui doni e promesse. Nè diede in fallo, essendo tutta la stirpe latina venale, pronta ed avvezza, amando oltre misura il danaro, a tradire le più accette cose ed a patteggiarne, sempre animata da sordido guadagno. I Dirrachiesi dunque, la guernigione ed i coloni spinti dalle grandi offerte di Augusto andati a romore innanzi tutto uccidono i traditori della rocca all' imperiale nemico ed i perseve-

ranti a rimanergli fedeli. Presentatisi di poi volontariamente all' Augusto gli consegnano il forte riportandone
immunità e generosissimi premj non al disotto delle concepite speranze.

XXIV. La morte poi di Roberto era stata molte a-
vanti preconizzata da un Seth di nome, il quale spaccia-
vasi profondo conoscitore di astrologia. Questi dopo il
tragitto nell' Illirico depositò una carta suggellata con
entrovi tale vaticinio nelle mani di parecchi intrinsichis-
simi dell' imperatore, pregandoli di non aprirla che a
un determinato tempo; accadutone il trapasso, dischiu-
sala ad inchiesta dell'autore, furonvi letti i destinj di lui
non altrimenti espressi: Il gran nemico, suscitato che abbia da occidente molte sedizioni, per la non pensata ca-
drà. Tutti ammirarono la perizia dell'astrologo, e di vero come non asserire ch' egli giunto si fosse nell' arte
divinatoria all' apice della perfezione? Ora su di essa,
rotto per poco il filo della storia, prenderò a ragionare
brevemente.

XXV. Nuova affatto e sconosciuta dall' antichità è
la professione de' pronosticanti le cose avvenire. Non al
fiorir di Eudossio, celebratissimo infra gli astronomi,
eravi ancora l' arte di predire; non la conobbe Platone, non quel Manetone, profondissimo in ogni studio, per mancanza d' un compiuto metodo intorno
all' Oroscopia (1), desiderandosi a que' dì un'accurata

(1) Arte professata da coloro, i quali pretendevano potersi
conoscere mediante la posizione degli astri, all'epoca delle na-
scite, i destini che accompagnerebbero l' umana vita.

ANNA COMNENA. 41

ed in tutte le sue parti esatta notizia del collocamen-
to de' poli a fine di osservare nel punto delle nasci-
te la giacitura e la configurazione de' celesti aspetti.
nè avendovi fin qui altri ammaestramenti necessarj a
questa scienza, che di poi il suo perfezionatore, chiunque egli si fosse, aggiuntili a quanto di già sapeasene,
tramandò alla posterità; ammaestramenti ritenuti indi-
spensabili da coloro che vanamente dannosi allo studio
di tali frascherie. E sì, pur noi delibammo qualche primo rudimento di essa non col pensiero di usarne, cessi
Iddio, ma per desio, penetratane vie meglio la vanità,
di riprendere con maggior sicurezza chi perde tempo e
fatica in istudj così da nulla e fallaci. Meno poi mossa
da giattanza entro in tali argomenti; solo dirò che ac-
cintami ad esporre l'avvenuto sotto l'impero di Alessio, ho riputato mio ufficio il dimostrare che lo scibile
tutto ebbe per lui, amantissimo de' filosofi e della filosofia, un assai grande perfezionamento, non eccettua-
ta la oroscopia, quantunque egli avessela in aperto odio
giudicandola, se non erro, tendente a distogliere le più
semplici menti dal riporre lor speranze in Dio col tener-
le assorte nella osservazione degli astri ed in assoluta
dimenticanza delle proprie faccende. Ecco appunto il
motivo che animò Alessio contro le astrologiche discipline; con tutto ciò questa sua avversione non giunse a
produrre nell'impero carestia di persone che vi applicassero gli animi loro. Poichè, oltre il testè ricordato
Seth, fiorì di que' tempi l'egizio alessandrino premurosissimo di far palesi gli astrologici reconditi misterj, e
narrasi di lui che da molti consultato desse risposte ac-

curatissime riguardo all'avvenire, non valendosi ora neppure dell'astrolabio (1), ed ora col semplice sguardo eseguendo le sue divinazioni, poscia confermate dagli eventi. Il che non dobbiamo in conto veruno ascrivere a magia, dipendendo il suo operato unicamente da qualche artificioso inganno.

XXVI. L' imperatore vedendo costui frequentato da copiosa gioventù ed ovunque insignito del nome di profeta, volle pur egli due fiate consultarlo ed ebbene risposte concordi al vero. Ma paventando non fosse per venirne autorità maggiore all'abborrita professione, e molti seguendone le tracce si dessero a coltivarlo, comandò che bandito dalla città viver dovesse non lunge da Radesto, facendogli tuttavia somministrare a spese del tesoro copiosa vittuaglia ed ogni altro bisogno della vita. Coltivò parimente in grado sommo tale scienza il profondissimo dialettico Eleuterio, nato a simile in Egitto, di cui si narra che sortito avesse dalla natura ingegno convenevolissimo a queste meditazioni, ed applicatovelo cotanto da ritenerlo sopra tutti voglioso di aspirare al colmo dell'eccellenza e di non rimanere a niuno secondo nel meritarvi lode. Se non che da Atene capitò a Costantinopoli un Catanange di nome, il quale pretendea soprastare di gran lunga a quanti lo precedettero nella cognizione delle astrologiche discipline. Costui interrogato sulla morte dell'imperatore determinava il giorno che i destini chiamerebbonlo a nuova vita. Pas-

(1) Strumento adoperato dagli astronomi per conoscere la posizione de' corpi celesti.

sò mio padre il tempo indicato in buona salute, ma giun-
tone il termine un fiero leone chiuso in gabbia vicino alla
reggia dopo quattro giorni di febbre cadde spento.
Laonde parve a molti che il pronostico di Catanange,
dal capo imperiale forviando, colpito avesse il quadrupede. Lo stesso dopo anni molti ripetute con maggiore esattezza, a parer suo, le osservazioni tornò a predir-
ne il trapasso, ma pur ora in fallo, quantunque il dì medesimo vaticinato per la imperiale morte ai vivi mancasse
la genitrice Anna. L'Augusto, sebbene riuscite più volte bugiarde le predizioni di lui, non estimò tuttavia di
esiliarlo dalla città giudicando che la presenza medesima dell'astrologo, caduto sì di frequente in errore nel-
l'esercizio di sua professione verso il capo dell'impero,
varrebbe ad infamarne l'arte; paventava inoltre la taccia di aver punito anzi per vendetta di privata offesa
che mirando alla pubblica utilità chi osato avea teme-
rariamente di profetizzare sua morte. Ora è uopo tornare in cammino per distorre altrui dal pensiero, che
intertenendoci sopra argomenti di astrologia cerchia-
mo avvolgere in tenebre il corpo della storia.

XXVII. Roberto, conformandoci alla prevalente ri-
nomea, fu eccellentissimo capitano. Pronto di mente nel
provvedere ai repentini bisogni, di maestoso aspetto, volto e persona; urbano e piacevole ne' suoi famigliari discorsi, di acuta e a un'otta piena e sonora voce, di af-
fabile scontramento e di assai facile accesso. Rispondea
poi all'eroica sua taglia una lunga chioma tutto all'intorno del capo, cui bellamente univasi folta e lunga barba; oltre di che fu costantissimo osservatore dei patrii

costumi. Tutto poi il gagliardo vigore spirante dal suo volto e dalle rimanenti parti del corpo nella giovanile età non sofferse diminuzione comunque infino agli estremi della vita; ed egli ben lo sapendo reputavasi anche a titolo della personale avvenenza e robustezza meritevole dell'impero. Bramoso del proprio onore, nè curante meno l'altrui, molto cortesemente trattava i suoi inferiori, di preferenza largheggiando in generosità e guiderdoni con quelli della cui grandissima benevolenza sapeasi in possesso. Avido accumulatore di pecunia, e strettissimo di mano al dispensarne reputava non isconveniente al suo elevato grado qualunque eziandio bassa maniera di lucro, compresovi il mercanteggiare ed il sordido traffico. Non di meno tutto cedeva in lui ad una esorbitante passione di gloria; il perchè vittima ad un tempo di tanti e così variati desiderj soggiacque di leggieri all'universale censura. Emmi noto il biasimo che riportò mio padre dall'accusa di poco senno per non essere nella prima spedizione riuscito a vincerlo, come potuto avrebbe, e' dicono, se con temeraria fretta pervertita non si fosse da lui una speranza certa. Poichè temporeggiato qualche poco ad assalirlo infallantemente pervenuto sarebbe a rinchiudere e circondare i Galli stretti di qua dai nomati Arbaniti e di là dalle genti dalmatine speditegli da Bodino, tutti avacciandosi per conseguire una manifesta vittoria. Tale sentenziano imperiti critici lontani dal tiro de' projettili, e da luogo sicuro intenti ad avventare fierissimi colpi alla vita e fama di valorosi personaggi sfidanti i pericoli da vicino e grondanti di sudore in campo. Or dunque posta mente al valore di Roberto, alla sua scaltrezza nel condurre una guerra, alla presenza del suo intrepido spirito in ogni evento, cose a tutti note, come non comprendere quanto malagevole si fosse l'uscir vittorioso d'un capitano, il quale anche dai sinistri della guerra, se pur incappassevi talvolta, solea più risoluto e coraggioso riaversi?

XXVIII. L'imperatore cacciato il conte Briennio da Castoria ed avente seco i Latini, come narravamo, alle calende di dicembre correndo la settima indizione tornato portator di trofei in Costantinopoli trovò l'augusta consorte a stanza ne' regali appartamenti destinati in epoche anteriori ai puerperj delle sovrane ( abitazione, con voce antica nomata *Porphyra*, o *Porpora*, donde si rese celebre in tutto il romano impero il nome de' Porfirogeniti (1) ). Ivi quasi nell'aurora del giorno di sabato nacque loro una fanciulla coi lineamenti non dubbj dell'imagine paterna, giusta le osservazioni fatte in allora e divolgate da quanti la videro; ed io senz'altro fui quella. Nè tacerò di avere sovente udito dalla mia genitrice a narrare che al principiarle i travagli del parto tre giorni prima del vociferato ritorno di Alessio nella reggia (imperciocchè sapeasi ch'egli posto fine alla guerra contro Roberto, ove incontrato avea tanti pericoli e sudori, venuto era nella risoluzione di retrocedere

_____

(1) Si corregga la nota a pag. 155 nel modo seguente: Etim. Nata nel porpora; Appartamento nel palazzo del sovrano destinato ai parti delle imperiali donne; ed a pag. 278 leggasi *Lazio* invece di *Lario*.

in Constantinopoli e percorrerne di già la via, solo tre
giorni di viaggio essendone lontano), opinava non dicevole ed importuno lo sgravarsi disgiunta dal consorte, ma solo per breve distanza e tempo. E si racconta
che al primo doloroso foriere del termine de' suoi patimenti, fatto il segno della Croce sul ventre, dicesse:
*Rimanti, o fanciullo, attendi la tornata paterna.* Le
quali parole giunte all' orecchio della protovestiaria sua
genitrice fu da costei seriamente ripresa dicendole: Deh!
non sai tu che il suo arrivo tardar potrebbe d'un mese?
ed in allora come reggere ai dolori d'un parto oltre
il naturale periodo spinto? Così la genitrice; ma l'augusta vide i suoi voti compiuti.

XXIX. Fu questo, direi quasi, un segno precursore
del sincero mio affetto verso dei genitori, il quale riportar dovea in seguito piena conferma da una costante pratica di tutta la vita; nè dubito, protetta dalla
mia coscienza, invocarne l'attestazione di quanti mi
conobbero. Eglino certamente sanno che mai in parte
alcuna venne meno la mia divozione verso di essi, e fu
tuttodì cotanto l'amor mio portato loro quanto era mestieri perchè non le avversità, non l'afrezza de' tempi,
non il peso de' travagli o de' pericoli, grandi come che
vuoi, pervenissero ad intimorirmi o raffreddare nell' a-
marli; l'onore, il danaro, la vita stessa un vero nulla
curante, e pronta anzi a soffrir tutto che mancare a
questo commendevole officio. Nè arrestatami entro i
limiti degli esterni segni, al presentarmisi la opportunità
li travalicai, per sì nobile motivo ponendo in balía della
sorte anima e corpo. Ma, riserbati di tali argomenti a

migliore occasione, prendiamo con più saggio consiglio a riferire le bisogne del primissimo viver mio.

XXX. Per la nascita d'una primogenita, oltre la costumanza ne' regali parti largheggiatosi di pecunia col popolo ed esercito, e soprattutto di onoranze col senato, ne derivò generalmente pubblica esultazione, distinguendosi a molti doppj in essa i propinqui dell'augusta. I quali sciogliendo il freno ad ogni maniera di allegrezza e gongolanti di gioja, sentivansi nella incapacità, vuoi col canto o con altre festevoli guise, di agguagliare appunto la forza interna del giubilamento loro. Passati alcuni giorni i miei genitori onoraronmi della corona e dell'imperiale diadema. Accordarono similmente a Costantino, figlio di Michele Duca per lo addietro imperatore, del quale fatto abbiamo lunga menzione altrove, e che partecipava in allora l'impero, di apporre il suo nome in rosso alle donazioni, di procedere, cinto il capo di tiara, vicino all'Augusto nelle solenni processioni (1), e di essere nomato il secondo nelle acclamazioni. E siccome pur io, a que' dì coronata, dovea entrarvi, così fu ingiunto ai coristi l'acclamare, di seguito al nome del-

___

(1) Ciò è quando l'imperatore nelle solennità recavasi con pompa grandissima dal suo palazzo alla chiesa di S. Sofia per assistere ai divini uffizj; disponevansi allora in alcuni punti della via da lui calcata individui, i quali al comparir del sovrano davan fiato alle accennate acclamazioni, consistenti il più in voti all'Altissimo per la prosperità, salute e lunga vita del sovrano e di quanti altri della imperiale famiglia eransi giudicati meritevoli di quest'onore.

l'imperatore, Costantino ed Anna. Che poi tal pratica durasse lungamente inalterata l'ebbi nel tratto successivo più volte dalla voce de' miei genitori e congiunti; augurio de' sinistri e delle prosperità che accompagnar doveano mia vita. Ebbero quindi gli augusti altra fanciulla di volto simigliante ad essi, la quale dal nascer suo dava segni di quella virtù e sapienza che al crescere degli anni manifestaronsi chiaramente in lei.

XXXI. Surse quindi negli animi loro desiderio vivissimo di prole maschile, e viderlo compiuto correndo l'undecima indizione. In quest' avventurosa circostanza fu tanta la gioja d' entrambi che la stessa memoria delle passate sciagure parea cancellata e rasa dal giubilo di nuova letizia. Il popolo del pari, avvezzo a calcare le orme de' regnanti, poneva tutte le sue cure nell' appalesarsi al più elevato grado festoso. Bello' era il mirare l'esultanza della reggia scevera compiutamente d'ogni mestizia; chi di essi dai più intimi penetrali del benevolente animo loro tramandando segni di veracissima allegrezza, e chi premendo con finta, ma necessaria giovialità l' astio dell' avverso cuore, poichè i suggetti non sanno rattenersi dal guardare con occhio sinistro chi li governa, quantunque si studiino con mentito ossequio ed affettate piagenterie di meritare la benevolenza di coloro medesimi cui portan odio. Il bambolo del resto avea pelle tendente al bruno, spaziosa fronte anzichè no, scarne igote, nari non rincagnate, nè ricurve a mo' d'aquilino rostro; partecipanti bensì ambe le forme, ed occhi neri. La sua indole tendea generalmente al cupo, quanto è dato pronosticare dall' apparenza d'un or ora nato corpicciuolo, ma disvelantesi alla sfuggita dai vivi suoi movimenti. Precipua cura de'genitori fu quella di assicurargli la successione dell'impero, ed a riuscirvi portatolo nella grande chiesa lo rendon partecipe della grazia battesimale e della regal corona. Tanto occorse a noi Porfirogeniti nei principj del viver nostro, a quali avventure poi durante la vita andammo soggetti verrà esposto laddove ognuna di esse avrà acconcio luogo.

XXXII. Qui rannodando il filo della storica narrazione riferiremo come l'imperatore Alessio, cacciati i Saraceni dai liti della Bitinia, dal Bosporo e dalle sovrastanti regioni, erasi indotto a trattare di pace con Solimano; dopo di che volte le redini verso l'Illirico e vinti del tutto, con guerra più d'ogni altra ricolma di pericoli e fatiche, Roberto ed il figlio Baimundo, liberato avea da calamità gravissima gli occidentali confini dell'impero. Tornato poscia indietro venne a sapere che tutta la piaggia orientale della sua dominazione era balestrata con frequenti scorrerie dai Musulmani, ligj di Apelcasem, e ch'eglino avean ben anche messo piede senza timore di offesa nella Propontide e sulle marittime terre lungo quella regione, fomentandone l'ardire i prosperi eventi. Qui dunque prenderemo ad esporre in qual modo (1) Amer Solima partendosi da Nicea dichiarò prefetto di quel presidio Apelcasem, e come Puzane spedito in Asia dal sultano de' Persi fu dal costui fratello Tutuse vinto e morto; di qual

(1) Nome di onoranza e dignità presso i Turchi e Persiani.

maniera finalmente lo stesso Tutuse dopo la vittoria sopra Pusane venne dai proprj consobrini strangolato.

XXXIII. Ebbevi un Filareto di nome, originario dell'Armenia, famoso per coraggio e prudenza, ed inalzato da Romano Diogene, allora imperante, alla onoranza di Domestico. Questi vedute in parte co' suoi occhi le compassionevoli sciagure di Diogene, in parte assicurato del crudele accecamento d'un principe cui egli tanto dovea, non comportavane la turpe cacciata dal trono e l'ingiustissimo tollerato supplicio. Di più non opinando onorevole e sicuro per sè stesso il viver sotto ai carnefici di Romano, cominciò a volgere il pensiero ad una ribellione appianandosi la via di agevolare il suo divisamento occupando la città d'Antiochia. Se non che impedito di condurvi tranquilla vita dalle continue saraceniche scorrerie sopra tutti que'dintorni, e detestando qualunque si fosse speranza di romana sorgente, risolvè appigliarsi a cosa non meno atroce che empia, dandosi a professare le superstizioni e seguire le costumanze de' Turchi, non esclusa la circoncisione. Inorridì il figlio alla nuova di sì grande scelleraggine, e dopo lunghi ed inutili sforzi per indurlo a ritrarsi dall'operato, disperatone alla fine il ravvedimento, con otto giorni di viaggio messo piede in Nicea, esorta Amer Solima, ivi sultano, ad assediare Antiochia e combattervi il proprio genitore. Quegli, prontamente aderitovi, apprestò con tutto l'ardore l'occorrente all'impresa, fidando il governo di quella città ad Apelcasem, personaggio salito in così alta riputazione presso di lui, che meritògli il glorioso nome di eccellentissimo sopra tutti i duci. Solima dunque in compagnia di Filarete suo figlio colla marcia di notti dodici (riposando in cambio durante il giorno per non mover sospetto della sua venuta nel nemico) giunto alla sprovvista sotto Antiochia., e rinvenutala non preparata a difesa col primo batterne le mura ebbela in suo potere.

XXXIV. Verso quel tempo medesimo un Caratice di nome con repentino assalimento guastò Sinope indotto da segni manifestanti que' regali tesori abbondevoli d'oro e d'altro danaro comunque. Se non che Tutuse, fratello del gran sultano ed al governo de' Gerosolimitani, di tutta la Mesopotamia e di Calep sino a Bagdà era disideroso al maggior segno di possedere Antiochia. Or dunque Amer premurosissimo di conservare sotto il proprio dominio una città con sì forte passione occupata intima all'esercito la partenza, e Tutuse da Calep muove armata mano ad incontrarlo; si viene pertanto a grande e feroce battaglia, nella quale passatosi dall'avventare dardi e frecce alle spade e lance le truppe di Solima impotenti di resistere all'impeto de' Tutusani voltarono all' avviluppata gli omeri. Nè il duce riuscito essendo con rampogne miste a persuasioni e promesse di richiamarli da una colpevole fuga al proprio dovere, allorchè vide il male più forte del rimedio, si ritirò, sapevole dell'imminente suo pericolo, e gittato in terra lo scudo arrestossi in luogo creduto da lui sicuro. Fattosi non di meno palese il nascondiglio ai consanguinei, vanno i satrapi di frequente a visitarlo, e con fallaci discorsi tentano di persuadergli che si partisse di là seco loro; bramosissimo essendo il zio Tutuse di abbracciarlo. Ma egli certo di non potervi fondare speranza veruna, e dover in cambio tutto paventare, fermo si mise al niego. Insistendo tuttavia i satrapi e dalle esortazioni d'intraprendere un cammino odioso, venuti a dichiarargli che trarrebbonlo di forza seco, egli comprese la vanità di resister loro da solo, ratto sguainata la spada si trafisse da banda a banda il corpo, dando alla sua esistenza malvagio fine, come ne fu la vita. Il sultano all'annunzio di tal nuova, reputando ben da temere e da non perder d'occhio il formidabile aumento di possanza in Tutuse derivatogli dalla riportata vittoria, spedì Siauso all'imperatore onde strignervi lega, promettendo, aderitovi, di far ritirare i Turchi da tutta la marittima piaggia, di metterlo al possesso delle rocche e castella ivi erette, e di prestargli inoltre del miglior suo modo assistenza ovunque si presentasse il bisogno.

XXXV. L'Augusto ricevuto il foglio del sultano disdegnò entro sè la fattagli proposta di lega; osservato quindi Siauso, e dal volto, dalla barba e da tutto il contegno di lui argomentandolo uomo prudente, interrogollo da qual patria e famiglia tratto avesse i natali? Da madre ibera, e' rispondea; ma da padre turco. Alessio allora grandemente lo sollecitò ad accostarsi di suo buon volere al sacro Fonte. Egli vi consentì e promise che rigenerato dalle Acque lustrali più non tornerebbe presso de' suoi. E poichè avea seco il diploma del sultano in perfetta regola sottoscritto e munito di sigillo, affinchè ottenuta l'imperial lega cacciar potesse, smistandola, dalle città e rocche le saraceniche guernigioni ed introdurvi i prefetti da Alessio mandati a supplirle, questi lo consigliò di recarsi ne' prefati luoghi, di cambiarvi quelle genti colle romane facendo loro vedere il diploma, e compiuta la missione di retrocedere a Costantinopoli. Siauso di buonissimo grado accolta la proposta, camminò prima di tutto a Sinope, ove presentata la patente a Caratica, fecelo di là partire senza lasciargli per mano sopra danaro alcuno del regio tesoro. Qui prendiamo a narrarne gli avvenimenti. Nella ruberia già da noi esposta, egli violato avendo il tempio della immacolata nostra Signora madre di Dio, tosto per divino comando ne fu commessa al demonio la punizione, di maniera che all'istante venne a patire d'un male simigliante ad epilepsia rivoltolandosi per terra e dalla bocca gittando spuma; tale appunto erane lo stato in cui giacea allorchè Siauso comunicatogli il sovrano comande, cacciollo di là, onde sostituirgli nella prefettura Costantino Dalasseno mandatovi espressamente dall'imperatore. Il satrapo non altrimenti, passato dall'una città all'altra, in virtù della prefata lettera patente levò da per tutto i presidii turchi, ponendo a difesa delle rocche e città duci e truppe inviatevi dall'imperatore. Eseguita di questo modo lodevolmente la sua missione, ricevè di ritorno a Costantinopoli, il santo Battesimo, ed infra gli altri molti doni s'ebbe il ducato d'Anchialo.

XXXVI. Vulgatasi per l'Asia la morte di Amer Solima, i satrapi cui obbedivano le guernigioni delle città e castella diedersi privatamente a considerarle di loro proprietà, e quindi diaschedunò reputandosi padrone assoluto del luogo cui presiedeva dominciò a guardarne il dominio e custodirlo. Imperoiocchè allorquando

Amer córrendo alla volta di Antiochia, giusta il narrato, commise ad Apelcasem la difesa di Nicea, di passaggio conseguò a varj satrapi molte cittadi vuoi della marittima piaggia e di Cappadocia, vuoi dell'Asia intiera, col patto che ognuno di essi con fedeltà ed accuratezza le guardasse infinoattantochè egli sarebbe di ritorno. Ora Apelcasem archisatrapo di Nicea, ov'era la sede e il palazzo del sultano, detto sultanicio, dato avendo a suo fratello Pulosse la Cappadocia tenea per fermo e sicuro di essere poscia inalzato alla dignità di sultano, e come avessela già, quasi direi, in mano, essendo uomo fiero, d'animo inquieto ed ostinato, nè soddisfatto de' suoi possedimenti, iva rapinando l'altrui e con iscorrerie mandava sua gente a guastare tutta la Bitinia non esclusa la Propontide stessa. Ma l'imperatore, valendosi contro siffatte violenze del suo metodo lungamente sperimentato, frenò i ribaldi e costrinse il duce loro a formare pensieri di pace e di alleanza. Costui non di meno tardo nel risolversi, piena la mente di macchinazioni, appalesava che stretto unicamente da sciagure e temenze vi si determinerebbe. L'Augusto fattone accorto risolvè d'indurvelo armata mano spedendogli contro un forte esercito, e Taticio, nome più volte da noi ricordato, n'ebbe il comando. Fornito pertanto di un sufficiente numero di truppe coraggiose e disciplinate e' marciava coll'ordine di raggiugnere a dirittura Nicea, di essere guardingo nell'imprendere, e di non rischiare precipitosamente una battaglia, dovendo in prima conoscere il numero de' nemici, la posizione de' luoghi, e solo venire alle armi quando si appresentasse qualche speranza di vittoria.

XXXVII. I Turchi appressatosi l'imperial esercito alle mura di Nicea stettersi qualche tempo silenziosi; ma finalmente spalancate di subito le porte ne sortono dugento cavalieri, i quali assaliti all'istante, e malconcj dai Galli armati di lunghe aste (avendovene allora molti nell'esercito), vengon respinti nella rocca; nè di ciò pago Taticio fe'comando a'suoi di rimanere attelati nel luogo medesimo infino al tramonto. Dopo di che non comparendo più uom de'Turchi fuor della città retrocedette verso Basilia fortificando il campo in adatto suolo dodici stadj o in quel torno lunge da Nicea. Quivi durante la notte è destato da un contadino per annunziargli con asseveranza il prossimo arrivo di Prosuc alla testa di cinquanta mila guerrieri mandati dal nuovo sultano Paragiaruc; e così riferivano parimente altri relatori, di maniera che vano era il dubitarne. Il duce prestatovi orecchio, e giudicando insufficienti i suoi mezzi a sostenere lo scontro di cotanti nemici, stabili porre un argine agli ardimentosi principj e darsi a consigli anzi sicuri che gloriosi, nella persuasione di seguire il partito migliore se tenutosi lontano dall'esporre la poca gente seco a guerreggiare barbari sì tanto superiori di numero ed assai più agguerriti con danno manifesto delle cose romane, riuscito fosse a ricondurla sana e salva indietro. Fatta questa risoluzione, volgendo certamente il pensiero a Costantinopoli, ordinò la partenza dirigendosi alla volta di Nicomedia. Se non che al primo diloggiare fattone accorto Apelcasem e comprendendo la strada che percorrerebbe il Romano, pigliò ad inseguirlo coll'intendimento e colla speranza di ren-

dersene a suo bell'agio padrone, allorchè stanco e con-
trariato dalla natura del suolo e' s'avvenisse a qualche
difficultoso luogo. Giunti i Romani a Préneto Apelcasem opinando propizio il momento di riportar vittoria,
messo in ordinanza l'esercito sfida a battaglia Taticio,
il quale stretto dalla necessità schiera parimente le truppe
comandando che i Galli in arcione posti di fronte princi-
piino l'attacco, e questi impugnate le aste a briglia
sciolta colla velocità del fuoco lo assalgono, e sconvol-
tene le file con grave strage e tumulto mettonlo in fuga.
Dopo di che Taticio per la regione de' Bitinj rimenò
le truppe a Costantinopoli.

XXXVIII. Apelcasem tuttavia non potè quetare;
uomo d' orgogliosissime speranze, elevandole infino ad
impromettersi il trono del romano impero, o, speri-
mentando in così ardua impresa meno propizia la fortuna, certo d'occupare per intero la marittima piaggia
compresevi le isole stesse. Tronfio de' suoi smisurati progetti stabilì innanzi tutto l'armamento di vascelli da
corseggiare, al quale proposito occupata Chio (città
marittima de' Bitinj), dato avea in brocco, procacciato
essendosi un arsenale assai acconcio alle stabilite co-
struzioni, nè lentamente procedeavi l'opera. A tale annunzio l'imperatore armò all'istante le biremi e gli altri
vascelli in poter suo, e creatone drungario (1) Manuele
Butumite imposegli di mettere alla vela colla maggiore
celerità contro Apelcasem, onde togliergli il tempo necessario di condurre a termine la già molto inoltra-

----

(1) Ammiraglio.

ANNA COMNENA.                                                    43

ta opera delle navi ed incendiare quelle in lavoro
qualunque fossene lo stato; così riguardo al mare. In
pari tempo mandò Taticio pel continente con agguerrita
soldatesca. Apelcasem avuta notizia d'ambo i condottieri ed eserciti ad un tratto speditigli contro dalla città
regale, si diresse colla velocità del fulmine a tener d'occhio Butumite, ma conosciuto da varie indicazioni degli
esploratori l'inoltrar di Taticio, rivolto in fretta il pensiero alla presente condizione delle faccende sue opinò
disadatto il terreno sul quale dimorava per venire alle
armi co' Romani, giudicandolo di soverchio alpestre,
disastroso, angusto, male in ordine, e non capace di for-
nire agli arcadori comoda posizione da cui respignerne la
cavalleria. Postosi adunque in cammino colle truppe s'impadronisce d'un luogo nomato da alcuni Alica e Cipa-
rissio da altri. Butumite in questa, prevenendo colla
prontezza sua il suono della voce, travalicato il mare
ne mise in fiamme le navi. Nel dì appresso ecco arrivare
Taticio, il quale scelto opportuno luogo per inalzarvi
le romane tende subito cominciò a molestarlo incessantemente, ora spingendogli contro piccoli drappelli di
gente a combatterlo da vicino, ora travagliandolo da
lunge con saettamento continuo, durando quindici giorni
di seguito nel badaluccare non altrimenti. Apelcasem
intanto opponeva una costanza, che meglio sarebbesi
temerità nomata.

XXXIX. I Latini militanti allora sotto il duce imperiale annojati del ritardo sollecitavanlo ad accordar
loro di combattere eglino soli i Turchi, sebbene questi
molto confidassero nella convenevolezza dell' occupato

suolo. Parve a Taticio da principio contrario alla militare prudenza il consentire alla dimanda, ma vedendo poscia aumentarsi di giorno in giorno il contrario esercito da nuovi ajuti di genti saraceniche, vinto il senno dal pericolo, cangiò di parere e sul tramonto schierate le truppe lo richiese di battaglia ordinata. Grande fu la strage nemica ed il numero de' fatti prigionieri; molti di essi inoltre smenticatisi dell'attendamento, del vasellame e delle altre suppellettili riposero nella fuga ogni speranza di campare la vita. Ad Apelcasem stesso appena riuscì di riparare salvo a Nicea, ed i Taticiani ricchi di bottino tornarono al campo. L'imperatore informatone e dato ascolto ai consigli della sua prudenza, maggiore di quanto il volgo estimava, d'altronde peritissimo nell'intavolare maneggi colle più caparbie menti e indurle, colta l'opportunità, a secondare ogni suo volere, pigliò tosto la inopinata risoluzione d'invitare il nemico ad una pace. Scrivegli dunque assai cortesemente, e spertissimo in quest'arte, consigliandolo di astenersi nell'avvenire da vani sforzi e dal trarre inutili colpi all'aria; di procedere in cambio a Costantinopoli, ove riceverebbe amplissime largizioni ed onoranze, come pure verrebbegli tosto impegnata la sovrana parola in adempimento delle fatte promesse.

XL. Apelcasem letto il foglio ed in pari tempo udendo che Prosuc, espugnate parecchie fortezze in mano dei satrapi, movea coll'esercito alla volta di Nicea per assediarla, covertando la necessità col manto della bramosia d'onore, come suol dirsi, risolvè mettere a pruova la fede imperiale; e' sperava eziandio che più di leggieri potrebbe venuto a colloquio esplorare a fondo l'animo dell'Augusto, ed assai più facilmente che non per via di messi formare seco lui trattati di pace, qualora e' fossero di sua convenienza e sicuri. Ben differenti poi erano le mire di Alessio verso i barbari, da' quali vano era lo sperare una sincera pace; il perchè divisava onesto ogni mezzo conducente ad ottenere la pubblica sicurezza tanto bisognevole all'impero, sprovveduto all'intutto dell'occorrente, a cagione delle attuali circostanze, per venirne a capo colle armi e co' trattati mai sempre vilipesi dalla maomettana fellonia. Apelcasem dunque al generoso invito dei nunzj imperiali di metter piede franco da timore in Costantinopoli, ed alle costoro promesse che il sovrano darebbesi tutta la premura di accoglierlo onorevolmente, di alleviarne l'animo con ogni maniera di spettacoli e sollazzi, e di accommiatarlo infine con sovrabbondanti onoranze e ricchissime largizioni v'acconsentì, e pervenutovi riportò manifestazioni di rispetto e di esultanza superiori a quanto giungeano i suoi desiderj, cosicchè deliziava in esse.

XLI. L'Augusto invece propostosi di cacciare i Saraceni da Nicomedia (capitale della Bitinia avente a presidio cittadini turchi) e considerato che per ottenere l'intento necessitavagli la costruzione d'una marittima rocca, rivoltovi il pensiero stabilì darvi appunto mano allora quando Apelcasem sollazzandosi entro Costantinopoli discorrea quietamente le condizioni della pace. Laonde tradotto sopra navi da carico tutto l'occorrente ed una frotta di muratori e manuali necessarj all'uopo destinavi al comando Eustazio drungario dell' armata di mare, bociandogli all' orecchio d'operare con segretezza e grande celerità, intendomi di troncare, come si fosse, tutti gli impedimenti ed induj onde venirne prestamente alla fine; che se per ventura alcuni Turchi vi si opponessero, e'ridurrebbeli al silenzio con generosissime offerte di danaro, con banchetti e benefizj comunque; aggiugnerebbe inoltre, quasi per incidenza, trattarsi di cosa che mirando ai vantaggi loro non era tuttavia il momento di propalarla, e nulla pigliarsi a fare senza la volontà e saputa di Apelcasem ora in Costantinopoli e nella più intrinseca imperiale amicizia. Si guarderebbe intrattanto di lasciar libero il passo a qualsiasi nave dalla marittima piaggia della Bitinia diretta alla capitale, affinchè per mezzo di lei Apelcasem non venisse in cognizione del nuovo edificio; tali gli ordini conferiti ad Eustazio.

XLII. L'imperatore intanto era instancabile nel cattivarsi con sovrabbondanti e cotidiani doni il suo ospite invitandolo al bagno, volendolo a compagno negli spettacoli de' giuochi equestri, nella caccia, ed egli medesimo conducendolo ad osservare le colonne e le statue erette ad ornamento delle pubbliche piazze. Ordinò a simile in grazia di lui che nel teatro fatto costruire ab antico dal gran Costantino si desse un equestre certame, e vedendolo nel corso della rappresentazione festevolissimo lo esortava con gentili parole ad intervenire ogni dì alla corsa delle quadrighe ed agli altri esercizj del circo. Ma intanto che Apelcasem perdea di questa fatta il suo tempo ebbe compimento la rocca,

ed Alessio venuto a saperlo dopo sottoscritti solennemente gli accordi, licenziollo con tutti gli onori, e nuove amplissime largizioni, aggiuntavi per cumulo la dignità di sebastotato (1), inviandolo per la via del mare.
Costui non guari dopo conosciuto l'inalzamento del
forte, avvegnachè ne rimanesse piagato il suo animo,
non cangiossi di volto e di voce, e quasi fingendo astutamente di non udirne si tacque. Un tratto simile narrasi di Alcibiade, il quale venuto a notizia che i Lacedemoni contradiavano la riedificazione di Atene dai
Persiani distrutta, consigliò tutti i suoi di porvi concordemente mano, non risparmiando fatica, nel mentre
ch'egli recatosi come legato a Sparta, e trattivi alla lunga gli affari avrebbeli forniti del tempo necessario a compiere l'impresa. Tardi s'accorsero i Lacedemoni dell'inganno, all'arrivo ciò è de'nunzj colla nuova che per
intero state erano ricostruite la città e la rocca di Atene, e questa finissima astuzia dello scaltrito duce è riportata in alcuna delle opere di Peanese. Nè ad essa
viene secondo lo stratagemma del padre mio, facendomi anzi lecito il dirlo superiore in accorgimento, poichè
egli con imbandigioni e spettacoli ammaliando il barbaro e menandolo con piacevoli modi per le lunghe
terminò intrattanto la statuita fabbrica, ed alla fine
delle fini, compiuta l'opera, lo fe'partire dalla regia città
ben pasciuto e meglio beffato.

XLIII. Del resto Prosuc in ordine all'indicatogli col mezzo di notturno avviso da Taticio, spigneva

_____

(1) Altissimo.

del miglior modo innanzi con forte esercito l'assalimento
di Nicea, estimando potervi entrar di forza. Il perchè dopo
tre mesi tuttavia intestavasi a combatterla con pertinace
speranza di occuparne le mura, e con risoluzione di non
ritrarsi dal suo proposito in appresso. Là entro Apelcasem e le sue genti opponeangli con gravissimo disagio
resistenza, e volti gli animi a qualche efficace provvedimento risolverono d'implorare l'imperiale soccorso,
conoscendosi nella impossibilità di reggere più lungamente alle armi nemiche, e non opinando convenevole
e sicuro il fidare lor vite alla clemenza di chi esperi-
mentato aveano sì fieramente iracondo; essere quindi
mestieri anzi piegare il collo sotto il giogo del romano servaggio che darsi vinti a Prosuc. A tale invito
l'Augusto incontanente mandovvi Taticio col fior delle
truppe ivi per ventura pronte, e con vessilli e scettri
ornati di argentei chiovi, ordinandogli ad uno di
valersi delle truppe fidategli giusta l'imperiale intenzione ed a profitto delle romane faccende, piuttosto
che aver d'occhio i vantaggi del barbaro e secondarne
i desiderj, non curandosi gran fatto di lui, nè volendo
a qualunque costo e pericolo patteggiarne la salvezza;
essere non di meno opportuno lo aescarlo con alcuna
speranza di liberazione. Perciocchè venuti alle prese
due nemici egualmente al romano impero molesti, la
politica suggeriva doversi aiutare e sostenere il più debole non già per renderlo vittorioso, ma per impedirne
la totale sconfitta; di questa guisa infallantemente cacciato avrebbelo dal forte e ricondotto la città sotto il
romano dominio; operazione da non volersi di per sè con-

siderare, sì bene come un gradino per ritornare poscia all'impero molte e molte altre città e regioni perdute.

XLIV. E di vero le frontiere di esso, in ispecie dopo il saracenico afforzamento nelle fatte usurpazioni, ristrette eransi ed unite per modo che da oriente in allora il Bosporo, da occaso Adrianopoli costituivano i suoi limiti, quando in prima le due colonne, a Gades l'una detta Erculea, termine della occidentale regione, e l'altra innalzata da Bacco all'opposto confine e presso del fiume Indo, misuravanne la lunghezza (dico la lunghezza, giugnendo appena il discorso ad abbracciare la sua larghezza, dalla banda meridionale racchiudente l'Egitto, Meroe, l'intera Trogloditide e tutto il suolo prossimano alla zona torrida; a settentrione poi Tule e gli altri abitatori del polo boreale segnavanne la fine). Alessio dunque vedendoli di soverchio avvicinati, imprese con animo generoso e propizia fortuna, datovi principio da Bizanzio, quasi dal centro, ad ampliarli, con discacciarne ovunque i barbari usurpatori, e tanto ne dilatò la circonferenza che ora estendesi da occidente al mare Adriatico e da oriente al Tigri ed Eufrate; sì parea di più ch'egli pervenuto sarebbe a ridonare alla romana repubblica l'antica prosperità se le continue guerre (colpa l'avverso destino che lo travagliò al di là di tutti i suoi predecessori con ogni maniera di frequenti ed assai gravi fatiche e perigli) opposte non si fossero al compimento d'un'opera sì tanto illustre; qui rannodo il filo dell'interrotto argomento.

XLV. Alessio dunque premuroso di allargare l'impero statuì la spedizione d'un esercito a Nicea, in sostegno di Apelcasem, non per sottrarlo dai pericoli, ma per conseguire egli stesso una vittoria. Se non che in allora eziandio ebbe contraria la sorte, andate essendo le cose del tenore seguente: la guernigione al vedere i romaneschi aiuti al possesso d'una cittadella da S. Giorgio traente il nome, di subito corse ad introdurli entro le mura, ed eglino ascesele sopra la porta orientale, ed inalberativi ordinatamente gli scettri e le ·bandiere in ispaventevole guisa, venendo l'opera accompagnata da minacciose grida, indussero le truppe assediatrici, opinando giuntovi l'Augusto co'suoi militi e quindi surto infra di esse il timore, con generale attristamento nelle ore notturne a partire. Dopo di che il romano esercito retrocedette à Costantinopoli non estimandosi a bastanza copioso per resistere ai barbari di ritorno; essendo ben manifesto ch'e'retrocedevano coll'animo di uscire novamente con truppe di gran lunga maggiori dalle proprie frontiere, vuoi per cancellare l'ignominia di lor fuga, vuoi per vendicare il sofferto smacco.

XLVI. Il sultano rimaso gran tempo in aspettativa di Siauso da lui spedito a Costantinopoli, e venuto a sapere in fine che non trattavasi d'indugio, ma di assoluto locale tramutamento per vivere in cristiano suolo e giusta le costumanze quivi di pratica; oltre a ciò, che fatto ritirare da Sinope Caratice e pubblicamente ricevuto il santo Battesimo erasi trasferito in occidente per menare sua vita nel ducato d'Anchialo, dall'imperatore avutone il possesso in guiderdone de' prestati servigi; a tali nuove, ripeto, il sultano provò

da principio gravissima rancora, così portando il caso,
e, pel momento occultato il dispiacere e lo sdegno, deliberò inviare nuove truppe contro. Apelcasem sotto
la capitananza di Puzano, dandogli eziandio lettera per
l'Augusto all'uopo di sollecitare il parentaggio infra loro
sovrani, ed eccone il tenore: « *Non mi è ignoto, o Augusto,
quali si fossero le bisogne tue, e quali pur sieno di presente. Vo'dire, come all'ascendere il trono avesti di subito a guerreggiare molti nemici, e come sopito appena
l'aringo latino d'altro il romore prenda a susurrarti
nell'orecchio, quello intendomi degli Sciti pronti, apparecchiato che abbiano l'esercito, a combattervi; come
da ultimo lo stesso nostro Amer Apelcasem, rotta
la tregua da te stabilita con Solima, vada guastando
sino alla stessa Damali l'Asia. Or dunque se brami
vedere cacciato il predatore da queste contrade e ricon-
dotta alla tua soggezione l'Asia infino alla stessa Antiochia, manda qui tua figlia per addivenirmi carissima
nuora disposando il primogenito della mia prole. Se
ti piace accogliere la proposta più non avrai nell'avvenire impacci, rendendoti il soccorso delle mie armi certa ogni impresa cui volgasi l'animo tuo, così rispetto
all'oriente, come all'Illirico ed a tutte le occidentali regioni.* » Tale scrivea il sultano di Persia.

XLVII. Puzano avvicinato l'esercito a Nicea,
ed una e più volte assalitene vanamente le mura, sempre difese con valore da Apelcasem ora co'soli proprii
militi, ed ora, sopraggiunto il bisogno, assistito dalle imperiali truppe, marciò a riconquistare tutte le altre
città e fortezze. Allontanatosi pertanto di là pose oste

al fiume Lampe intorno a Lopadio. Il nemico uditane la partenza caricò d'oro tredici muli, quanto reggerne ognuno potea, e con essi egli medesimo corse la via conducente al Persiano, sperando la mercè del generosissimo dono riportar conferma dell' occupata prefettura. Il sultano, a que'dì trasferitosi in certo luogo detto Spaca, udendone l' arrivo non degnossi riceverlo, e circonvenuto da importunissimi intercessori di tal grazia, chiuse loro la bocca rispondendo: « *Poichè ebbi conferito una volta questo potere ad Amer Puzano è mia volontà di non privarnelo mentre è assente e privo d' avviso. Apelcasem dunque raggiunto il duce gli consegni l'oro, e secolui tratti come opinerà meglio le sue faccende, io approverò l'operato».* Molte furono le obbiezioni addotte da Apelcasem e di per sè e col mezzo de'suoi patrocinatori contro la proposta; considerato quindi ch'e'perdea tempo inutilmente avviossi da ultimo in traccia di Puzano. Fatto breve cammino, ecco presentarglisi dugento illustri personaggi e satrapi spediti contro dal prefato duce, sapevole della costui partenza da Nicea, e postegli le mani addosso lo strangolarono con laccio di minugia. Nè fu il supplizio un arbitrio del condottiero, come parrebbe dalla mia narrazione, ma ordine dello stesso persiano monarca, non altrimenti disponendo intorno ai destini dell'ucciso; di ciò basti.

XLVIII. L' imperatore letto il foglio dal sultano trasmessogli non ricettò nell'animo suo neppure un primo pensiero intorno alla dimanda in esso contenuta, ed il perchè accingomi ad esporre. Se l' augusta pulzella condotta fosse in Persia onde legarsi in matrimonio col primogenito del regnante, a tenor della inchiesta, menato avrebbevi, Dio il sa, tristissima vita, partecipando un regno peggiore di qual tu vuoi disagio. Eranvi inoltre contrarie tutte le divine leggi, ed il paterno imperiale animo infin dai preliminari di così malagurate nozze detestavale, nè, correndo in allora prospere a bastanza le cose di lui, aveavi necessità veruna che l'impero a prezzo di questa carissima donzella comperasse l'amicizia de' barbari. Laonde appena letto il foglio ebbe a ridere della costui audace speranza e soggiugnere di averlo un desiderio inspiratogli dall' angelo ribelle. Valendosi tuttavia della consueta sua prudenza nel maneggio degli affari politici fu d'opinione che non si dovesse manifestare il disprezzo sommo in cui avea tal personaggio, ma lusingarne in cambio la vana fiducia, e quasi avvolgerlo, prendendone le trattative, in dubbiosi pensieri. Laonde fecegli ambasceria composta di tre chiari individui sommessi a Curticio ed apportatori di officiosissima lettera, in cui significavagli di aver molto gradito la dichiarazione de' suoi pacifici sentimenti e di non essere lontano dall'appagarne le inchieste, se non che pur egli altre faceane distintamente esponendole. Era tuttavia un vero nulla curante il buon esito delle medesime, solo intento a raggirarlo e indugiarne le risoluzioni, durante il qual tempo la romana repubblica non avrebbe a temerne le offese. Del resto pervenutagli la nuova della costui tragica fine mentre l'ambasceria partita da Costantinopoli camminava alla volta di Corosano, imposele di farsi indietro. L' autore poi della uccisione, fu quegli che aveavi maggior interessamento, vo'dire il germano Tutuse. Imperocchè tolto di mezzo Amer Solima e vinto e morto il proprio genero andandogli contro armata mano dall'Arabia, tronfio per tante prosperitadi non potea di buon grado prestare orecchio alle notizie recategli dai messi intorno alla condotta del fratello sultano, disapprovandone gli accordi maneggiati di proposito coll'imperatore ed essendone già molto inoltrate le negoziazioni. Certo dunque di troncarne il filo privandolo della vita, mandò chiamando una dozzina di Casii (nome lor proprio in lingua persiana) spiranti sangue, e li diresse frettolosamente ambasciatori presso di lui, onde sorprenderlo nel modo seguente: « *Andate*, loro diceva, *e giunti annunziatevi tosto apportatori di segreti al sultano; così introdotti e ritrattosi ognuno, accostandovi al suo orecchio trucidatelo.* »

XLIX. I legati ovvero, a nomarli più acconciamente, i sicarj ascoltato l'ordine tutti giubilanti, di concordia alle usanze loro, volano, quasi procedessero a banchetto, ad eseguire il comando. Arrivati e pronunciatisi ambasciatori del germano, di null'altro richiesti, ottengon fede. Escono i famigliari, ed eglino circondatolo, e tratti alla non pensata di sotto le ascelle i pugnali tolgonlo di colpo ai vivi. Così enormi scelleraggini sono proprie de'Casii, avendo a costume la infame genia di compiacersi del sangue versato e provar sommo diletto nello spignere il ferro entro le umane viscere; se vengano poi messi in brani dallo sdegno di chi porge altrui soccorso, hanno per compiute lor brame, persuasi

che nulla conseguir possano di più magnifico e deside-
rabile quanto una simigliante fine , preferendola eziandio agli stessi reami. E'consumano l'intera vita commettendo sì gravi misfatti, dai quali ritraggono e vittuaglia,
ed ogni altro bisogno ; l'audacia infra essi tenendo
luogo di qual tu vuoi retaggio paterno. Succedonsi a
vicenda nell' esercizio della tristissima professione, ed
il primo a nascere ammaestra i suoi discendenti a cal-
carne le tracce. Del rimanente nessuno degli spediti ad
uccidere il sultano se'ritorno a Tutuse , avendo tutti
colla morte pagato all' istante il fio della malvagità loro.

L. Puzano fatto sapevole dell' avvenuto marcia di
subito colle truppe alla volta di Corosano; essendone a
breve distanza gli si fa incontro Tutuse, fratello del sultano spento, ed impugnate le armi dubbia lungamente
pende la sorte infra gli eserciti, ostinatissimi nel battagliare e fermi a non cedere. Se non che da ultimo il valoroso Puzano combattendo animosamente e ponendo
egli solo in iscompiglio tutte le nemiche falangi cadde
percosso da mortale ferita. Le sue genti allora più non
pensarono che a salvarsi alla spicciolata fuggendo. Il
vincitore di poi retrocedette a Corosano pieno l'animo della speranza di ascendere tosto alla sultanizia
dignità, senza conoscere il pericolo sovrastante al suo
capo. Gli si presenta in cambio sulla via Spargiaruc, figlio del trucidato sultano Tapara, lieto per lo scontro,
usando frase poetica , *non meno che leone alla vista
di grassa preda* , e mettendo a pruova tutte le forze del
suo corpo ed animo, voglioso di prenderne vendetta, ne
rompe l' ordinanza, fuga ed incalza le truppe. Lo stesso

Tutuse poco stante ricolmo di eccessiva fidanza, qual altro arditissimo Navate, fuvvi da morte colpito.

LI. Del rimanente alla partenza d'Apelcasem coll' oro da offrire al sultano, come in addietro narrava, il costui germano Pulcase occupò Nicea. L' imperatore addivenutone consapevole prende, nè affatto indarno, a tentarne l' animo con promesse magnifiche di larghissimi doni; ma il Turco, non meno circospetto che premuroso de'suoi vantaggi, pone ritardi coll'addurre mai sempre nuove difficoltadi e celare la vera cagione di trarre in lungo le pratiche, all' uopo di attendere i risultamenti del viaggio di suo fratello; al quale tenendo d'occhio ed aspettandone il ritorno fomentava intanto con buone parole nell' imperatore la concepita brama, onde stesse ognora in poter suo l' aderirvi; ma ecco sorvenire nuovi garbugli. Tapera messo a morte dai Casii avea non guari prima chiamato a sè i due figli del gran Solima, i quali dopo la sua uccisione, abbandonato Corosano, eransi tradotti in Nicea, ove gli ottimati li ricevettero benignamente, opinando pubblica esultanza lo accogliere in tanta perturbazione dell' impero turcheschi principi di sangue reale; Pulcase prestatovi il suo consenso restituì loro la signoria della città formante parte del retaggio paterno. Ora il maggiore di essi, per nome Clitziastlan, creato sultano comandò ai Turchi a dimora in Nicea di trasferirvi lor donne e prole, acciocchè aumentatane la popolazione coll' aggiunta di così numerose famiglie renderla potesse città regia, principale stanza del regnante, e quasi metropoli del saracenico impero. Dopo queste disposizioni rimuove dalla prefettura Pulcase e conferita all'archisatrapo Mocumet un assoluta potestà sopra tutti que' satrapi calca la via di Melitene; tanto e non più sia detto intorno ai sultani.

LII. L'archisatrapo Elcane, occupate Apolloniade e Cizico città marittime, iva di là con incessanti scorrerie disertando tutta la piaggia. Mio padre a tale notizia arma sufficiente numero di piccole navi a que' dì fuor di servigio (non essendo ancor pronta l'armata di mare), e postovi sopra, colle macchine idonee alla espugnazione delle città, prodi guerrieri capitanati da Alessandro Euforbeno, personaggio di schiatta illustre e rinomatissimo valore, impose loro di mettere alla vela contro il nemico. Alessandro in brev' ora giunto ad Apolloniade e battutene vigorosamente le mura per sei giorni continui ed altrettante notti, riuscì ad occuparne tutta la cinta esterna, chiamata dal volgo *Exopolon*, ed a ributtare nella rocca l'usurpatore, il quale di là opponeva fortissima resistenza, sperando ricevere d'ora in ora, nè a torto, gente ausiliatrice. In fatto capitatogli poco stante poderosissimo barbarico esercito, l'imperial duce vedendo le sue truppe molto inferiori di numero estimò prudente consiglio anzi cessare dalla pugna che, a indubitata strage esponendo i militi commessigli, aggiugnere al disonore d'una fallita impresa la rovina di tanti magnanimi guerrieri. Sciolto dunque prestamente l'assedio, trovandosi ora di rimbecco egli medesimo alle strette ed in ben triste posizione di cose, rivolse tutto affannoso l'animo suo ad investigare se all'intorno rinvenisse opportunità di salvezza, nè paroglisi innanzi spediente migliore di quello presentatogli dal

mare. Laonde entrato colle sue truppe negli antedetti
navicelli ordina che si dia ne' remi. Elcane, uditone,
mette incontanente soldieri così alla foce del padule,
come sul ponte del fiume onde rinchiudere da ogni
parte i fuggitivi. Havvi colà un tempio ab antico eretto
da S. Elena, traente il nome dal gran Costantino, e co-
municandolo a dì nostri al ponte. Arrivati quivi gli imperiali, le genti d' Elcane, fior dell'esercito, ed in altissimo numero a guardia di esso ponte e della foce del
padule, come narrava, surte dagli agguati prendono a
combatterli; accorgendosi allora i nostri di aver dato,
privi di scampo, nella ragna, tradotto il naviglio presso
entrambi i lidi balzan fuori ed animosamente procedono
ad incontrare il nemico. Assaliti da questo con impeto
oppongongli forte resistenza, ma da ultimo i pochi rimanendo sconfitti dal maggior numero, molti ed i più
intrepidi dovettero abbassare le armi ed arrendersi prigionieri; e pur molti giuntarvi nell' acqua la vita.

LIII. Alessio turbatosi all'acerbissimo annunzio im-
pone ad Opo, fidatogli sufficiente esercito, di prenderne vendetta. Il duce entra di colta in via per la terra
ferma, occupa di passaggio Cizico, e messovi presidio
spedisce contro Pimaneno trecento prodi guerrieri scelti
dal corpo delle sue legioni e bene ammaestrati nella e-
spugnazione de' luoghi forti. Questi compierono del miglior modo l' ufficio loro impadronitisi della rocca al
primo assalimento, uccidendovi parte della guernigione,
e mandato il resto, per diritto di guerra prigioniero, ad
Opo, il quale di subito inviollo ad Augusto. Di qua le
imperiali truppe ritto muovono ad Apolloniade e con

ANNA COMNENA. 45

vigorosa oppugnazione costringono Elcane a confessare
la propria debolezza, il quale, preso dalla necessità consiglio, abbandona la città, la rocca e perfino sè stesso
al nemico; oltre di che addivenuto seguace d'Augusto
procede, accompagnato da suoi congiunti, alla città
regale. Pervenutovi, fu da mio padre in graziosissima
guisa accolto, e come il sommo de' prodigatigli favori
vuolsi ritenere lo averne disposto l'animo ad accostarsi al sacro Fonte.

LIV. Vulgatasi poscia la fama del nobile ed onorifico ricevimento fatto in Costantinopoli ad Elcane, due
archisatrapi chiarissimi appo i Saraceni, da Opo invitati
precedentemente, ma indarno, a seguirlo nel volgere i
suoi passi alla corte imperiale, giuntivi di lor posta vi
furono con parità di onoranze ammessi. Scaliario nomavasi l'uno, e l'altro venne ornato in appresso del titolo
d'Iperperilampro (1); oltre di che ambedue appalesatisi
vogliosissimi di partecipare l'amicizia stessa e le copiose beneficenze ad Elcane concedute videro appieno sod-
disfatti lor voti. Per verità la propagazione della cristiana fede costituiva in mio padre l'oggetto della sua prin-
cipalissima cura, inalzatosi nella pratica e nel culto della
virtù, colla meditazione e collo studio de' sacri dogmi,
assai più di quanto puossi attendere dalla intelligenza
d'una vita secolare, emulando perfino i lumi e le solle-
citudini episcopali, prontissimo egli stesso ad ammae-
strare altrui ne' divini misteri e nel divulgarli, non badando a spese e fatiche. Di maniera che per nulla mag-

--------

(1) Più che famosissimo.

giormente zelava quanto per indurre non pur questi no-
madi Sciti, ma eziandio tutta la Persia, e l'intero novero de' barbari abitatori dell' Egitto e dell'Africa, iniziati nelle profane orgie di Maometto, ad abbracciare,
abjurando l' ereditaria superstizione, i nostri sacri riti.

LV. Ora la storia passar debbe a nuovo argomento,
che è a dire alla narrazione di altra guerra vie più terribile della prima. Vastissimo campo di turbolenze presentasi alla mia mente, ed il mio discorso vien traspor-
tato insiem colla repubblica dagli uni in altri tempestosi
flutti. Gente scitica traente origine dai Sauromati, abbandonate le proprie sedi, camminò al Danubio, e poichè necessità costringeala di venire a pacifici accordi
coi littorani del fiume, inviansi messi da ambe le parti
onde provvedere alle comuni bisogne. I principali degli
stranieri coloni, per non riferirli tutti, furono Tato,
un Cale di nome, Sestlabo e Satza (è mestieri il ricor-
dare questi chiarissimi personaggi presso le masnade
loro, avvegnachè la barbarie di cosiffatte voci aspro renda il corpo della storia, e ne imbratti le pagine). Signo-
reggiava il primo di essi in Dristra, il secondo in Bit-
zina ed il resto nelle altre città vicine. Eglino dopo
molti colloquj stringono gli accordi, e valicato quietamente il Danubio ne popolano l' opposto lido, impos-
sessandosi, privi d' ogni riguardo e ben anche armata
mano, del paese a confine; dopo di che pigliano a
coltivare il terreno seminandovi miglio e frumento. Bal-
bo maniebeo allora ed i congiurati e seguaci delle sue
parti, rendutisi già padroni del castello di Beliatoba, sito
in eminente luogo, giusta il narrato per lo avanti, sapu-

to come andavan le cose degli stranieri Sciti mandarono
ad esecuzione i divisamenti da gran pezza nell'animo
intrattenuti. Costoro adunque, occupati gli scabrosi ed
angusti sentieri e da quivi aperto il passo ai barbari,
spedironli, dato a sostegno della propria inumanità la
forza, a guastare crudelissimamente il suolo romano
scorrazzandolo e ritirandosi poscia carichi dell'accumu-
lata preda. Tutta la gente de' Manichei agogna per natura l'umano sangue, e nel versarne con giornalieri
combattimenti ripone, quasi direi tranguggiandolo, non
so che specie di brutale contento.

LVI. Alessio ricevuto il triste annunzio comandò a
Pacuriano, domestico dell'occidente (sapendolo peritissimo del condurre gli eserciti, dell'ordinarli a battaglia, del provvedere a tutte le belliche occorrenze e
rimediare con prontezza ai subiti eventi), di muovere
prendendo seco Brana, duce pur questi di specchiato valore, a guerreggiare gli Sciti. Ambo i capitani obbedienti
al comando raggiungono il nemico a campo infra le gole
oltre ai monti di Beliatoba. Qui Pacuriano computan-
done a veduta l'immenso numero e paventando, con-
sigliato dalla guerresca sua prudenza, l'infelice risultamento d'una battaglia combattuta con tanto disuguali
forze, disponeasi ad abbracciare più sicuro partito, estimando per lo migliore la conservazione delle proprie
truppe, che non il cimentarsi ad un aringo di cui avrebbe in seguito a scontare la temerità colla strage di molta
sua gente; se non che all'impeto ferventissimo di Brana, sprezzator de' perigli e di ardentissimo cuore, nullamente attagliava il salutare proposito. Egli pertanto, ce-

dendo alla tema di contradiarlo, ordinò a' suoi di armarsi, e formato lo schieramento vi si locò nel centro;
dopo di che va innanzi ad assalire il nemico esercito, una
cui parte semplicemente delle molte vantaggiando a gran
doppj il numero totale de' nostri, ad occhio veggente
mostrava la minoranza degli imperiali in cammino per
venire alle armi ; a tal vista universale fu la sorpresa e
la costernazione prodotta dal presentimento d'una irreparabile strage. Azzuffatisi non di meno cogli Sciti molti
vi giuntarono la vita, e Brana stesso ne accrebbe il numero da mortal colpo spento. Il domestico dopo luminose pruove di valore, ed avuto più e più volte buon
successo nel riordinare le file, spronò alla perfine il destriero contro l'oste nemica, ed urtato nella corsa ad
un faggio morto si giacque. In allora tutte le truppe
dieronsi alla fuga provvedendo ognuno del suo meglio
alla propria salvezza.

LVII. L'imperatore alla relazione di questo eccidio
n' ebbe grave cordoglio lamentando ora insiememente,
ed ora per singulo tutti gli estinti; addoloravalo poi di
preferenza la perdita del gran domestico suo predilet-
tissimo infin da quando, non asceso ancora il trono, e
nel commerzio della militare carriera, ed in quello della
cittadinesca vita osservato aveane le molte virtudi. Laonde non potè rattenere copiose lagrime e profondi sospiri mirandosi privo d'un così amato duce. Non venne
tuttavia meno il suo coraggio, nè si tenne pago, in tanto disonore e pericolo della romana repubblica, di abbandonarsi a vane querele, ma fatto venire di corsa Taticio lo spedì con molto danaro alla città di Adrianopoli

ANNA COMNENA.                                    46

per contarvi gli annui stipendj alle genti coscritte ed
altre arrolarne ovunque, infinochè ne risultasse un esercito di numero e forza tale da potersi con sicurezza opporre alle scitiche masnade. Comandò parimente ad
Umpertopulo che guernito di convenevole presidio Cizico in fretta raggiugnesse co' soli Galli Taticio, il quale
già provveduto di fresca milizia ed animato dal costui arrivo procede a combattere il nemico. Pervenuto in vicinanza di Filippopoli mentre afforza il campo da presso
le ripe del fiume scorrente alla volta di Salino, mira gli
Sciti retrocedere da un ladroneccio con grosso bottino
di roba e prigionieri. A tale vista scelti issofatto dal corpo delle sue truppe coraggiosi guerrieri, avvegnaché
raccolto ancor non avesse la salmeria nel vallo, pigneli
a seguirne le tracce; armata intanto la sua persona e le
truppe ordina l' esercito e calca le orme, pronto a battagliare, del vanguardo. Se non che trovati que' barbari
predatori di già riunitisi ai loro commilitoni quasi alle
ripe d' uno stagnante fiume, egli, partito in due l'esercito e prescritto sì agli uni che agli altri il dar nelle trombe, ad alte grida mescolate col suono affronta gli Sciti,
e fattavi giornata molti ne uccide, e costringe il resto a
campar la vita sparpagliatamente fuggendo.

LVIII. Il vincitore impossessatosi della preda calcò
la via di Filippopoli, e ragunatevi sue genti aocchiava,
come da vedetta, se gli si apprasentasse propizia occasione di tornare alle prese col nemico. Ma udendone gre-
mito il suolo da per tutto all'intorno, nè prestando soverchia fidanza alle indagini sue, inviò da ogni banda esploratori, i quali tosto riferirebbongli, adoperando la massima di-

ligenza nell'investigare minutissimamente le cose, quanto operavasi dai barbari, e furonne le indicazioni concordi: immenso popolo scitico essere a campo ne' dintorni di Beliatoba e mettervi a sacco tutti i prossimani luoghi. Il romano duce porto orecchio al rapportamento e rinvenutolo conforme ad altre voci da lui sentite, che un secondo scitico esercito era di già in via, comprese di leggieri non aver forze bastevoli per resistere a così elevato numero di avversarj. Laonde perduta la speranza di condurre a buon termine i suoi imprendimenti si rimase qualche tempo scorato e doloroso; ma presto rammentando il suo innato valore, aguzzato il ferro e lo spirito, animò le truppe alla pugna. Se non che nel volgere i suoi pensieri a togliere le difficoltà di questo a-ringo ecco arrivare a fretta un messo apportatore, all'aspetto, di grandi avvenimenti, il quale con tremola e pronta voce gli partecipa essere in cammino ed a breve distanza i barbari per dargli battaglia. Le costui parole avrebbono per verità ripieno di timore animi non predisposti, i nostri in cambio vie più incoraggiati dall'annunzio, fermi nell' assunto loro, usciti in armi valicano speditamente l'Ebro, e di là dal fiume il duce spiega con grande perizia le sue legioni occupandone il centro. Il barbaro a simile, non dipartendosi dalla propria costumanza, schieragli di fronte le truppe, ed a ben far le incora.

LIX. Ambo gli eserciti all'apparato ed ai movimenti si parean accinti a provocare il nemico e desiderosi di venire a battaglia, ma in realtà e gli uni e gli altri studiavansi celare con tali ostentazioni la scambievole tema, sembrando ai Romani mal sicuro cimento lo sfi-

dare quelle sterminate scitiche falangi essendo egline di
così basso numero; atterriva poi gli avversarj la presenza delle armi romane ordinate in pianura e splendenti
non meno per le tante insegne, che per la lucentezza,
rimpetto al sole, delle vesti loro. I soli millantatori e te-
merarj Latini, da lor posta chiedeano il conflitto, non
risparmiando scherni e minacce a chi mostravasi di contraria sentenza; il perchè venivano frenato e represso
l'orgoglio da Taticio, personaggio d'animo calmo e sa-
gacissimo nel congetturare di colpo e con certezza quanto si fosse uopo attendere dagli incerti futuri eventi. Un
dì intiero i due nemici si mantennero fermi nell'eguale
posizione ed apparenza, non avendovi chi osasse inoltrare
o comparire in sella nel mezzo. Al cader delle tenebre
in fine i comandanti di qua e di là fecero sonare a ricolta,
e passata la notte entro i loro campi ne' due susseguenti
giorni replicarono questa boriosa mostra, nulla ommettendo entrambe le parti ad ostentare un pronto assalto;
se non che, nessuno andato più oltre, gli Sciti verso i primi
albori del terzo dì fecersi indietro; nè giunsero ad ingannare Taticio, il quale a furia si pose ad inseguirli, ma più
corse la lepre che non il levriere, poichè il nemico riparatosi all'istante in Sidero (nome di paese tra profon-
dissime valli) e quindi in salvo, non abbandonò ai romani persecutori che le sue pedate. Il duce Taticio di
poi ricondusse le truppe in Adrianopoli commettendone
la difesa ai Galli, e congedata parte dell'esercito si dispose col resto a battere la via della città regale.

FINE DEL PRIMO TOMO.

# INDICE

DELLE MATERIE CONTENUTE IN QUESTO PRIMO TOMO.

———

# INDICE DELLE TAVOLE.

———

# PREZZO DEL PRESENTE TOMO

*in moneta italiana*

*per li signori Associati*

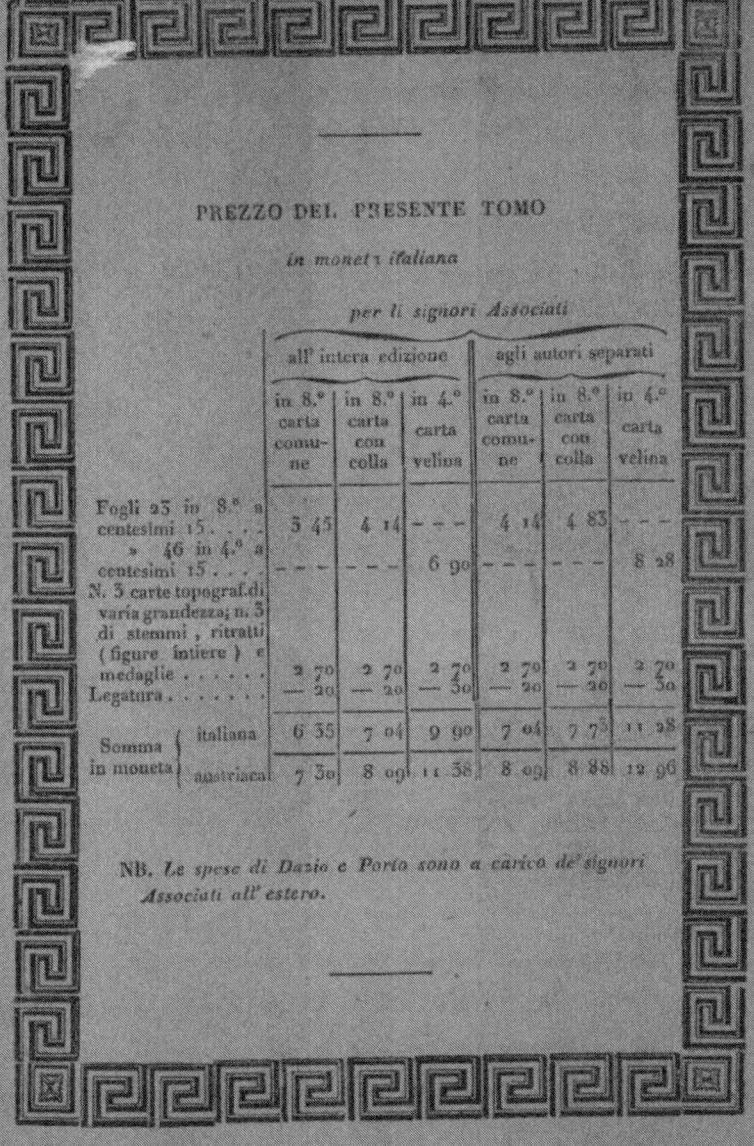

| | all' intera edizione | | | agli autori separati | | |
|---|---|---|---|---|---|---|
| | in 8.° carta comune | in 8.° carta con colla | in 4.° carta velina | in 8.° carta comune | in 8.° carta con colla | in 4.° carta velina |
| Fogli 25 in 8.° a centesimi 15 . . . . | 5 45 | 4 14 | – – | 4 14 | 4 83 | – – |
| » 46 in 4.° a centesimi 15 . . . . | – – | – – | 6 90 | – – | – – | 8 28 |
| N. 3 carte topograf. di varia grandezza; n. 5 di stemmi, ritratti (figure intiere) e medaglie . . . . | 2 70 | 2 70 | 2 70 | 2 70 | 2 70 | 2 70 |
| Legatura . . . . . . | — 20 | — 20 | — 30 | — 20 | — 20 | — 30 |
| Somma in moneta { italiana | 6 35 | 7 04 | 9 90 | 7 04 | 7 73 | 11 28 |
| austriaca | 7 30 | 8 09 | 11 38 | 8 09 | 8 88 | 12 96 |

NB. *Le spese di Dazio e Porto sono a carico de'signori Associati all' estero.*